社会保障が「公共事業」となる国へ

——介護・医療・子育てを軽視する社会は崩壊する——

阿部道生

はじめに

バブル崩壊から始まった「失われた二〇年」。その中間に小泉改革という前代未聞の官製国民熱狂劇《フェスティバル》が用意されはしたものの、社会に蔓延《まんえん》する閉塞《へいそく》感が根底から払拭《ふっしょく》されることはなかった。いやそれどころか、コイズミカイカクのもたらした祭りの後の副作用、それは想像以上にひどいもので、もはや「閉塞《へいそく》」などというコトバ自体甘っちょろいと思わせるほどに日本社会は疲弊、不気味なまでに静かな「諦念《ていねん》」の世界が「失われた三〇年」のとば口には広がっている。

のっけからこんな風に書き出せば、何と悲観的な書物よと思われるのが落ちだが、本書の意図するところはそれとは正反対の「未来志向」にある。たとえ見たくない現実であれ暗い現実であれ、それはそれとしていったん真正面から受け止め、徹底的な現状分析と原因究明を施してからの反転攻勢。まずはそうやって乗り越えるべき糸口を地道に探っていく。結果、その先には希望的観測とは異質の、地に足の着いた解決策が少しずつ見えてくる。本書を貫くささやかな問題意識はこれに尽きる。

というのも、日本社会は毎度のこと、「あるべき論」や「あってほしい論」のような、現実を直視せぬ中途半端に明るいあいまいさから出発しては、結局のところ「失われた二〇年」に象徴される暗い事態を請《しょう》じ入れてきた、その愚挙はいったい何に由来するか、これが私の念頭を去らないからである。

であるなら、本書が主題に据える介護や医療中心の社会保障論が、大型書店の専門書コーナーにずらっと並ぶ「あるべき論」「あってほしい論」満載の従来型概論にとどまっていいはずはない、純真無垢《むく》が看板のカマトト社会保障論では、いまだ前近代をウリとする日本の「政治」に対峙《たいじ》できるわけもないとの思いが強まり、そうは類書が見当たらないであろうような切り口と構成の本書が生まれることとなったのだった。

ましてや第二次安倍晋三政権がアベノミクスを手始めに、最終目標たるアベノファッショを手中に収めつつある現在、浮き世離れした社会保障論を良心のアリバイ証明のように披瀝《ひれき》してみせたところで現実的効用性はゼロに等しい。社会保障など最初から、財源カットの対象として以外、彼らは注目すらしていないのだから。

このように、社会保障もしょせんは現行社会の変数の中でしか成立しないものとするなら、それを単独で論ずるよりも前にまず、「日本社会論」（またその一部を成す日本政治論・日本経済論）の検証から始めるという作業がどうしても必要となる。

これをもう少し敷衍《ふえん》すれば、静態的社会保障論ではなく動態的社会保障論が今こそ求められているのだといえよう。本文中、いささか刺戟的な表現をもって登場する「闘う社会保障論」もまた、現実と切り結ぶというニュアンスを含むものと理解いただきたい。

そうした一見迂遠《うえん》なプロセスを経て、「社会保障こそ公共事業へ」のメッセージにたどり着くこととなるのだが、社会保障論の前段に原発問題や日米関係、いやそれだけでなく各章を通奏低音のように流れる日本人論に至るまで、そうした「遠回り」の仕掛けがなぜ入り用なのかも含め、以下、簡単に本書の構成に触れておくとしよう。

第一章は、その日本人論のキーワード＝〈絶対善〉（著者の造語）が「失われた二〇年」をもたらした張本人という問題提起に始まる。日本人がいちばん大事と心得る「仲間内の共同体原理」、それに抵触しないを大前提に、向こう傷を受けずに済むヘンカク願望満載の〈絶対善〉ごっこ。先ほどの通奏低音とは、実はこのことを指しているのであった。そして第二章では、あの三・一一における東電フクイチ（東京電力福島第一原子力発電所）の炉心溶融と水蒸気大爆発が日本社会の根源に与えた衝撃の本質を詳述するとともに、早急な廃炉への途《みち》、これこそが「社会保障」の大本なのだという、世間ではあまり聞き慣れないであろう論を展開する。

第三章は、いまだ政界・官界・財界を支配する「経済成長至上主義」に関するもの。これが日本のような超成熟段階にある社会（ポスト工業化社会）をいかに歪《ゆが》め、閉塞《へいそく》させてきたことか、実は原発再開も社会保障軽視もこの成長至上主義と密接にリンクしているのだという姿を描いていく。

第三章までの日本社会論を踏まえたうえで、第四章と第五章では、いよいよ社会保障という森の中へ。そもそも社会保障とは何か、また現在のそれはかつての救貧制度とは違い、もっと幅の広い「生活保障」そのものであるとの基本認識から、それをぶち壊しにかかる「遅れてきた新自由主義」や「少子高齢化」という誤解されやすい常識を相手に、数々の問題点を個々に抽出する。

以上の総論から踏み出し、ケーススタディーを軸とする第六章から第八章では、介護・医療の分野を中心に、厚生労働省が現実無視の場当たり政策を、それも上から目線で乱発、国民へいかに甚大な被害を与えてきたかについて、一つひとつ論証していく。当の厚労省は誤りを認めるどころか、それらを糊塗《こと》するような「新政策」を目まぐるしく展開して恥じることすらない、そうした生々しい実態をたたき台に、日本の社会保障が突破すべき方向性を我々は模索する。

そして終章。国民が重宝がり愛用してきた〈絶対善〉だったが、あれっと気が付けば、あろうことかその集積がアベノファッショという戦後最大の危機的状況を呼び込んでしまっていた。民間船員をも予備自衛官として戦地へ！がいつしか公然と語られる世相にまでなってしまっていた。ならば我々としてそれをどう乗り越えていけばいいのかを語りつつ、同時にたとえショボクとも活き活きとした社会の復活を希求しつつ、ひとまずこの長旅へ終止符を打つことに。

社会保障論になぜこれほどの迂回《うかい》をとの疑問はあろうが、私にとってこの内的必然を避けて通ることはできない。ただ、本論のすべてにおいて、利いた風な観念論は排し、現実に立脚した行論をと心掛けたつもりである。政治・経済も含む大きな意味での日本社会、日本人、そして社会保障の三者を縦横に往《ゆ》き来《き》しながら、現代日本が抱える断面と問題点を総点検、そして真の意味での変革へ。その総体にお付き合いくだされればありがたい。

［編集上、引用文中の数字表記が必ずしも原文の表記方式と一致していない部分がある。また、敬称は略させていただいた。ご了解いただきたい。］

目次

第一章　社会を閉塞・劣化させた張本人は〈絶対善〉信奉という自己救済

すべてはあのバブルに始まる

自業自得の双子の赤字（財政赤字と経常収支赤字）に悩むアメリカの強力な圧力に屈してという以上に、盟主の指示なら仕方がないとの習い性のような判断放棄から、「ドル高是正のための協調介入」をすんなり受け入れた「プラザ合意」（一九八五年九月）ではあったが、それが、以後三〇年近くにもわたって日本社会をむしばみ続ける息の長い毒薬に化そうとは、政府・日銀もおそらくは読み込んでいなかったに違いない。

案の定、「秩序あるドル下落」をアシストするつもりが、すぐさま猛烈なる円高を招来、対米ドル年間平均レート約二四〇円が翌八六年には一七〇円に、その後八八年には何と一三〇円にもなり、造船・クルマといった輸出産業が未曾有の円高不況へ突入してしまう。慌てまくった当局は苦しまぎれの低金利政策と内需拡大扇動策に走り、結果、大カネ余り現象から地価と株価の暴騰へ。世界的にもまれなスケールの「バブル景気」へ突入させる羽目に至った。

「バブル」とは読んで字のごとく、限界点で一気に弾《はじ》ける「投機まみれの実体なき泡」、いずれ弾けるのは必定で、ご多分に漏れず史上最大の狂宴も九一年二月に五一カ月の上げ潮が打ち止めとなり、九二年初頭には完全幕引き宣言を迎えることとなった。

マネーゲームの惨状を目にして初めてその存在に気づくのがバブルの属性というか怖さであり、後に残されるは、果てしなき荒れ地と天文学的数字の不良債権の山であるばかりか、以後、国民を長年にわたって支配してやまない「らんちき騒ぎ」の後遺症ともいうべき心的なもの、それが澱《おり》のように堆積《たいせき》し続ける様も忘れてはならない。

　これから詳述するように、バブル崩壊という巨大な「落差」がもたらす喪失感、加えて、経済でアメリカをも抜いたという「超一流国幻想」の矜持《きょうじ》がもろくも毀損《きそん》された無念さ、よってそれらを無意識のうちに補償してしまおうとのねじれた心的作用、実はこれらの心情が日本社会の最大の障害なのであり、二〇年以上たった今もまだ自らの手でバブル総体を毫も総括できない現実こそ、日本が閉塞《へいそく》状態から抜け出せない真の原因、というのが私の見方である。

　何しろ、アメリカの四%ほどの国土しか持たない日本の地価総額が、アメリカの約二倍をも記録していたという途方もなきバブリーぶり。現実にニューヨークっ子の気持ちを逆なでするロックフェラー・センターやコロンビア映画の買収までやってのけたのだから驚く。丸の内や日本橋や京都市の中心部をアメリカ資本に買い占められたら日本人はどう思うか、バブルというものはそんな想像力の付け入るすきすら与えない。

　そうした熱気に悪ノリして巨利をむさぼろうとしたのが政治家・官僚・企業・闇の勢力であったのは自明として、いつも善玉を装う大銀行が実行部隊として陰の頂点に鎮座し、裏から激しくバブルを扇動していた「巨悪」ぶりも同時に押さえておく必要がある。しかもお目付役の大蔵省（当時）が、その銀行に対し貸し出しが少なすぎると「行政指導」していたというから、付ける薬がない。(1)

　そして永遠に続くであろうアゲアゲの空気に酔いしれ、イケイケの高揚感だけを頂戴したのが、誰あろう一般国民だった。土地転がし全盛のなか、地上げを拒否してぽつんと残る民家にトラックが早朝突っ込む、そんな光景が日常茶飯事であったのが二〇年ちょっと前とは、今やどれだけの人が憶《おぼ》えているだろう。

当時はこんな調子だったから、いくら逃げるが勝ちがお手のものとはいえ、史上最大の泡《あぶく》がパンクした後の物的並びに心的な傷の深さは想像に難くない。そこへ世紀末的暗さが被《かぶ》さり、相変わらずの円高基調もあって、九五年の経済界では、既に今風の「産業空洞化論」や「デフレ不況論」がささやかれ始めていた。

またこの年には日本史に残る阪神・淡路大震災と地下鉄サリン事件が発生。かつては「ジャパン・アズ・ナンバー・ワン」とおだてられ、「ジャパン・バッシング」（日本たたき）をさえトップランナーの勲章のように誇ってきた日本も、アメリカからの「ジャパン・パッシング」（日本通過）的モーションが気になって仕方がない、といった状況に陥っていた。

九一年末のソ連邦崩壊後、やりたい放題を確実に手にしたアメリカ（その前哨戦が九一年初頭の湾岸戦争）でさえ、経済強国の日本にだけはいまだ最大限の警戒心を保持し続けていたにもかかわらず、「日本はピークを過ぎた」と世界が見始めているに違いないと感じだした日本人の皮膚感覚が、社会心理を急速に萎縮させていくこととなった（ちなみに最近では、政治面の非力と素人っぽさとから「ジャパン・ナッシング」（日本無視）が現実味を増している）。

しかしそうはいっても、アメリカから見る日本は、まだまだ世界有数のポテンシャルを備える第一級の経済大国。よだれが出るほど格好の獲物であったことに変わりはない。

日本はバブル崩壊後の不良債権処理でガタガタになり、九七年から九八年には三洋証券、山一證券、北海道拓殖銀行、日本長期信用銀行、日本債券信用銀行と、従来の常識では想像もできない企業が次々に倒産するという大ピンチを迎えはしたものの、反面、自動車産業はバブル期をもしのぐ売り上げを計上、橋本龍太郎首相の誇大妄想的・原理主義的大失政（財政構造改革に関する特別措置法〈財革法〉制定＝九七年）による「ハシリュウ不況」（九七年後半から九八年）をも乗り越える底力を企業の現場は見せつけていた。日本人の誇りでもあった「コツコツ主義（現場主義）」が、本卦還《ほんけがえ》りのようにほんの一時《いっとき》蘇《よみがえ》りつつあった。

他方のアメリカは、実体経済が脆弱《ぜいじゃく》で生産（製造物の輸出）は完全にアウト。そこでドルという基軸通貨を武器に金融へ特化した「グローバル強欲資本主義」へと転じ、世界に冠たる金融大国として暴れまくる、他人《ひと》の国へ手を突っ込んでは「制度」や「慣習」まで変えさせ、自国企業と人材をそこへ乗り込ませる、同時に国内では次から次へと人為的にバブルを起こしては経済を「活性化」させる、もはやこれ以外には活路を見いだせなくなっていた。そんな彼らが、経済的にはまだまだトップクラス、だがバブル崩壊で内面的には弱りきっているだけに付け入りやすい、そんな世界でもっともおいしい国・日本を放っておくはずもないのは、火を見るよりも明らかだろう。

アメリカの理不尽な要求を喜々として受け入れる政治

かくして一九九〇年代以降の日本政治は、①多難なバブルの物理的後《あと》処理作業だけでなく、②「バブル崩壊シンドローム（症候群）」ともいうべき社会に蔓延《まんえん》する社会病理問題への対応、③この機に乗じ日本を手前勝手なグローバルスタンダード（米国流ローカルスタンダード）で囲い込み、市場原理主義を梃子《てこ》に他人の庭から富を吸い尽くそうと目論むアメリカとの戦い、加うるに、④世界最先端の先進国にあっては宿命ともいえる高齢化・少子化・雇用不安化を中心とする社会保障問題、これらを抱えることになったが、本来なら、知恵と感性と胆力を要求される①〜④の四正面作戦を現実直視型の正攻法でガチッと受け止め、逃げることなく前へと積極果敢に打って出るべきであった。

しかし、九八年には自殺者が史上初めて三万人を超えるという冷厳な事実（実際は三万二千人強で前年比八千人強の急増。以後、二〇一一年まで三万人台）に直面、それだけでも政治が国内問題に深い所で向き合えていないのを証《あか》すに十分だったが、①②④とも密接に通ずる③のアメリカとの攻防（言うまでもなく大半が不戦敗）、それが喫緊の国内問題をさらにマイナス方向へ導き、日本社会を一層劣化させようとは、おそらく多くの国民が気づいていない点であったと思われる。

ただそれを百も承知なのは、ふた言目には「国益」を標榜《ひょうぼう》しながら、その実、アメリカのエージェント（代理人）というのがもっともふさわしい中枢の政治家と官僚、さらにはすべてをお見通しなのに、微妙な背景には口をぬぐってばかりの戦前回帰型大マスコミ。だから話は複雑の度を増す。

たとえばバブルの大本となった前述の「プラザ合意」（八五年）の実質的役割も、気鋭の経済評論家・岩本沙弓《さゆみ》の解析にかかるとこう姿を変える。

その後数十年にわたって趨勢として円高が継続することによって、（アメリカは＝引用者註）「円高は悪」をうたい文句に大量のドル買い介入を日本にさせることもできた。したがって、ドル安による貿易への直接的な恩恵というよりも、日本にアメリカのファイナンスをよりさせやすくなったことのほうが、アメリカにとってのドル安は意味が大きかったのではなかろうか」（傍点引用者）（岩本 二〇一三）

しかもアメリカは、こうしたプラザ合意の巨大効能くらいで満足するような相手ではない。それを端的に象徴するのが、九〇年六月決着の「**日米構造協議**」（最終報告）という、占領者の横暴を絵に描いたような名ばかり「協議」だった。プラザ合意で逆らいまくったドイツに比べれば赤子のような日本、軽くひねられたのを相手のせいだけにするわけにもいかない。

この「日米構造協議」、原文を直訳すれば「構造障壁イニシアチブ」であり、日本の手になる怪しげな翻訳自体が、腰の引けた様を隠そうとの意図を最初から示してしまっている。ポイントとなる「障壁」の文字が取り払われ、アメリカの「イニシアチブ」が「協議」へと化ける。それ自体、最初から勝負ありというにふさわしい代物だった。内容はこうだ。

日本は、(1)公共投資を今後一〇年間で四三〇兆円、(2)保有税導入、農地の宅地並み課税など土地税制の改革、(3)大店法の改正、日本的商慣行の改善、(4)系列企業の取引内容の公開、(5)カルテル課徴金の引上げ、(6)特許審査期間の短縮、などを約束した。アメリカ側は財政赤字解消をあいまいに約束したに止まる。(傍点引用者)(2)

しかも「今後一〇年間で四三〇兆円」は、九五年から一三年間で六三〇兆円へと引き上げられている。要はアメリカの対日赤字削減のため、日本の公共事業を極限まで拡大せよ(=対米輸出封じ込めのために内需を拡大せよ)のご託宣、そればかりか、オマエからは何も要求するなの片務契約。マッカーサー以来一貫してきたこととはいえ、こんなものに「構造改革」の美名をまぶして自国民を欺き、お説ごもっともと受諾していく政治家と官僚の行状は犯罪的という以外ないであろう。

だが、これでようやく一件落着！には程遠いと思い知ったのは、コイズミカイカク真っ盛り、〇四年のことだった。というのも、今では保守論壇の一角を占める関岡英之(ノンフィクション作家)が、『拒否できない日本 アメリカの日本改造が進んでいる』(関岡 二〇〇四)を引っさげて登場、これを読んだ人間に等しく衝撃を与えたからだ。

同書で明らかにされたのは、「**年次改革要望書**」(正式名称は「日米規制改革および競争政策イニシアティブに基づく日本政府への米国政府の要望書」で九四年スタート）なる植民地支配的命令書の存在で、よくもまあ、さすがはプラグマティックな国柄よと妙に感心させられるほど日本社会の路地裏（生活諸分野）にまで分け入り、日本から富を収奪する際に障害となるであろう、それこそ箸《はし》の上げ下ろしまでの「非関税障壁」を縦横無尽にあげつらうという、日本人には絶対にまねのできない「労作」であった。

それに加え、行政改革や司法改革、規制緩和、独禁法厳格化、公取改革等々、アメリカに有利な投網《とあみ》を日本社会の隅々へ打つことも忘れていないから、敵ながらあっぱれだし、翌年には「要望書」の実現度合いをチェックするという念の入れよう。米国内の各産業分野から精細なヒアリングをし、業界の諸要求をピックアップしたうえで逐一日本へ「要望」（実質的には命令）としてぶつけてきているため、アメリカ政府としても手綱を緩めるわけにはいかない。世界に抜きん出た規模と質からしても、また抵抗力の弱さからしても、日本ほど草刈り場にふさわしい国はないと見定めた慧眼《けいがん》、残念ながら大正解であった。

この「要望書」に関して〇六年に鳴澤宗男（『週刊金曜日』編集部）が書いたレポートのキャプションは、その本質を見事に射貫《いぬ》いている。

勝手に他国の内政に干渉し、自分たちが商売しやすいよう制度を変えろと厚かましくも要求しているのが、米国の「年次改革要望書」だ。これに従って日本を最終的に実質的な植民地国家にしようと動いているのが、小泉・竹中ラインにほかならない。（傍点引用者）(3)

日本サイドの「小泉・竹中ライン」もまたアメリカの代理人的機能を分担というところが肝心な点

で、その後の推移をフォローすれば誰もが納得せざるを得ないくらい、毎年発布される「年次改革要望書」の日本国内浸透力と達成度合いはお見事なものだった。

大マスコミの多くがその存在自体に触れたがらなかったのは周知の事実だが、主要閣僚であった竹中平蔵（経済財政・郵政民営化担当）でさえ、「要望書」となると、「存じております」から一転、「見たこともありません」の大ボケ国会答弁をするしかないうさん臭さ。これに関してはよほど神経質になっているのが裏から読み取れた。

だいいち、在日米国大使館が外交文書としてＨＰ（ホームページ）で日本語訳を公開しているのに、こんな重要文書(4)を当の日本側責任者が見たこともないとするなら、それだけで大臣更迭要件になる。マスコミがそのアンタッチャブル・マターに切り込めるわけのないこともまた、明々白々であろう。

あれっ？と思う「変革」は大体がアメリカからの命令

実は建築基準法の改正にまでアメリカの影が及んでいたなどとは、関岡英之に指摘されるまで私は気づかなかったが、おいしい分野にとことん食らいつくアメリカのポリシーからすれば当然で、私も含め日本人はやはり脇が甘すぎる。真の意味での「平和ボケ」とは、日本のネオコン（力の外交と国内での抑圧政策を旨とする前時代的勢力）があげつらいたがる軍事面でのそれではなく（これぞ「軍事ボケ」）、こうしたソフト面（生活面）での無防備さ、本質を見抜く力の弱さを指すと考えた方がいい。

「要望書」＝アメリカの命令書に対する唯々諾々《いいだくだく》（もみ手をしての「お説ごもっとも」）、それがもたらした無残な結果、その卑近な例としては、「法科大学院」の設置が挙げられる。

「要望書」（二〇〇一年）の「米国は日本政府に対して、早急に司法試験合格者（当時は約一〇〇〇人＝引用者註）を最低でも年に一五〇〇人に増加させること、また、合格者を年に三〇〇〇人に増加させるための計画を策定することを強く要望する」(3)は、米国人弁護士事務所が日本国内で新人弁護士を大量雇用できるようにし、M&A(企業の合併・買収)等で暴れまくってやろうとの魂胆を具現化するための一環だったが、雨後の竹の子のようにできた法科大学院—〇四年に六八大学でスタート、「初年度の(法科大学院=引用者註)受験者の平均競争率は実に13倍」(5)—が今やばたばたとつぶれていくのは、むしろ大まじめな「喜劇」ともいうべき風景であり、国ベースの突飛で不自然な構想にホイホイついていった大学経営者の浅薄さと、高額授業料を顧みず企業を辞めてまで入学する学生の「雰囲気同調性」をも同時にあぶり出すこととなった。

既に〇六年には、新藤宗幸(行政学)が「法科大学院という名の幻想」(5)を毎日新聞に寄せ、すぐに飛びつく上っ面な「空気」に冷水を浴びせかける気骨を見せたが、眼力ある人間なら聞いただけでもわかるいかがわしさは、当初からミエミエであった。当スキームに乗った連中は、背景でうごめくアメリカの意図を見抜くなど夢のまた夢、天から降ってきたビジネスチャンスとばかりバブリー・マインドで舞い上がっただけのことだ(ちなみに、一四年五月現在では全七四校のうち、募集停止表明が一七校に至っていて、これからも続々といった感じだし、一四年の司法試験合格者は三〇〇〇人どころか一八一〇人と最低水準を記録している)。

醒《さ》めた日本人なら〝何だか不自然、違和感ばかり〟となっておかしくない米国押しつけのこうしたマター、法科大学院などはまだ序の口のかわいい部類で、アメリカは日本社会の至るところへ触手を伸ばしまくっている。こうした情勢下、あらゆる社会事象に対し原点からラジカル(根本的)に当たるという基礎的方法論を各人が身につけていかないと、国民全体が被る「平和ボケ」の代償は止めどないものとなっていこう。

だがもっと具合の悪いのは、一九九〇年代から猛威を振るい始めた、あの自由でも何でもない、強者がしたい放題の「新自由主義」、すなわち、産業政策では小さな政府（規制緩和・民営化万能）と弱肉強食を旨とする市場原理主義（格差の推進・労務費の変動費化）、政治的には大きな政府（官僚万能化・警察国家化と覇権主義的外交防衛政策）というイデオロギーが「要望書」とドッキングし、バブル崩壊以降の日本政治を領導し始めた現実の方であった。

「要望書」の発する「命令」が、国内新自由主義者たちの利権と結びつき始めたからたまらない。彼らは渋々どころか「要望書」実現のための先兵を自認、規制にがんじがらめの非効率国家を社会のために開放すると称しては、アメリカが有利になるよう国内環境を整備していった。アメリカに対して弱腰だからというより、それこそが自身の利益になるからである。関岡英之はかつて、「要望書」の一つ前の「日米構造協議」に関し以下のように皮肉ってみせたが、こうした倒錯状況が現在にもそっくりそのまま適用可能なところが情けない。

（前略）「アメリカの指摘は族議員・監督官庁・業界団体が三位一体となった、不透明で腐敗した日本の構造問題を鋭くえぐり出して日本の消費者や国民の前に明らかにしてくれた」と歓迎の辞を述べる声が（日本国内で＝引用者註）出はじめた。特に、消費者団体や規制緩和を推進しようとするグループは、アメリカこそ待ち焦がれていた健全野党だと賛美した。（関岡 二〇〇四）

「消費者団体」までもが、アメリカこそ改革の権化と平伏してしまう部分、関岡から「アメリカ政府が日本の消費者のために働くわけがない」と説教されるまでもなく思わず吹き出してしまうが、日本社会を精査しまくるアメリカでさえ、日本人ってこうまでおめでたくチョロいものとは思いもよらなかったのではないかと、ついつい想像したくなる。

まあ万事がこんな調子だから、アメリカの「要望」に対し、〝何だか不自然、違和感ばかり〟の思想的自動制御が緊急作動するどころか、どうぞどうぞ、お待ちしておりました、と「改革」の使者を次々導き入れる「改革ぶりっ子」の軽さだけが際立ったとしても不思議はない。

こうした情けない現象を産業界へ敷衍《ふえん》してみれば、あの九〇年代、新自由主義に後押しされての経営者たちの戸惑いぶり、慌てぶりといったらなかった。「年功序列」と「終身雇用」は日本的な非効率慣行で西欧標準でないがゆえに〈絶対悪〉、アメリカ仕込みの「成果主義」はグローバルっぽい斬新さゆえに〈絶対善〉、といった共同幻想が前触れもなく突如降臨、一夜にして企業社会を覆い尽くすや、いつ用意していたのか、大型書店のビジネス書売り場はその手の本であふれ返り、最先端を気取る軽薄な経営者たちは、こぞって新人事制度の導入に邁進《まいしん》、「改革者」ぶりを競い始めることになる。

佐高信お得意の「社畜」(会社の家畜)論、それなら我々がその「社畜」を解放してやろうとばかり、ある日を境に「ほんわか家族主義経営」まで断罪し、どうだ、これでようやく世界に伍するグローバル経営ができるぞと胸を張る経営陣たち。

それでいながら、パナソニック、ソニー、シャープといった名だたる最先端企業が軒並み経営危機に直面してしまう。一〇万人の社員がいた三洋電機はパナソニックに買収され、何と九万一〇〇〇人が会社を去っている。後述のように、アメリカと中国の「好景気」に依存しただけの小泉「いざなぎ超え」景気を勘違いして地道なもの作り的研究開発を怠り、もはや韓国でも十分に製造可能な液晶パネル等を過信（例えばシャープによる笑止千万の「世界の亀山モデル」といった、テレビフレームへのラベル張り）、ポスト工業化社会の日本にはふさわしくない大工場を建設したり、ソニーのように外国人社長を戴《いただ》けばグローバル企業と思い込んだりの混乱ぶりで墓穴を掘っていく。賃金の上昇を伴わず、格差と貧困化が拡大するばかりの「いざなぎ超え」景気におんぶするという底の浅さを見せつけた。

上っ調子の経営者たちは、いい意味での「社畜」のやる気まで削《そ》いでしまったのではないか。グローバル化をうまく飼いならし、農業でも何でも守るべきは守って馴化《じゅんか》した風を装う欧州に対し、グローバル化を世界標準なる〈絶対善〉として拝跪してしまう日本との差は歴然たるものがあった。

なお話の公平性を期すため忘れてならないのは、同時期、フリーター（フリー・アルバイター）であるのを誇らしげに見せびらかす大甘の若者が大量に存在していたという事実である。

（前略）彼らはあまりしっかりとした定職に就きたいとは思っていないようである。彼らは人の下で生きたくはないのである。また責任を強くあたえられたくはない。したがって大企業に入るということが、一つのシステムの中に押し込められ、責任があたえられ、そしてやる方向性まで自由に選べないということであるならば、フリーターとして働くほうがよい。(6)

今ではメタメタの「フリーター」を、当時、一部の識者が、まるで新時代の旗手のようにプラスのシンボルとしてもてはやしたのだから信じ難い。これまた新自由主義に踊らされた「イメージ信奉」の軽さを象徴するに十分だった。

その間の事情と、労使（労資）ともどもの「トレンド同調性」に対する根源的批判は、企業の総務人事部長体験をもとに物した〇二年出版の拙著『変わりたい日本人　変わりたくない日本人―日本的閉塞社会論―』をご覧いただくとして、企業社会を根底から揺さぶった、いや、日本社会をぶち壊しにかかったのが、〇一年に〈最高ランクの絶対善〉として鳴り物入りで導入された「時価会計」という魔物だったことは、ここでどうしても触れなければならない重要事項である。

一九九〇年代といえばまだ新入社員そこそこではなかったかと思われる岩本沙弓までが前記力作で

怒っているように、従来の「原価会計」方式なら、昔の株など持ち続けても、売らねば会計上損も得もなかったが（よって「含み損」または「含み益」が発生）、アメリカ流の「時価会計」方式では、株の上下に応じて毎年損益を計上しなければならない。そうなると、バブル崩壊以降、頂点の半値以下に低迷、新世紀突入時には四分の一近くにまで下降という証券環境下では、損切り覚悟で売り飛ばしてしまう以外に経営者の不安は解消しない。そんな「時価会計」導入が、〇三年四月のバブル後最安値（七六〇三円七六銭）を招いたのは歴然たる事実であった。

最初から大いに怪しげな〝何だか不自然、違和感ばかり〟の「時価会計」、その毒まんじゅうが以後に与えた強烈な影響とは何だったのか、岩本の著作（岩本 二〇一三）に一部依拠するとこうなる。

日本企業による株の大量売り→〇三年の株価底値→「外国人投資家」の大量参入→「『モノ言う株主』の増加を背景に、『株主寄り』に企業経営が変化」→「企業は株主のためにあるもの」＝「海外投資家は、企業の中長期的な成長や従業員の福祉よりも、短期的な配当の最大化を企業に対して要求」→「短期的に利益をもたらさない設備や雇用はコストカットの対象に」

これを奇貨としてライブドアの堀江貴文（ホリエモン）が彗星《すいせい》のごとく現れ、ニッポン放送とフジテレビを相手に劇場型バトルを展開したのが〇五年、この年が「株主資本主義元年」と言われるもともなった。同時に「村上ファンド」の村上世彰もまた象徴的人物として忘れることができない。

近視眼的利益のみを企業に要求する「時価会計」制度とそれを支える「株主資本主義（会社は株主のもの）」。その圧力に敏感な経営者たちは、とにもかくにも株主様への短期的業績誇示と配当に目を奪われ、これまで「会社の宝」とされてきた「従業員」の雇用や賃金などは三の次、弱肉強食（新自由主義）のコイズミ構造改革と結果的に手を携える素地を形作っていった。

　企業のことを思う正社員を抱えているという強み、日本社会を支えてきた分厚い新中間層の底力、そんなものは時代遅れの悪《あ》しき慣行、世界に通用しないガラパゴス、要は〈絶対悪〉だとして惜しげもなく捨て去られていく。それが後年、ボディーブローのように効いてこようとは、目先にしがみつく表層的経営者たちでは到底思いも及ばぬところであったろう。

コイズミ改革と郵政民営化こそ「要望書」の集大成

　二〇〇一年四月、ひょんなことからフロックのように誕生した自民党内超傍流の小泉政権だったが、旧来型の政治家にはないハチャメチャなアドリブを操り、しかも演技力に恵まれた不世出の名優コイズミ（小泉純一郎首相）と、天才的策士でシャバ（大衆の心の綾《あや》）に通じた希代の脚本家兼演出家の飯島勲（首相秘書官）の絶妙なコンビネーションが、息苦しい社会に風穴を開ける趣で天から降ってきた（もしくは地から湧《わ》いてきた）結果、日本社会はたちどころに町場の演芸場のような「コイズミ劇場」の虜《とりこ》となり、バブル崩壊以降まつわりついてきた憂さを一気に晴らすチャンスを手にした。

　「聖域なき構造改革」「改革なくして成長なし」「恐れず怯《ひる》まずとらわれず」のような、どこか自己犠牲を装う甘～い雰囲気も漂うなか、一瞬にして大衆の心をわしづかみにするワンフレーズと、保守的な国民の目を白黒させるに十分な「痛みを伴う構造改革」「自民党をぶっ壊す」調の疑似ショック療法をミックスさせ、国民の持つ〈絶対善〉嗜好《しこう》に付け込んでは「テレ・ポリティックス」（テレビ政治・ワイドショー政治）を自家薬籠中のものとし、国の隅々にまで一大政治スペクタクルを展開させていったのだった。しかも大方の予想に反し、五年五カ月という空前のロングラン興行を記録したのだからすごい。世の中には「小泉さんのためならカイカクの痛みにだって耐える」と広言してはばからぬ追っかけおばさんまで登場する始末であった。

だがこの政権、派手な演劇の舞台裏では「ポスト工業化社会」が求める喫緊のニーズとは正反対のことばかりを中心課題として掲げ、優勝劣敗・適者生存を軸とする時代遅れの市場原理主義へ「政官業米《アメリカ》」連携でひた走った結果、非正規雇用・ワーキングプアが常態のハイパー格差社会を生み出し、社会を修復不能なまでにガタガタにしてしまったことはもはや定説に属する。

コイズミ劇場の裏は闇で、実はそれこそが大問題なのだが、裏舞台を仕切るネクラで計算高い、成り上がり根性ムンムンのシナリオライターが、新自由主義の商人ともいうべき竹中平蔵（便宜的に参議院議員当選を果たし、小泉内閣終了とともに任期を四年ほど残して便宜的に議員辞職という好き勝手ぶりまで披露）だったことは、ぜひとも記憶にとどめておく必要がある。

彼らがしばしば口にする「努力する者が報われる社会の実現」では、ギャンブル資本主義やブラック企業まがいの勝者こそ報われるべき者だとアプリオリにイメージされているし、そのバックグラウンドには圧倒的多数を「努力を怠ったゆえの負け組」と見なす含意が控えている。

この不健全さを社会病理現象と言わずして何と言おう。しかも、コイズミ劇場裏舞台の「社会病理の使者」たちを、それと知らずに熱狂の渦で迎えたのが他ならぬ「負け組」に属す国民自身だったというから、話はややこしくなる。

ところで、コイズミカイカクの詳細は紙幅の関係から拙著（阿部 二〇〇二）に譲るものの、コイズミ劇場のクライマックス、例の「郵政改革」にだけはどうしても触れておかなければならない。というのも、政治課題としては唐突な形で登場したように見える「郵政民営化」、だが例のアメリカからの「要望書」にあっては、そのスタート二年目に当たる一九九五年版にて、「郵政省のような政府機関が、民間保険会社と直接競合する保険業務に携わることを禁止する」(2)と既に「要望（命令）」されていたのだというビックリ仰天の事実を、現在では知ることができるからだ。何と郵政選挙の一〇年も前のことであった。

なるほど、見かけによらず執念深い小泉のこと、落選に至った初出馬の六九年総選挙で郵便局サイドがコイズミを支援しなかったという私怨説、それは確かにあるだろうとしても、郵政民営化にあれほどの執念を見せたのにはやはり、アメリカからの「要望（命令）」といった格の違う事情がなければつじつまが合わない。「官から民へ」という口当たりいいキャッチコピーは表の顔で、その心は「一二〇兆円」ともいわれる簡保（簡易生命保険）とその倍の郵貯資金にアメリカ企業参入の道を付けて差し上げるということ、それを知れば大衆演芸場最大の演目として力み返ったのも得心がいこう。あと強いて付け加えれば、世間の常識に反し小泉は立派な大蔵族であったという点だろうか。

しかし背景にそんな事情があるなど露《つゆ》ほども知らぬ国民は、「構造改革」「民営化」「規制緩和」といった語感のみに爽快《そうかい》感・浄化感（カタルシス）をかぎ取って熱烈反応。人間関係に亀裂が入ることを何よりも恐れるゆえ、「変わりたくても変われない」日本人特有の後ろめたさと、バブル崩壊で方向性を失ったフラストレーションを、自身には累の及ばぬお上主導のカイカクに同調して解消すべく、元手のかからぬ虫のいい「代償行動」（現状を維持できる自己欺瞞）で乗り切ろうとした。

だからこそ、郵政民営化などという、国民にあっては本来どうでもいい無関心分野の事項を、すわ日本の一大事、「改革の本丸」といい子ぶりっ子的に受け止め、新自由主義ヘンカク教の「ええじゃないか」を狂喜乱舞、閉塞《へいそく》感の解放を満喫しようとした。日本人の大好きな名辞のみの（だからこそリスクのない）カイカク・ヘンカクが自己目的化されて日本社会を浮遊、ヘンカクすべき内実など端《はな》からどうでもよかったのは自明であろう。これを体制側から見れば、「ヘンカク」の連呼こそ大衆を味方につける格好の武器ということになる。

というより、国民にとってヘタな「内実」などあった日には自己に跳ね返って厄介なことになりかねない。実態などはじめから空虚であるに越したことはない。だが、いくら何でも年金カットや再軍備ではこうはいくまい。郵政民営化は、国民サイドからするとおあつらえのお祭りテーマ、アメリカからの「要望（命令）」必達に懸命の政府にはマジなテーマ、両々相まってとはまさにこのことだろう。

度肝を抜く前代未聞の解散・総選挙（〇五年八月）は「郵政民営化のためだけですよ！」の巧みなシングル・イシュー（単一争点化）作戦が国民を逆に熱くさせたのであろう、コイズミが選挙で大勝すれば何でもありの全権委任状態になるなどとんと意に介さぬ無邪気ぶりを大衆は発揮、日本人の政治性のなさを世にさらした。それ以後の急激なる「日本社会劣化」の分岐点はここにありと言うしかない。

最後に、「二〇〇五年八月のいわゆる『郵政解散』の際も、『官から民へ』と絶叫する総裁の率いる政党が、その公約の原案を『官』につくらせ」（村上 二〇〇九）ていたというブラックジョークを、刺身のつまとしてどうしても紹介しておきたい。

カイカクと利権が裏で手を結ぶ社会病理現象

コイズミの大ばくち＝「郵政民営化総選挙」の圧勝にほくそ笑み勢いづいたのは、自民党の小泉チルドレン以外では、国内の新自由主義勢力と総本山・アメリカであったが、肝心の国民はというと、郵政民営化が生む利益には何ひとつあずかれず、新自由主義の露払いを務めさせられてハイご苦労さん。虚仮《こけ》にされたのではと割り切れぬ気分になっても、後の祭りだった。それに郵政民営化などもともと関心の外だったから、半年もたたないうちに忘却の彼方へ捨て去ったのも無理はない。

ところで、こうした郵政問題の手口以上に巧妙だったのは「規制緩和・規制改革」の詐術の方で、コトバの醸し出す善玉っぽいニュアンスについ惹《ひ》かれる国民がヘンカク・ニーズを上っ面で満たしている最中《さなか》、規制緩和こそ商売のチャンスとばかり虎視眈々《たんたん》の「規制緩和ビジネス」陣営は、裏舞台の主役・竹中平蔵の感化のもと、着々と成果を収めていった。

「有森隆（経済ジャーナリスト）＋グループＫ」の手になる『「小泉規制改革」を利権にした男 宮内義彦』（有森 二〇〇六）の、オリックス総帥・宮内などはまさにその典型で、政府の総合規制改革会議（名称は変転）議長を一〇年強にもわたってつとめつつ、その間に自社の系列企業を「規制緩和されたフィールド」へ参入させていくという、一粒で二度おいしい「規制緩和ビジネス」を臆面《おくめん》もなく実行する様がこの本には克明に描かれている。

さらに森功（ノンフィクション作家）によれば、「（前略）何せ議長在任中なのに、〝自社の商売に生かせる規制緩和〟は何か、社内から具体的に提案させていたくらい」(7)というから恐れ入る。その成果の一つであろう、オリックス不動産への「かんぽの宿」一括譲渡は契約も成立し実現寸前にまでこぎ着けたものの、鳩山邦夫総務大臣（麻生太郎内閣）による疑義表明（二〇〇九年）で急ブレーキがかけられ、以後政治問題化、白紙撤回となったのは記憶に新しい。

「サラリーマン政商」（森 二〇〇七）とは言い得て妙だし、『「規制改革」を利権にした男」（有森 二〇〇九）は、いち宮内に対するというより、コイズミカイカク総体の本質を見事に衝《つ》く的確な表現となり得ていた。だがオリックス会長（兼グループＣＥＯ）の宮内が退任するという記事（一四年五月）にあっても、大マスコミはその点にはまったく触れず、「規制改革論者」でお茶を濁して終わりの体たらくぶり。いつもと変わりはない。

他方、実業家でなくとも、道路公団エセ民営化（諏訪 二〇〇四）でカイカク幻想を振りまき、カイカクこそ出世の手段と一気に政治的階梯《かいてい》を駆け上った揚げ句、最後には馬脚を露《あらわ》して退陣した前都知事・猪瀬直樹（道路公団改革をウリに都知事選過去最多の四百万票で当選）のような食わせ者まで方々に出没するありさまで、世直し顔をし「正論」らしきものをぶち上げつつ、「利権満載打ち出の小槌《こづち》」の代名詞たる「新自由主義」をいいように活用しまくった輩《やから》は枚挙にいとまがない。

規制緩和と称して労働法規の改悪（改正労働者派遣法）を断行、製造業への派遣も解禁するなどの大幅な自由化で人材派遣業をがっぽりもうけさせたなども、「規制緩和利権」の典型例であろう。これが非正規雇用を積極的に推進し、雇用環境をガタガタにした元凶であるのは言を俟《ま》たない。

現在の竹中平蔵が慶應義塾大学の教授でありつつ人材派遣大手・パソナグループの会長にちゃっかりおさまっていられるのも、年来の主張「労働者派遣は原則的に自由化すべし」の部分的実現が功を奏したためと考えるのが自然だが、パソナ会長就任に「法的には何の問題もない」式にムキになるのが、かえってその相関を鮮明にさせる。「権限」とあまりに近すぎる業種での会長就任を何とも思わぬ鉄面皮ぶり、見返りの報酬に引き寄せられていく神経そのものが既に利権体質ずっぽりの品のなさで、評論家の佐高信から「学商」（佐高 二〇一〇）なる称号をちょうだいしてしまう理由でもある。

終戦直後のどさくさやバブル時の、やったもの勝ちを彷彿《ほうふつ》とさせるエグイ風景とはいえ、「カイカク」等の〈絶対善〉的講釈を垂れ、自己犠牲を厭わぬ倫理的姿をまとって誇らしげに見せる分だけ、新自由主義の方があからさまなバブルなどよりもっとタチが悪い。

さてこうしたコイズミ劇場の嵐がようやく過ぎ去ってみると、アメリカのエージェント（お先棒）ともいえる一握りの日本人群、つまりはアメリカ発の新自由主義に目いっぱい悪乗りし、アメリカへの巨額な還付事業のお相伴にあずかる特権的利益享受者群が我が物顔で君臨、他方では、日本社会の安定と活力のキーポイントになっていた日本的「新中間層」は吹き飛ばされて跡形もなしという、すさまじい景色がそこには現出していたのだった。

では最後に、肝心要《かなめ》、利権の大本を成す先述の「アメリカへの巨額な還付事業」とはいったい何を指すのか、その一端を〈輸出へのダメージを抑えるための円高阻止、その「手段」としての天文学的数字のドル買い介入〉という見慣れた行動の中に見てみよう。この日常性の内実こそが問題と、岩本沙弓が鋭く切り込んでいるので、まずは彼女の指摘に耳を傾けたい。

> 小泉政権は、二〇〇一年から二〇〇四年までの期間、総額**四二・二兆円**にものぼる大規模なドル買いの為替介入を実施した。（太字は引用者）（岩本 二〇一二）

ではその客観的事実の何が問題なのか。
①小泉政権以前の「数十年間の（為替介入＝引用者註）累積が四〇兆円」だから、小泉の四年間だけで総額は倍に。②小泉の四二兆円に民主党政権の介入分を加えると、新世紀の一一年間で**六〇兆円弱**。③この「ほとんどは米国債の購入にあてられていると考えられている」。④年換算すれば消費税税収の半分ほど（毎年約五兆円＝引用者註）が米国債購入へとなる。⑤しかも悪いことに、「**六〇兆円**のドル買い介入によっても、円安にはならなかった」。⑥よって、「小泉政権時代の**四二兆円**のドル買い介入は、結果的にブッシュ減税のための財源に回ったといえよう」「ドル買い介入の目的はアメリカの借金穴埋め」という結論に至るわけだ。（太字は引用者）（岩本 二〇一二）

「日本国民が増税を強いられ困窮化してきたこの十数年に、アメリカでは日本の資金によって減税が実施されていたのだから、まったくもっておかしな話」（同上）と岩本が立腹するのも当然だし、こうした「アメリカへのとめどなき献金」(8)自体、日本のトップマネジメントがいかに卑屈かを端的に物語っていていまさら怒る気にもならないが、それ以上に、こんなトンデモ・コイズミを称揚しまくった「大マスコミ」と脇の甘い我々国民自身の問題をはずしてはならぬ、との思いが先に立つ。

まあこうした大盤振る舞いが国民の犠牲のもと水面下で公然と行われていれば、財政も社会も疲弊しない方がどうかしている。しかしそのことにはふたをし、諸悪の根源は社会保障費の増大、解決法は消費税増税以外なしとの財務省キャンペーンが〈絶対善〉の被り物で振りまかれる。街頭インタビューでは初老の訳知り顔が、私は良識派ですとばかり「消費税のアップは仕方がないでしょうね」と迎合する。アメリカの無謀なる減税策失敗と異常なる軍備費をなぜか日本が補填《ほてん》して差し上げているというのにだ。しかも、米国債お買い上げだけではなく、先述の「要望書」実現で日本の富の源泉をどれだけアメリカへ献上してきたかしれない。

何事も深掘りせず、うわべの空気や雰囲気でコトを進めていく社会こそがもう限界にきている。それにしてもいったい、日本社会に特徴的なこの「上滑り」は何に淵源《えんげん》するのか、その究明をなおざりにしたまま各論へ進んだところで、それこそ机上の空論に陥るしかない。なぜなら、事あるごとに立ち現れる〈絶対善〉が物事の本質を一瞬にして空無化してしまうからである。

〈絶対善〉へ安直になびく国民性こそ諸悪の根源

大マスコミ、特にテレビの世界ではタブーに近い、「国民の責任」を問うような論調。うかつにもそんなことを口にするや、オマエは「国民」に対してやけに厳しいが、そもそもそんな立派な人間なのかといった叱咤《しった》とあざけりが四方八方から飛んでくるのは間違いがない。

なるほど、私も絶えず間違いを犯すので大きなことは言えない。ならばいっそ、誰もが容認するであろう〈権力〉批判にだけ特化してお茶を濁し、われわれ〈弱い国民〉はいつも被害者ですとのカマトト・スタンスに徹するのがベストな遊泳術というもの、私とてそれくらいを知らぬわけではない。だがテレビを筆頭として、日本社会に充満するこの種の欺瞞《ぎまん》的共同幻想が、社会をますます閉塞《へいそく》状態へ追い込んでいるとの確信が私にはある。だいいち、「国民はいつも被害者で善!」というテーゼほど、逆に政治戦略性に満ちたいかがわしいものもない。私が「絶対悪」の対語の形で〈絶対善〉なる概念(分析ツール)を編み出したのも、そこに理由がある。

手近のわかりやすい例で言えば、「戦争をしないのはいいことだ」「健康であるのはいいことだ」「他人を思いやるのはいいことだ」「仲良くするのはいいことだ」「動物を大事にするのはいいことだ」「環境に負荷をかけないのはいいことだ」……というのが、まず大半の人間が反対しないであろう正真正銘の「絶対善」。もちろん、世の中にはへそ曲がりもいるから、「なあなあで仲良くしたって仕方がない」等の異論は生じようが、ここはあくまで話を簡略化するための一般論と理解願いたい。

ただこの「絶対善」が日常生活での意味合いを超え、政治的に「利用」され始めると、話はややこしくなる。特に日本のような「同調主義」が全盛かつ最優先の社会では、本来穏やかな「絶対善」が物言わぬ強制力を発揮、〈絶対善〉に異論や懐疑を差し挟むなど信じられないとの「空気」を醸し出しながら社会全体に君臨し始める。そこからの逸脱を監視するのは、権力側というよりむしろ国民の側で、意外にも社会的良識派と思われる層が進んでその任についたりする。なぜなら、〈絶対善〉とは倫理観をもくすぐる曲者《くせもの》なのだから。

ソフトなイデオロギーとしての〈絶対善〉の威力は、戦争に突入していった昭和一〇年代の日本社会を振り返るだけでも十分に得心がいこう。「八紘一宇《はっこういちう》」「大東亜共栄圏」「聖戦」「一億一心」……、それが現代日本では「ヘンカク」「官から民へ」「規制改革」「今こそグローバル対応へ」「小さな政府」「積極的平和主義」「脱官僚」「企業は株主のために」「労働法制の規制緩和」「努力する者が報われる社会」「介護は住み慣れた家で」「三年間抱っこし放題」等々の訳知り顔フレーズへと化ける。〈絶対善〉はソフトなイデオロギー、いや、決してイデオロギーっぽくないからこそ国民各層への伝播もスムーズで、浸透もまた早い。居酒屋でも女子会でも抵抗なく口の端《は》に上る。コイズミカイカク時の「ええじゃないか」状態は、このプロセスが支配層の思惑を何倍も超え、ドンピシャリで機能した最高傑作なのであった。例えばこんな具合に。

〈経済ゼロ成長にあえぐ世の中（**絶対悪**）を再活性化（**絶対善**）させるには、官界（**絶対悪**）や旧来型企業（**絶対悪**）に巣くう既得権益者ども（**絶対悪**）が握って放さぬ規制（**絶対悪**）を原則撤廃させ（**絶対善**）、聖域なき（**絶対善**）カイカク・ヘンカク（**絶対善**）を力ずくで履行することが不可欠。また、民営化（**絶対善**）を極限まで推進し、「小さな政府」（**絶対善**）、効率的な社会（**絶対善**）を実現する。さらには、日本的社会風土（**絶対悪**）にメスを入れ、活力ある競争原理・市場原理（**絶対善**）の貫徹される社会を再構築（**絶対善**）する。世界で勝ち抜く（**絶対善**）ためには、企業もまた、年功序列・終身雇用（**絶対悪**）のような日本的雇用慣行（**絶対悪**）にいつまでも執着していてはダメで、雇用の流動化・非正規雇用化（**絶対善**）を果敢に推進、労務費の変動費化（**絶対善**）を獲得していかなければならない。また競争原理の妨げ（**絶対悪**）となる社会保障（**ホンネは絶対悪だが当面は必要悪**）は極力縮小、公助（**絶対悪**）・共助ではなく自己責任化（＝自助化）（**絶対善**）させていく。これぞまさしく構造改革（**最高度の絶対善**）であり、何なら自民党（**巧みに絶対悪と見せかける**）などぶっ壊してもいい〉

いくらパフォーマンスの天才・コイズミといえども、国民自体がこうしたスキームをそうだそうだと溜飲《りゅういん》の下がる思いで陶酔支持しなければ、もともと党内基盤の脆弱《ぜいじゃく》な政権のこと、二年ほどもつのがせいぜいだったであろう。それにつけても、「絶対悪」っぽいものと〈絶対善〉っぽいものを二項対立化させることで物事を単純化させ、〈絶対善〉をより食いつきやすくさせた手法はあっぱれそのものだった。

しかしコイズミ退却後わずか三年で民主党政権を誕生させていった国民、荒れ地を眼前に、心の片隅にはやはり、「あの熱狂はいかがであったか」の思いが去来していたと想像される。ただここで肝心な点は、おぼろげにも「失敗」を認識すればそれでOKといったものではなく、「失敗」の責任を他者へ帰し、たとえば〈コイズミにだまされた！〉とシカトを決め込むのか、それとも逆に、選択した自分自身に責任を戻し、次代へ向けた新たな糧とするのか、そここそが重要な岐《わか》れ道だと思われるが、その後の展開を見る限り、日本社会特有のケセラセラ癖（＝なるようにしかならないのさ）だけはしっかりと保持され、「済んだことを言っても仕方がない」の懲りない面々が大きな顔をしているから救いがない。この国では、この種の常時前向き派（アンチ止揚派）こそ潔しとして称揚される傾向が強い。

第二次安倍政権になって一年九カ月がたつ二〇一四年秋現在、コイズミ時代よりよほどひどい新自由主義（ネオリベ）が猛威をふるっているのは明らかだし、ずっと本格的な新保守主義（ネオコン＝国内での抑圧政策と力の外交）の突出も顕著で、社会の劣化度合いは戦後最高潮を迎えているにもかかわらず、ただひたすらぼんやりと眺める政治的アパシー（無気力）状態に国民が陥っているのは、そうした致命的弱点の為《な》せるわざといえよう。

コイズミ支持の「失敗」をおぼろげながらであれ認識してはみても、それからわずかの年数で元の木阿弥《もくあみ》、いや、それ以上になってしまうこと自体、「弱者たる国民」（絶対善）に「失敗」の責任などありはしないの自己救済と甘えから一歩も抜け出せていない証左である。結局は、コイズミ改革の「ええじゃないか」踊りを、自身の瑕疵《かし》としていまだ客体化できていないということだ。

私はエラそうぶってこう主張するのではなく、コイズミカイカク程度のクサイ芝居にだまされるほど焼きが回っていないと言っているにすぎない。そんなことより、コイズミカイカクの最大の被害者は自分たちだと、地に足の着いた〈生活感覚〉だけを頼りになぜ吠《ほ》えまくれないのか、生活人なら誰でも気づくはずの単純な話だというのに……。私にはそれが不思議でならない。あの偽善的〈絶対善〉嗜好《しこう》がリアルな生活思考をコーティングしてしまう、そう考えるのがいちばん妥当なのであろう。

宮崎　（前略）だからさ、小泉内閣も発足当時の一瞬は、これで合理的政治が貫けるんじゃないかって期待はあったよね。（中略）俺たちですら「いける！いけ！いってしまえ！」モードに入ったことは否定できない。（後略）

宮台　正直に告白すると、僕もちょっと夢をもっちゃった。面白かったから（笑）。面白がりすぎましたね。反省しています。（宮台・宮崎　二〇〇二）

コイズミカイカクが緒《しょ》に就いたばかりというころ、まだ若手だった宮台真司（社会学）と宮崎哲弥（評論家）による対談である。ヘンカク教の〈絶対善〉は、お粗末なことにこんな所でもはびこっていた。あれはまさに戦前と同じ国民精神総動員運動（マインドコントロール）だったとの思いを込め、参考までに引用した次第だ。

鳩山由紀夫に見る〈絶対善〉軽視政治家の悲哀

〈絶対善〉的ないかがわしさへの疑念、そして吉本隆明による「非転向という転向」（非転向を〈絶対善〉視する日本的知識人への画期的なアンチテーゼ）からの強烈な影響があり、私は若い時分、「転向論」を集中的に研究し長編評論にもまとめたが、終戦直後の伊丹万作のエッセー「戦争責任者の問題」（一九四六年）の存在は、佐高信が紹介してくれるまで不覚にも知ることがなかった。

伊丹十三の父で大江健三郎の義父でもある伊丹万作（映画監督）は、終戦直後にこう書いていたという。とてつもなく本質的だから、長くなるのを承知で引かせてもらう。

> つまりだますものだけでは戦争は起こらない。だますものとだまされるものとがそろわなければ戦争は起こらないということになると、戦争の責任もまた（たとえ軽重の差はあるにしても）当然両方にあるものと考えるほかはないのである。
>
> そしてだまされたものの罪は、ただ単にだまされたという事実そのものの中にあるのではなく、あんなにも雑作なくだまされるほど批判力を失い、思考力を失い、信念を失い、家畜的な盲従に自己のいっさいをゆだねるようになってしまっていた国民全体の文化的無気力、無自覚、無反省、無責任などが悪の本体なのである。（傍点引用者）（魚住・佐高 二〇〇四）

伊丹の慧眼《けいがん》と国民に刃《やいば》を向ける勇気、ただただ恐れ入るが、七〇年近く前の主張がそのまま現在の日本を語っていると言ってもいいくらいドンピシャリであり、また日本社会の本質がほとんど変わっていないことの方にむしろ私の関心は向いたというのが正直なところだ。

戦中も現在と同様、無数の時宜にかなった〈絶対善〉的スローガンが社会を彩り、国民は銃剣等による強制力におびえてではなく自ら喜々としてそれらを受け入れ、なじんでいったものと考えられる。この冷厳な事実が教えるのは、差しの形では決して自分に迫ってこないと見える安全牌《ぱい》の〈絶対善〉

こそ、実はとんだ毒牙を隠し持つというアイロニーにほかならない。

例えば、自民党長期政権→民主党政権（戦後初の実質的政権交代）→自民党への大政奉還、そして突出したアナクロ政権（第二次安倍政権）の誕生、この流れをいま一度トレースしてみる時、節目ごとにかの〈絶対悪〉と〈絶対善〉が絶妙なるコラボレーションを見せ、為政者の意のままに活用されてきた事実に気づかされる。

日本がまだ発展途上国の時代は、「法律（政治）∨経済∨社会」という「社会」がいちばん「下層」に位置する古典的な地層が健在であったが、ポスト工業化時代へ突入すると、「社会∨経済∨法律（政治）」（社会が経済も政治も包摂）の思考法でなければとても対処できない局面を迎えることになる。これは日本に限らずすべての先進国の属性といっていい（しかし社会学部を持つ国立大学は、いまだ一橋大学のみというのが実情）。

社会がツバメの子のように口を開け、政治からのおこぼれ（まさにトリクルダウン）を待っている時代はとうに去り、「社会∨政治」（社会が政治を包摂）のベクトルが示すごとく、社会がそのツールである政治を絶えず突っついては動かし、望ましい方向へと転換させていく、こうしたきめ細かな日常活動こそが求められる時代を迎えた、ということである。

にもかかわらず、明治以来、相も変わらず東大法学部が頂点に位置することでもわかるように、日本は今もって「政治（法律）」がトップに君臨したままだし、国民は国民で〈お客さん民主主義（柄谷行人）・投票民主主義・キレイゴト民主主義・ワンフレーズ民主主義・テレビリモコン民主主義・世論調査民主主義・やじ馬民主主義〉などをベースに、「お任せ体質」と「高みの見物スタイル」、加えて「自称辛口政談」に身を委ね、自己を浄化（カタルシス）しようとする。しかもそこは絶対の安全地帯でリスクはゼロである。

そんな風にして乗ってみた政権がダメならダメでそれはそれ、また新しい〈絶対善〉の出現を待てばいい、どうせ取っ替え引っ替え出てくるはずだから。いやどうして、これが妙に心地よいから困る。そして「政局ではなく政策を」「決められる政治を」といった、政府御用達の大マスコミが深謀遠慮から巧みに繰り出す〈絶対善〉的安全路線に、いともたやすく同調していく。戦いや駆け引きや権謀術数を含まぬ政治などそもそも「政治」にあらず！との現実を見据えたシビアな視点に、善良なる国民は少しも耐えることができない、逆に〈絶対善〉の撒《ま》き餌《え》にたやすく食いつくという弱点を、プロの側は熟知している。これでは「法律(政治)＞経済＞社会」の逆転など望む方が無理というもの。

そんななか、ポスト・コイズミとしてはショートリリーフの安倍（ボク、おなか痛いから辞める）・福田（「私は自身を客観的に見ることができる。あなた（記者）とは違うんです」のKY＝空気が読めない）・麻生（首相であるのに漢字が読めないKY）の自民党小物政権が三代続き、コイズミが磨きをかけてくれた閉塞《へいそく》状況を少しも緩和できないどころか、格差批判、年金問題浮上などもあってさすがのお人好《よ》し国民もぶち切れ、戦後初の本格的政権交代が実現、鳩山由紀夫政権の誕生（二〇〇九年九月）へと至ったのだった。

その際の衆院選挙に向けた民主党マニフェスト冊子「政権交代。Manifesto 国民の生活が第一。民主党」が手元にある。今読み返してみても、各論での積算金額の妥当性は措《お》くとして、そこに漂う「思想」は従来の自民党政権とはまったく次元を異にするまともなもので、ようやく社会が政治を包囲し始めたことを示すシンボリックな動き（社会＞政治の到来）との印象を強く抱かせる内容になっていた。

しかし、方向性は正しくとも政治的段取りという点で稚拙だった鳩山が「普天間基地は最低でも県外移設」をぶち上げるや、アメリカはもとより国内の政治勢力、マスコミから袋だたきにあう羽目となる。〈絶対善〉ではないえぐいホンネが、日本の政治シーンに珍しく顔を出したためである。

ここで注目すべきは、鳩山バッシングに狂奔した勢力が、「いや、普天間はやはり沖縄県内で移設をすべき」として鳩山を追い詰めたのではなかったという点。普天間から辺野古への移設を画策してきた自民党までもがいつしか、「県外移設は沖縄の悲願！鳩山さん、いったいあなたはそれを確実に達成できるのか」式の沖縄寄り〈絶対善〉を持ち出せば、テレビを中心とするメディアは、「沖縄の基地問題が解決しない限り、今後の政治は一歩も先へ進まない」式の、誰もノンとは言えないような最上級の〈絶対善〉を臆面もなく振りまき始める。

両者とも本当にそう願っての一貫性ある主張ならこれほど頼もしいものもないが、鳩山の先回りをして彼をつぶす便宜的〈絶対善〉作戦であるのがアリアリだけに、さもしいことこのうえない。しかし国民はこの周到なる〈絶対善〉戦術にまんまと引っかかり、彼らとタッグを組んで鳩山を追い詰めていった。ややこしいことを言い出すなという、「鳩山に堪えられない日本人」がそこにいた。

次期首相を狙う菅直人副総理の、沖縄から距離を置く実質的「サボタージュ」もこれに加わり、哀れな鳩山は〈絶対善〉ネットワークに包囲される形で退陣を余儀なくされていく。だがその後を見てみるがいい。安倍政権は県外移設どころか今や辺野古への強権的移設を官憲総動員で断固実行中だし、沖縄基地問題が最上位の政治問題などと主張しているマスコミは皆無どころか、普天間問題は国民の間でも、芸能人の「あの人は今」と同じ状態で、〝そんなのあったよな〟程度に位置している。

そう、〈絶対善〉とはかくも便宜的・政治的に利用され、用さえ終わればご苦労さんなのだ。そのプロセスが鳩山問題でよくわかろう。しかも質《たち》の悪いことには、ご都合主義とはいえ彼らが声高に主張した「沖縄の基地問題が解決しない限り、今後の政治は一歩も先へ進まない」的論調、いくら大げさであっても内容それ自体に自己批判すべき要素は含まれないため、そのままほったらかしでも追及される恐れはない。有り体に言えば、〈絶対善〉派は何かにつけ状況を泳げるようにできているのだ。

ちなみに鳩山は、例の「年次改革要望書」を怖いものなしの風情で廃止したため、普天間とともにアメリカの逆鱗《げきりん》に触れ、政権寿命を縮めたのは否めない。宇宙人と称せられるだけに、この頼りなげな鳩山、日本では珍しい、〈絶対善〉など歯牙にもかけぬ「天然ホンネ・ベース」の政治家だったといえよう。

最後に鳩山エピソードをひとつ。あのような惨めな経緯をたどったにもかかわらず、鳩山由紀夫が今なお沖縄で根強い人気を保っているという他方の現実をどう見たらいいのだろう。一連の鳩山発言に対し日本中から発せられた沖縄への〈絶対善〉の押し売りなど、当の沖縄県民自身がいちばん眉《まゆ》につばを付けて聞いていた、うさんくさく感じていた。数年たっての鳩山人気はそれを雄弁に物語っていると私には思えてならない。

〈絶対善〉への安住を断ち切らない限り展望はない

鳩山直後の菅政権は、財務官僚からの入れ知恵・籠絡《ろうらく》も手伝い、「財政危機→消費税増税」の筋書きは〈絶対善〉だとして国民からそろそろ認知してもらえるだろう、しかもこれさえ実現すれば歴史に残る首相になれよう、そう勘違いし、意気揚々と消費税一〇%を掲げて参院選（二〇一〇年七月）へ突入。案の定、与党が過半数割れの惨敗を喫することになる。

政治センスのなさ丸出しの野心と慢心から、いわゆる「ねじれ国会」を自身の手で招き寄せるという自爆行為のツケは重く、首相退任は当然、いや、民主党政権はここで終わったというのが当時の私の見方だったが、今それは措《お》こう。

〈絶対善〉の扱い方にのっけから大失敗した菅が政権維持のため必死に編み出した次なる〈絶対善〉

的ツールは、田中角栄直系で容貌からしてこわもて、〈絶対悪〉的な、ご存じ小沢一郎の徹底干し上げ作戦。政治資金収支報告書の形式的な記載ミスで東京地検特捜部から何度狙われても結果はセーフだというのに、国民の側もまた、〈絶対善〉貫徹路線にとって小沢一郎は格好のターゲットとばかり「推定有罪」(毎日新聞)の旗を降ろそうとはしない。ならばこれは使えると菅は見計らい、小沢復権を恐れるマスコミからの共闘体制もあって、小沢つぶしが菅政権最大のテーマになっていった。

菅直人という、日本を代表する市民主義者が、日ごろのご立派な言辞もものかは、いざとなれば歴史的政権樹立の最大功労者(鳩山・小沢)の一人、小沢一郎を党内権力闘争のため平気で官憲へ追いやる(9)という志操の無さをもそれは同時に示していた。そして次なる野田佳彦政権もまた、政権復帰後の自民党幹事長・石破茂から「野田佳彦前首相の大きな功績の1つは、小沢氏の政治生命を事実上、終わらせたことにあるのではないか」(10)とおほめにあずかるほど、小沢追放・純化路線を最重要課題として徹底追求。〈絶対悪〉の中身ではなく、小沢を葬り去る行為そのものが〈絶対善〉というのだから、戦前の特高もびっくりのすごさであった。

最近の日本の政治を、「最新版の〈絶対善〉を手を替え品を替えぶち上げ続ける行為」と定義すれば、野田の以下の行為も驚くには当たるまい。「小沢切り」の次に繰り出してきた〈絶対善〉路線は、「ねじれ解消」「決められる政治」の実現。田原総一朗の番組でテレビ朝日の女性アナウンサーが、「何でもいいから決めてくれた方がいいんですよ」と宣《のたま》うほど、当時では「決められる政治」が〈絶対善〉のスター格だったため、悲しいかな、哲学に恵まれぬ野田が真っ先にすがったのも合点がいく。

菅直人同様、野田もまた財務相経験者で、財務官僚から十分洗脳されたのは周知の事実。まさに財務省のシナリオどおり「社会保障と税の一体改革」を編み出し、谷垣自民党総裁との「増税成立↕国会解散」のバーター密約のもと、「どうだ、これこそ誰もやれなかった〝決められる政治〟だろう」と前代未聞の暴挙に出てはみたが、さすがの国民もあっけにとられ、解散後の総選挙（一二年一二月）でまたまた民主党に鉄槌が下された。

自民・公明の連立与党は、衆院でまず再可決可能な三分の二以上を獲得（自民単独でも過半数）、翌一三年七月の参院選でも自公連立で過半数を取り、ねじれ解消を叫んだ民主ではなく、自民・公明の手でねじれが解消されるという笑えぬ結果を生み出した。すべては民主党のオウンゴールが原因だが、公明党さえ納得させれば「絶対に決められる政治」（衆院で三分の二）を自民党が手にしたことこそ、この結末の最大のポイントだといわなければならない。

しかも自民党年来の望みであった消費税再増税が、何ら手を汚すことなく野田民主党からプレゼントされたのだから、こんなにおいしいものもない。それだけでなく、ねじれの解消でもう何でも決められる。そこへウルトラ・ナショナリストの安倍晋三再登場とあっては、国土強靭化だろうが、集団的自衛権だろうが、原発再稼働・原発輸出だろうが、残業代踏み倒しの「ブラック国家」（山口二郎）だろうが、何でもござれ。首相一人で「さっさと決められる健全な風景」がこの日本にようやくもたらされたということだろう。〈絶対善〉を弄《もてあそ》び、それにかまけているうちに、戦後民主主義社会のどん詰まりですさまじいモンスターを頂いた、まあそんなところになろうか。

「決められさえすれば何でもいいんですよ」（真意は「何でもいいからはっきりさせてくれ！」）のテレ朝・女性アナウンサーは、「何でも決められる政治」にさぞかしご満悦のはず。しかし本心は、「決めてもらいたい日本人」という政治的マゾヒズムにすぎない。依存体質丸出し・思考停止が特徴の安っぽい〈絶対善〉が生み出すであろう帳尻だけはしかと覚悟しておく必要がある。

ところが現実社会の方はずっと楽観的というか無頓着で、彼《か》の、刹那《せつな》を旨とする〈絶対善〉信奉者たちは、「決められる政治」への大合唱を日本中で響かせたこと自体、覚えてもいない風情だし、圧倒的多数を逆手に「決められるファッショ」へと邁進《まいしん》する安倍晋三の姿を吟味しようともせず、五〇％前後の内閣支持率を平気で与えている（一四年九月現在）。

他方、「決められない政治は悪、先進国として恥ずかしい！」と訳知り顔の〈絶対善〉をぶち上げ、大衆の〈絶対善〉嗜好《しこう》に火を付けて回った大マスコミ。それが今では反省もなく安倍の強権ぶりを欄外にて弱々しく嘆くのが精いっぱいという体たらくぶりだ。煽《あお》った方も煽られた方も毎度のこと責任を取らない、いや、そんな高級な話以前に、当事者たちがその煽ったという事実自体をとうに忘れてしまっているのだからお気楽なもの。〈絶対善〉とはかくも軽く、また同時に、国の政治行動を誤った方向へ決定づけるという意味で、かくも重い。

コイズミ以来の政権が最重要視してきたのが、アメリカに加えて〈絶対善〉だったのは見てきたとおりだが、絶対安定多数を手にした安倍晋三は、従来型の甘ちゃん的〈絶対善〉など必要とは感じていないように見える。「日本を取り戻す」ことこそ彼の〈絶対善〉であって、市民の原発反対行動に私服刑事がといった対応に垣間見られるように、暗い公安型社会への傾斜はもうとっくに始まっているし、外交面では、国家主義者の看板が泣くアメリカへのへつらいを除き、近隣諸国への挑戦的ポーズを隠そうともしない。

そのためにはともかく世界一、二を争う経済大国の復活が大前提と、論理構成が倒錯した「アベノミクス」で何でもありの経済運営へ乗り出す。悲願の「大東亜戦争」当時へ突き進んでいけるかもしれぬというギラギラした目は、それが精神病理学的症状を呈しているだけに、他からの批判を一切受け付けない。小選挙区制による権力集中をいいことに、自民党内もがっちりと締め上げている。

幕張メッセでのイベントでは、ヘルメットに迷彩服、戦車に乗って手を振る姿を得意気に撮らせていた（一三年四月）し、宮城県の自衛隊基地ではジェット練習機の操縦席からにっこり（同五月）。都議選前の街頭演説で市民集会に出くわすと、フェイスブックに「左翼の人達」「彼らは恥ずかしい大人の代表たち」（同六月）、国会では「戦後教育はマインドコントロール」（一四年二月）とまで答弁。石破茂の「絶叫デモはテロ」と合わせ、歴代自民党政権にこういった人物はいただろうかと、暗黒時代の一気到来に驚かされる。もはや戦後どころか「戦前を取り戻す」は明白だろう。

「ヘイトスピーチ」（「一般的には人々の憎悪をあおるような、過激な差別的表現のこと。特に民族、国籍、宗教、ジェンダーなどをステレオタイプとしてとらえ、弱い立場の人々を意図的におとしめ、差別的行為を扇動するような組織的宣伝的活動を指す」（一一））がこの国で急拡大したのも、とにかく「強い国へ！」の、手段を選ばぬ安倍の姿勢に安住してのことと思われる。

さすがのアメリカも危険視するような安倍政権であれば、本書が主眼とする社会保障など「必要悪」を通り越し、「不必要悪」もしくは「絶対悪」とされて当然だろう。だからこそ余計に、我々の社会保障論は〈闘う〉というムーブメント（社会運動）を内包したものでなければ意味を成さないのだ。

従来型の物欲しげなカマトト社会保障要求のような、これだけの窮状です、何とかしてください式トリクルダウン（おこぼれちょうだい）要求で済んだ牧歌的情況は、とうに過ぎ去った。高齢化・少子化・非正規労働化・困窮化は社会全体に貫徹され、国民の多くがそのいずれかに該当している。「社会保障こそ公共事業たるべし」と言うゆえんだが、現行の相手は名うてのウルトラ・ナショナリスト、生半《なまなか》なことで通じる代物ではない。

本章で縷々《るる》述べてきたように、バブル崩壊後の「失われた二〇年」とは、アメリカの「要望（命令）」への忠実な実行と、国民の協賛による〈絶対善〉まやかし政治の産物であったが、そんないい加減なことは過去の二〇年で打ち切りとし、たとえ苦しかろうが、まずは現実を直視して問題点の徹底的な洗い出しへと走る、そして名辞に惑わされぬプラグマティックな対応策を敢行していく、そのためには、それこそ〈口当たりの悪い具体論〉で国民に痛みを求め、その先の展望を明示する。こうした「政治」の出現こそがイロハのイだといえよう。

まず我々国民が怪しげな〈絶対善〉と手を切り、政治に対し真の意味での現実主義を要求していく、同時に〈絶対善〉のぬるま湯で調子よく泳ぎ回るマスメディアに対しては、経営が成り立たなくなるほどにシビアな眼で接する。それくらいの気概を示さなくては、「失われた何十年」は今後も連綿と続くことになるだろう。

とにかく傷つきたくないと、「失われた二〇年」でチンタラやってきたために、その最終段階で安倍晋三のようなとんでもない怪物政権を生んでしまうことになった。その反省と総括もなしにいきなり社会保障を論じてみても、しょせんは絵空事にしかならない。

社会保障を視野においた書物の第一章としては一見場違いな感じの日本政治論・経済論、そして〈絶対善〉を中心とした社会論・日本人論、ここから始めたのは以上のような事情からだが、その考察は次章以降も手を緩めず続けることになろう。というのも、「ひ弱な絶対善」など四の五の言わせぬ破壊力で吹っ飛ばし、国民ほぼすべてを戦後初めて真っ青にさせた東京電力福島第一原子力発電所の炉心溶融（メルトダウン）と大爆発（一一年三月）が、バブル崩壊のほぼ二〇年後となる「失われた二〇年」の最後尾もしくは「失われた三〇年？」に向けた最先端に発生したからである。

もう吹けば飛ぶような〈絶対善〉に逃げ込み、自己救済などしている場合ではない。多方面にわたるツケの集約が原発爆発をもたらした。この際、自身を含め今までの甘さを剔抉《てっけつ》して徹底総括、対象に正面から向き合い、乗り越えるべき方途を浪花節ではなく非情なる意力と冷徹なる科学精神で探り当てていかなければならない。誰もが瞬間的にはそう思ったに違いない。

しかしその熱い思いも、首都圏を含む何千万の人間がパニクっていたわずかの間にとどまり、東日本大震災全般に投げかけられた「がんばれ東北！がんばろうニッポン！」「ひとつになろう日本」や「日本は強い国」「今こそ絆を」の、政治責任を不問に付した「最新版・絶対善」へと見る見る吸収され、結果として原発自体の醜悪な姿には被膜が掛けられてしまう。現状の厳しい本質から一刻も早く目をそむけたい日本人にとっては、そうした〈絶対善〉、すなわち「抒情へのすり替え」が現実を忘れられる救世主だったとしても不思議はない。

　これまで体験したことのない世紀のダメージを被りながら、それへの対峙《たいじ》どころか性懲りもなく再びの〈絶対善〉帰依へというわけか。事実、自民党が政権復帰した一二年末の総選挙で「原発を争点に挙げた人は（毎日新聞世論調査では＝引用者註）わずかに7％だった」[12]。原発大爆発からまだ一年九カ月しか経過していない、目に見えない放射能の被害は底知れぬ、というのにである。

　対症療法的にその場を収めるという意味でいつも日本人を救い、「失われた二〇年」で明確なように、本当のところは社会をますます没落させるのに力を貸してきた〈絶対善〉という禁断の木の実。このループを断ち切らない以上、「失われた何十年」は今後も加算される一方だが、まあそうカリカリせず、鷲田清一（哲学）が穏やかに説く戒めに耳を傾けつつ、ひとまず本章を締めくくるとしよう。

　「言葉や気分にふりまわされるのではなく、仔細《しさい》はわからずともこれは大事、という感覚を備えること」[13]がいちばん重要なのだと。「仔細はわからずとも」「感覚を備える」、偏差値アップの猛勉とは対極の、ものを見通すリアルな生活感に磨きをかけよ、鷲田先生、さりげなくそう示唆しているように思える。

第二章　日本社会の再生は「脱原発」を措《お》いては始まらない

「政治」を忌避して社会的事柄に肉薄できるか

社会保障を視野におく本書と原発大爆発とにいったい何の関係があるのだ、取り組みがあまりに「政治的」すぎないかとのすぐさま飛んでくるであろうブーイング、その型にはまった反応は重々承知している。だがそうした一見お行儀のいい振る舞いは、〈「政治」＝右か左かのイデオロギー〉といった戦前から受け継がれる日本的常識に根差すもので、結果として「政治」を敬遠させ、体よく棚上げする作用を果たしている。

政官財はそれを幸いと「政治」をあまねく独占、やりたい放題の限りを尽くす。国民が「政治」に参加するのは、誘引剤としての〈絶対善〉への集合、それが巻き起こすポピュリズム的〈世風《よかぜ》〉に心地よく吹かれるシーンがせいぜい。〈世風《よかぜ》〉とは、「世論」レベルにすら到達しないのニュアンスを含む私の造語で、中島岳志（政治思想史）の言う「ジェットコースター化する世論」とも重なるが、詳しくは［註］(1)を参照願いたい。「政治」においてもまた、カマトトは罪が重いということである。

社会的な事柄に「政治性」の含まれないものなどあるはずはない、原発も社会保障もすべては政治がらみ。となれば最高度の「政治性」を具備する原発問題から出発せずしていったい何を語れよう。「政治的」にはずっとずっと下位で金食い虫という以外は問題にされない社会保障問題へいきなり飛びこんだところで、「政治」を独占する（もしくは独裁する）安倍晋三のような、富国強兵にしか興味のない人間⑵にあっては痛くも痒《かゆ》くもなく、「勝手にやってろ」で一件落着が落ちではないか。

普通ならお門違いもいいところだろうが、〈原発論から社会保障論〉への無謀なる遠回りをあえて試みるのも、ひとえに日本人の嫌いな「政治性」を念頭に置いてのことだ。

狭い国土に世界でもまれなくらい人口が密集する地震大国（豆腐の上の国、地球表面積の〇・三%の国で世界の地震の一割が発生）、そして火山大国ニッポン。そこに一七発電所・五四基もの原発がすべて海岸線にひしめき合う異常性からして、これは企業の収益原理だけによるものではない、「政治」が大きく関与しているに違いないとは、恐らく誰もがすぐに理解するところだろう。

しかも一基の爆発で最悪千万人単位の命を奪う可能性を秘めたものが原発だと、三・一一で全国民は知ってしまっている。これだけの凶器は核戦争以外には存在しないし、そこには本質的な予防手段もない。であるなら、何を措《お》いても脱原発（原発の全停止・全廃炉）を日本における「社会保障」の出発点としなければならない、それが私の基本的なスタンスである。

加えて相手は、原発再開・原発輸出（民主党も賛成で衆院可決）・軍事費増と情報統制・武器輸出、結果、経済成長で軍事一等国化をと念じて疑わぬ極右妄想政治家。そこへ「社会保障」にもご配慮をとお願いするなら、魚屋で野菜を求めるに等しい愚行というしかない。

「原発」という最高度の「政治性」を突きつけられても、日本人はあくまで「政治」を忌避するというなら、ただ指をくわえて成り行きを見ているだけになってしまう。これでは生活がとめどなく劣化していっても仕方がない。

「政治家なんて自分の利益しか考えない」「どの政党も結局は同じ」風の居酒屋政談までは許されても、へたに一歩踏み込めばそれこそアカの領域として目を付けられかねない、日本人の内面にはいまだそんな恐れが根づいていると思えてならない。これは戦前の体験だけでなく、案外、江戸時代以降のものが尾を引いているのかもしれない。政治ネタを得意とするコメディアンが実演後のアンケートで、「芸人ごときに説教されるとは思わなかった」「押しつけがましい」とののしられたという笑えぬエピソード(3)なども、「政治」を「生活」の一段上へ祭り上げたがる日本人の習癖を見事にあらわしていて、どことなく納得させられるものがある。

「政治」とはそんな大層なものではなく、「社会∨政治」という社会の単なる一部、もっと突き詰めれば、国民の生命・生活・財産を守る「生活保障（社会保障＋雇用＋教育）」（宮本編 二〇一三）実現のためのツールという身近なものでしかないのに、すぐさまイデオロギッシュに身構え、自分との距離感に絶えず敏感になりながら「政治」を別世界へ追いやろうとする。

国民の間で〈絶対善〉が珍重される背景には、上記のような大日本帝国由来の政治アレルギー（政治への警戒感）があるし、他方では、チョウのようにホイホイと〈絶対善〉を渡り歩けばそれだけで政治参加の実績証明、そんな免罪符への気楽さが作用している。

例えば細川護熙・小泉純一郎の両元首相がタッグを組み、「脱原発」を訴えて細川が乗り込んだ二〇一四年一月の東京都知事選挙。だがＴＢＳテレビの街頭インタビューでは、「これ、難しい問題だと思います。原発賛成とも反対とも言えないですよね」（五〇代主婦）、「原発反対は都知事選の主題とは違うと思う」（三〇代女性）といった逃げの一手によるもっともらしい安全牌《ぱい》発言のオンパレードで、「政治」からのエスケープを如実に示していた。

自民党もまた、原発への是非は都知事選マターにあらずと盛んに煙幕を張ったが、舛添要一が当選するや、「これで原発再開が容認された」と一転。お手ごろの〈絶対善〉はかくも便利に使い回される。

また一四年四月実施の消費税増税を聞かれた男性高齢者は、「国が決めたことだから仕方がないよ」

（TBS）としれっとしたもの。こうした緩い国民に日本の政治家はどれだけ助けられていることか。それこそまずこの原点からコ・ウ・ゾ・ウ・カ・イ・カ・ク・しないことにはどうしようもないではないか。安冨歩（経済学）が口にする「その『仕方がない』っていうのが、日本社会の原動力になっている」（安冨編 二〇一三）の皮肉は、その点でけだし名言といえよう

これをもっと原初的な地点にまで引き下ろせば、岩本沙弓が奇《く》しくもつぶやいた以下のエピソードに問題点は集約される。「西洋かぶれと言われそうですが、外国の方と話していて実感するのは、いろんなことが忌憚なく話せることで、政治の話もそうですが、『ここまで言ったら相手はどう思うかな』とあまり思わないですみます」（傍点引用者）（岩本 二〇一四）。

では、以上のような日本社会の「政治アレルギー」を横目で見ながら、もはや絶対に避けては通れない「政治としての原発」「社会としての原発」に踏み込んでいくとしよう。目的はあくまで、活きた社会保障にたどり着くためである。

図らずも露呈した「原発ペラペラ体制」の衝撃

茨城県東海村で日本原子力発電の原発が日本初の営業運転を開始したのが一九六六年。以後五〇年弱、膨大な対策費（交付金）を原発立地自治体へ流し込み、政官財学の強固なスクラムと湯水のごとき予算で強固な「原子力ムラ」を形成してきた事実は、三・一一以降、我々一般国民にも共有される認識となった。

さらには、有無を言わせぬ安全プロパガンダ（原発はヘタな工場よりよほど安全、事故の確率は一基当たり一〇〇万年に一回かそれ以上というような官製神話・都市伝説）や、多額の税金を使っての原発報道に関する「メディア監視事業」（東京新聞 二〇一二）すら臆面もなく展開、金に飽かした「鉄

壁の包囲網」で五〇基以上の虎の子（原発）を力業《ちからわざ》にて世へ送り出し、操業を維持し続けてきたこともまた、国民の常識となった。

しかしこの「鉄壁の包囲網」の底辺では、以下のようなものまでもが懸命に原発稼働を支えていた。例えば福島県双葉町のメイン道路をまたぐ大看板(4)、表には「原子力明るい未来のエネルギー」（八八年、双葉町原子力広報標語募集優秀賞の小学生作品）の標語が、裏には「原子力正しい理解で豊かなくらし」が、どうだとばかり誇らしげに大書されている。

敗戦の八・一五前後と同様、三・一一を境にこの看板は地元でさえ「何じゃこりゃ」の唾棄《だき》すべきフレーズへと突き落とされたことだろうが、もし三・一一以前にそんなことを言おうものなら、拗《す》ね者として町からつまはじきにされたのは間違いない。

上は寄生政治家・官僚・御用学者・電力会社・地元有力者から、下はこの種の気色悪い標語に象徴される共同幻想に至るまで、すべては絶対安全神話という「ペラペラ無理筋体制」でもたれ合って、原発という世界一危険な怪物を半世紀近くもマネジメントしてきたことになる。こんなペラペラでよくもまあここまで。三・一一まではこれほどの大事故なしという有り難すぎる僥倖《ぎょうこう》というか奇跡に、我々はひたすら感謝すべきなのだろう。

しかし怪物は、弱点だらけでスカスカ・ペラペラの体制を見逃しはしなかった。運命の日となる二〇一一年三月一一日の東北地方太平洋沖地震。東京電力福島第一原子力発電所の交流電源が鉄塔・送電線・諸設備の倒壊・破損等でまず喪失、そして約五〇分後、一五・五メートルの津波（防潮堤はわずか五・五メートル）が破滅を決定づけた。非常用電源（ディーゼル発電）も一部を除き喪失、大半の原子炉が全電源喪失状態に陥ったのだ。世界中を震撼《しんかん》させたこの事態で原子炉は冷却不能となり、決死隊としての東京消防庁ハイパーレスキューや自衛隊ヘリからの放水も拒むかのように、一号機、三号機、四号機がついに大爆発を起こした。

なお、冷却不能の大本の原因が東電発表のように津波だけだったのか、それとも最初の地震で既に影響が出ていて津波がダメ押しをしたのかについては議論が分かれる。国会事故調査委員会報告でも一号機の非常用電源喪失には津波以外の原因ありとしているし、同協力調査員だった伊東良徳（弁護士）などはたしかにそのとおりだと、根拠を示して詳しい論述を行っている。(5)

また広瀬隆（作家）は、東電関係者が「一号機では津波よりも前に、地震の揺れで圧力容器や配管に損傷があった」ことを初めて認めた、と言っている。また、同機の「非常用復水器」は「地震の衝撃で破損していた疑いが濃厚」、三号機では「高圧注水系配管」が事前破損、一・二号機でも「地震で配管が破損」、と言い切っている（広瀬・明石 二〇一二）。

しかもこの地震による三号機の揺れ（加速度）はわずか五百七ガルで、新潟県中越沖地震での東電柏崎刈羽原発三号機（重大火災発生）付近では二千ガル超、比べものにならないほど低い数値だったと広瀬は指摘する。これを強調されると困るのは東電で、想定をはるかに超えた大津波（実は〇八年、巨大津波の可能性を把握していながら対策を蹴飛ばしていた）の方は彼らお得意の「カマトト自然脅威論」で逃げ切るにせよ、地震の方はこの程度でダウンとなれば全国に散らばる原発に示しがつかない、日本中の原発の存立基盤を一気に危うくする、だから原因はどうしても津波に背負ってもらわなければならない、地震であってはならない、というストーリーになるのだろう。

あれだけ安全プロパガンダに励み、ハードと同時に鉄壁を誇ったはずの指揮命令系統もまた、地震・津波の一撃で我々素人にもわかるほど「ペラペラ」だったことが白日のもとにさらされた。枝野幸男官房長官（「まき散らされた放射性物質はただちに人体に影響を及ぼす数値ではない」に象徴的）・原子力保安院や東電経営陣の対応と説明は言うに及ばず、ハラの据わり方もいかにペラペラか、また「原子カムラ」の理論的バックボーンで複雑な現場を知らない重鎮学者連中が「大丈夫、大丈夫」と見てきたようなウソを平気で連発しては逃げの一手に専念した醜態、全国民がテレビにくぎ付けとなった光景を改めてたどり直せばすぐに思い浮かぶお粗末さであった。と同時に、「日本ってこんなにペラペラだったのか、ダメだなこの国は」と、根本的なところで心底がっかりした人も多かったに違いない。

だが、こうしたペラペラ体制を逐一告発するのが本章の目的ではない。興味ある人は、政府事故調、国会事故調の報告書だけでなく、引用文献に記述した〝東京 二〇一二〟〝日隅・木野 二〇一二〟〝木野 二〇一四〟〝船橋 二〇一二〟〝小倉 二〇一四〟のほか、優れた書物が多々出版されているから、そちらをご覧いただきたい。日本社会劣化の状況が象徴的に凝縮され、つらくなること請け合いだが、現実直視を避けるわけにはいかないはずだ。

ではこれ以降、なぜ「脱原発」なのかに入っていくとしよう。少なくとも、体制がペラペラだから が理由でないことだけは確かである。

福島第一の大爆発、「原発は人知を超える」を明示した

いきなりだが、東電本店首脳と吉田昌郎・福島第一原発所長らとの間で交わされた緊迫のやりとりをまず長文引用したい。

本店「こちら側の勝手な考えだと、(2号機に) いきなり海水 (注入) っていうのは (原子炉の) 材料が腐っちゃったりしてもったいないので、なるべく粘って真水を待つという選択肢もあると理解してよいでしょうか」

現地では交通網が遮断され、燃料やバッテリーなどが枯渇し始める。SR弁 (逃がし安全弁) を動かすバッテリーもなく、（中略）カー用品量販店でバッテリーを調達しようと試みるも、その前に手持ちの現金が底をついてきた（「現金をお持ちの方、ぜひお貸しいただきたい」の呼びかけまで記録に残っている＝引用者註）。

現地は通行止めも多く、第1原発から約50キロ離れたいわき市へは片道6時間かかった。到着しても閉店が多く、調達はままならない。

第1原発「手持ちの軽油が切れました。余っているところがあれば申し出てください」

武藤栄副社長「たぶん余っているのは、人がいなくなっちゃった所のガソリンスタンドだよ。農協のスタンドなんか、たぶん軽油いっぱいあると思うよ（後略）」

吉田所長「そりゃね、（燃料を＝引用者註）用意してと言うだけの人はうらやましいよ。なあ、誰だってそう思うよ。このドタバタの中に物資が来ない、運ぶ手段もない。みんなギリギリやってんだから、そんなきれいごと言ったって、できないものはできないんだよ」

（3号機の水素爆発直後）高橋明男フェロー「水素爆発かどうかわかんないけど、保安院が水素爆発と言っているから、もういいんじゃないの？　水素爆発で」「保安院がさっきテレビで水素爆発と言っていたけど、歩調を合わせた方が良いと思うよ」（以上6）

（また3号機爆発当日、地元大熊町からの問い合わせへの対応を求められるや）「何ら具体策を検討していないのに、『対策もどきをさ、もどきっていうか、防止措置についても検討を進めているとかさ、これ書けないのかな？』などと発言していた」（7）

これを読んで、ある意味、メルトダウンとはまた違った衝撃を覚えないだろうか。まず東電本店首脳に見られる、当事者意識ゼロの他人事《ひとごと》のような無責任語録になっているし、企業体質がこんな調子では、「原子炉緊急停止」以外、何の安全装置も起動させられなかった体たらくも宜《むべ》なるかなとなろう。だが、これが長年にわたって財界中枢を占めてきた超大企業の実態とあらば仕方がない。いまさら「ペラペラ体制」には言及しないとは先述のとおりで、この電話のやりとりから私がかぎとったのは、そんなことより以下の点だった。

巷間《こうかん》言われる原発安全神話への過信だとか慢心（「ペラペラ体制」）という以上に、原発という怪物が一度暴れ出してしまえば、人知などかくもちっぽけなもの。この先どう出てくるか見当もつかない相手に何十年も携わってきたそれなりの大ベテランがただただ右往左往、カー用品量販店でバッテリーを買い集めろ的な議論に陥っているのがそれをよく象徴している。

これは、原発というもの、一度過酷事故になってしまうと人の手には負えない存在に化けるということ。対策を万全にすれば今後は大丈夫なのだではなく、「備えあっても憂いあり」と断言するしかない。私は鉄鋼関係のメーカーにいたからよくわかるが、残念ながらたとえ事故を起こしてしまっても、その後もまったくの制御不能など、鉄鋼・化学等の他産業では考えられない。

美しかった陸地と海への広範囲な放射能汚染（八割は太平洋へ行ったといわれるのに陸地におけるあの被害。福島第一からのセシウム137は、広島原爆の一六八発分とされる）、原爆投下被害以外では一度も体験したことのない大量被曝《ひばく》と健康障害、事業権・就業権・生活権のはく奪と十数万人にのぼる原発難民の存在、根本的には無理な除染（だから池澤夏樹は単なる「移染」だと言う）、さっぱり不明な炉心溶融三炉の内部状況と溶岩のように固まった「燃料デブリ」の取り出し方、ちっともコントロールできない福島第一の地下汚染水処理等々、いったい原発以外の事故でこうした被害は考えられるであろうか。現場検証のできない事故など、他にはないのである。

原発はいくら対策を講じてみても人間の手には負えない宇宙的な産業、そう断じる方がむしろ合理的・科学的ではないか。人間に制御できないものはないという万能論者は別にして。中沢新一（人類学）がいみじくもそうなる必然を、また山本義隆（物理学）が違った観点から原発特有の怖さ、手に負えなさを指摘している。

原子炉内で起こる核分裂連鎖反応は、生態圏の外部である太陽圏に属する現象である。（中略）原子力発電は、生物の生きる生態圏の内部に、太陽圏に属する核反応の過程を「無媒介」のままに持ちこんで、エネルギーを取り出そうとする機構として、石炭や石油を使ったほかのエネルギー利用とは、本質的に異なっている。（中沢　二〇一一）

「（例えば公害物質＝引用者註）それらの有毒性は分子の性質（原子の結合の性質）であり、原理的には化学的処理で人工的に転換可能」なのに対し、「原発の放射性廃棄物が有毒な放射線を放出するという性質は、原子核の性質つまり核力による陽子と中性子の結合のもたらす性質であり、それは化学的処理で変えることはできない。つまり放射性物質を無害化することも、その寿命を短縮することも、事実上不可能である」（山本　二〇一一）

最後に、万一の場合の逃げである「ベント（排気）」について見ておこう。ベントとはそもそも、格納容器自体を守るために環境（自然と人間）を犠牲にし、とにかく放射能ともども圧力要因の蒸気を外へ逃がしてしまおうという装置で、火事の際に煙を排出するのとはわけが違う。例えば半径二五〇キロ圏すべてを死の灰の町としないために、周辺の市町村や風向きによっては一部の遠い町も犠牲になってもらいましょうとの思想から設置されたもの。

それ自体が既に大問題だが、「(一五年以上もの昔＝引用者註) 欧州の原発のほとんどに炉心損傷に備えた『フィルター付きベント』が設置された。あの原発大国フランスでも例外ではない」(8)という海外の現実に対し、日本だけはフィルター付きを見送っているのだという。それはなぜか、コスト削減のためか。ここに象徴的な解がある。

「(ベントにフィルターが付けられていないのは＝引用者註) なぜかと問うと、技術者は『フィルターをつけたら、ベントしなければならないような過酷事故が起きることを想定していることになる。ましてや、後からフィルターをつける追加工事を発注するなんて……』と答えたという」(上田紀行(文化人類学) 談)(9)。

これが「原発ペラペラ体制」の実態なのである。なるほど、やるだろうネと妙に感心させられるが、彼らにあってはこれぞ常套《じょうとう》手段ともいうべき「八百長テクニック」そのものであり (原発は絶対に必要→ゆえに原発は絶対安全→ゆえにフィルター付きベントなどあってはならない)、「絶対的安全神話の形成」が何にも増して最優先されていたことが伝わってくる。

ただ、一号機の「ベント開始」約五時間も前から放射性物質が既に空中へと四散、それなのに住民には退避命令すら出されず大量の「被曝《ひばく》」が、という衝撃的内容を毎日新聞(10)が暴露した今、ベント云々を超える事態が先に起こってしまっていた、また例の「ＳＰＥＥＤＩ」(緊急時迅速放射能影響予測ネットワークシステム)による放射性物質拡散予測の隠蔽が該当地域住民を平気で被曝《ひばく》させてしまっていたという重く悲惨な現実を突きつけられれば、日本には優れた装置以前にもっと本質的な欠陥があるのだと言っておかなければならない。太平洋戦争時と同様、いざとなればエリートは国民を犠牲にし、トンズラしてしまうというそのことを。

フィルター付きベントに加えてあともう一つ、日本の原発には、「最新型の欧州加圧型原子炉のように、格納容器の底部にコアキャッチャーが設置」されていないお粗末さがある。これは「メルトダウンした核燃料が冷却設備に導かれ」、時間稼ぎができるという装置（若杉冽（現職覆面キャリア官僚））（以上、若杉 二〇一三）だが、安倍首相自慢の「世界一の規制基準」にも組み込まれていない。なぜならいまさら改良などできないので、というから、世界一の大ウソも度がすぎる。なお、このコアキャッチャーには複雑な特許もからんでおり、よって安倍ご執心の原発輸出、先進国ヨーロッパ向けには絶対不可能なのだ。所ジョージではないが、「安倍さん、すんごいですね」というしかコトバがない。

以上、ここまでの論述をもってしても、まずは「脱原発」以外に選択肢なしと結論づけることはできようが、さらにもう一件、絶望的なバックグラウンドへと歩を進めるとしたい。

虚妄の「核燃料サイクル」に大金をつぎ込み続ける政治

もとはと言えばこの原発も、一九五〇年代後半に読売新聞社社主・正力松太郎が米国とタイアップして始めた「原子力平和利用キャンペーン」が原点。「核兵器は悪だが、原子力は善」の巧妙なるレトリックと、「原子力の平和利用」という被爆《ひばく》国にとってはきわどい〈絶対善〉とでうまく乗り切ってきた。それは、第五福竜丸事件（五四年）を契機に沸騰した原水爆禁止運動と野党の抵抗とを中和誘導し、「夢のエネルギー（原子力発電）」（以上11）実現へとつなげる大芝居でもあった。

そこを起点に政官財学報米《アメリカ》の強固な利益共同体を形成、国家予算を好き放題使いまくってきたのが「原子力ムラ」ということになる。

そのようにして日本で最初に「原子の火」がともったのは茨城県東海村であり、首都圏にいちばん近い原発として東海第二発電所（日本原子力発電）は立地している。九九年にはＪＣＯ東海事業所の臨界事故発生という衝撃的事件も体験したこの村、村長だった村上達也はモンスター集団としての「ムラ」をこう評する。「一つの利益集団ができると、磁石のごとく人が集まって反対勢力を排除し圧迫する。原子力ムラは50年以上の歴史を持つ牢固たる社会だ」(12)と。

ちなみに東海第二では、あとわずか七〇センチで防潮壁を乗り越えるまでに津波が迫ってきたという。もし越えれば、東京からたった一三〇キロの原発で全電源停止の可能性もあったことになる。その防潮壁、二〇一〇年に一二〇センチかさ上げされたばかり、しかも、一部切り込まれていた部分を直前に埋めたばかり。まさに「薄氷の冷温停止」だった。

ところで「牢固《ろうこ》たる社会」という表現がぴったりの原子力ムラ、それは自民党長期政権並びに経済産業省（旧通産省）を核とする「公」と、その庇護《ひご》のもと資金は潤沢、準国家事業の印籠《いんろう》を得ている から怖いものなしの「民」が有機的に結合し、肩で風を切って歩んできたものだが、ここでもまた、例によってアメリカの影がちらついていたという。吉岡斉（科学技術史）がこう指摘する。

日本の核武装を嫌う米国にとっては、非核保有国の中で日本にのみ機微核技術開発の特権を与えることで、日本の権力者の自尊心を満足させるとともに、米国への忠誠心を高めさせることができる。機微核技術の維持は、日米軍事同盟の生命線ともいえる。(11)

＊機微核技術＝ウラン濃縮、使用済み核燃料からプルトニウムを取り出す再処理、高速増殖炉など、核兵器製造につながる技術（吉岡に拠る）

また「今や米国の原子力プラントメーカー」は「日本メーカーに製造面で強く依存している」(13)（実際、

ウェスチングハウスは東芝の傘下に）ゆえ、日本に原発から撤退されては具合が悪い、よって、「軍事と民事双方にまたがる『日米原子力同盟』は、日本の脱原発に立ちはだかる最大の障害だろう」(11)となるわけだ。

民主党の野田政権が原発・核燃料サイクル政策でふらつきまくったのも、これを聞けば納得性が高まる。前章でしつこく論じた盟主アメリカとの関係、政治的事象の本質を見通すには、まずアメリカの縛りから迫るとした方がよさそうな案配である。

政官財学報にアメリカが加わればいつものように鬼に金棒、その正否にかかわらず「原発＋核燃料サイクル」への投資は青天井と化し、政官財学報米《アメリカ》の利益共同体は我が世の春を謳歌。まさに有頂天でアメリカ・フランスに次ぐ世界第三位の原発保有国を誇るまでに上り詰めていったのだった。もうここまでくると、「原子力ムラ」なる牧歌的呼称に違和感を覚えるのは私だけではあるまい。

しかし問題は原発それ自体にはとどまらない。吉岡の言う「機微核技術」に属す「核燃料サイクル」が、「トイレなきマンション」への単純な危惧を飛び越え、もう一つの主役へと躍り出たからである。原発由来の使用済み核燃料（ウラン燃料の燃えかす）をゴミとは見なさず、核兵器使用を視野に入れた全量再処理を国策として決定、だからゴミはその時点で貴重な「資源」へと化けた。

しかも「核保有」の必須条件となるプルトニウムの抽出、その甘い誘惑を手放すわけにはいかない。日本でほんわかと語られる「原子力」とは世界共通語では「核」のこと、それを認識していないのは日本人だけなのかもしれない。以下、核燃料サイクルのキーとなる施設をざっと見ておこう。

【再処理工場（青森県六ヶ所村）】＝①原発から出る使用済み核燃料（ゴミ）を再処理して、その中から残留ウラン並びにウランが中性子と反応して新しく生まれたプルトニウム（長崎原爆の材料はこれ）を抽出するのがこの工場。そして「高速増殖炉・もんじゅ」用の燃料、プルトニウム混合酸化物(ＭＯＸ)を作るという計画。②これは大変に危険かつカネのかかる工程。しかも再処理工場はトラブル続きで、九七年完成予定を二〇回も延期[14]。依然メドは立たず。③建設費は当初の七千六百億円が二兆円超え確実に。④「(国か電力側か、撤退を＝引用者註) 言い出した方が責任を負う。だから言い出せない――。この構図はエネ庁内部で『ばば抜き』と呼ばれた」、「(エネ庁の＝引用者註) ある課員が説明する。『再処理は技術として確立していないのに事業費はどんどん膨れあがる。心配だった』」[15]と。

【高速増殖炉もんじゅ (福井県敦賀市)】＝①「高速増殖炉は発電しながら消費した分以上の燃料を得る『夢の原子炉』」[14]。だからプルトニウムを得るための増殖炉と呼ぶのだ。②一般の原子炉とは異なり、冷却は水ではなく金属ナトリウムで。よって、配管漏れでもあれば大変に危険。③これまた事故ばかりでさっぱり動かず。「初臨界から二十年で、稼働したのは二百五十日。一兆円を超す税金が注がれ、今も一日五千五百万円が投じられている」[16]。④核燃料サイクルはまったく機能していない。④外国ではさっさと開発をやめている。

【プルサーマル計画】＝①そこでつなぎ役として登場するのが、ウラン・プルトニウム混合酸化物(ＭＯＸ)燃料を通常原子炉で燃やし、大量在庫のプルトニウムを何とかさばこうというプルサーマル発電だ。②しかし、目下四四トン (原爆五〇〇〇発分) の在庫に対し、一基当たりの年消費量は〇・四トン程度でとてもさばききれず。そこへ六ヶ所村のプルトニウムが加わったらどうなる?③核兵器転用可能なだけに、これだけの在庫は国際社会の注目を浴びている。④さらに、プルトニウムの毒性が強いため、プルサーマルは運転面での危険性も高いとされる。⑤福島第一の三号機がそれを明らかにした。大鹿靖明 (ジャーナリスト) が証言する。「1号機の水素爆発とは比較にならない大量の噴煙が噴き上がった。まるで爆弾が命中して、大爆発を起こしたようだった。きのこ雲のような黒い煙がたちのぼった。（中略）福島第一原発の敷地内は黒い煙によって、昼間なのに真っ暗になった」（大鹿 二〇一二）。プルトニウムを含む猛毒物資が大気中に舞い上がったのだ。⑥また、「MOX燃料を燃やすと、通常の核燃料に比べ、高レベルの核のごみが二倍発生する」(17)。⑦青森県で建設中の大間原発は、国内初のフルMOX操業。三〇キロ圏内にある函館市が、国とJパワーを相手に提訴（一四年四月）。なお、五〇キロ圏内の人口は、北海道の方が青森県の約四倍。

無尽蔵に流れる天文学的数字のカネはどこから支出され、どこへしわ寄せされるのか。こうしたけた外れの事実を前に、竹中平蔵よ、何が「アベノミクスは一〇〇％正しい」「社会保障を野放しにしたままではダメだ」(18)か、彼に考えを問い質してみなければなるまい。六ヶ所村再処理工場ともんじゅに代表されるデタラメ計画とカネの使い放題、それでいて財政危機を煽《あお》りまくる政・官の気が知れない。

もんじゅが立地する福井県、「〇五年二月に（もんじゅの＝引用者註）改造工事着手を了解する前後では、県は国に北陸新幹線の県内延伸を求め、同六月に福井駅部の着工が実現した」(19)というからすごい。もんじゅと新幹線がバーターなら、原発を取り巻く隠れ予算がまだどれだけあるかしれない。

そして一四年四月、「エネルギー基本計画」なるものが閣議決定された。総選挙での公約「脱原発依存」無視などいまさら驚きもしないが、計画では「原発を安定的に出力できる『ベースロード電源』と位置づけ、重要な電源として活用し続ける方針を明記」している。福島第一の原因究明さえままならないというのに。だいいち、原発のゴミを今後もバンバン増やそうということと同じだからすさまじい。除染した土の置き場すらなかなか決まらないなか、それがどうしたの強制落着だ。

しかも廃止して当然のあの「もんじゅ」がしぶとく形を変えて存続とくる。さすがに「増殖炉」はやばいと思ったのか、「もんじゅは『減容化』の研究に重点」(14)をおくと、役人コトバで煙《けむ》に巻いたつもりになっている。何のことはない、もんじゅをごみ焼却炉に転用させようとの、またまたいつもの看板書き換え方式だが、それすらまだ「試験管レベル」だと東京新聞が報じている。

「走り出したら止まらない」ではなく、「走り出したら絶対に止めない」。結果はどうあろうとも、自分のカネでも会社のカネでもないのだから、利益享受者としては続けることにこそ意義がある、中身など関係ない、理屈さえ立てばいい、ただそれだけのことなのだ。

なおその理屈付けプロセスがまた振るっている。東大学長だった八三歳の老人・有馬朗人が自民党の非公開会合に出てきて、「放射性物質の寿命が約1万年から数百年に短縮！」「最終処分場が100分の1とコンパクトに」「日本技術に不可能はない」「(過去にあったもんじゅの＝引用者註)ナトリウム漏れでも原子炉に問題はない」→すると自民党議員は、「これで(もんじゅ存続の)理論武装ができた」→翌日、自民党は原案を了承でシャンシャン。[20]

毎日新聞は、正当にもこれをして「錬金術」と名付けた。「原子力ムラ」とはまさにこういうものなのである。こんなふざけた話を耳にした後でも、消費税増税は仕方がない、社会保障も自助であっさり認める国民がいるとしたら、お顔を拝見したいものである。

以上の総体が「脱原発＋脱核燃料サイクル」のふたつめの理由である。

トイレがあっても違法建築の「トイレなきマンション」

「トイレなきマンション」が言い得て妙の評言ということもあり、原発大爆発以来、それはもう社会のコンセンサスになっていると思われるが、次の点で事実を正確に伝えていないうらみがある。

①各原発は使用済み核燃料の仮設トイレ(プール)を持っているし、再処理工場でもそれを保管しているが、もう間もなく満杯になる。トイレはあっても畑にまいたり水に流せる代物ではないた

め、仮設トイレを永久に増設し続ける以外に方法はない。

②しかも、原発本体よりこのトイレ（プール）の方がよほど危ない。福島第一の四号機でわかるように、むき出しだからだ。その意味では、プルトニウムを大量保管する六ヶ所村の再処理工場は最悪。しかも耐震基準は日本最低の四五〇ガルという（広瀬・明石二〇一一）。

③元原発技術者の小倉志郎によれば、使用済み核燃料で満杯になって「原子炉」の燃料交換ができなくなるのを恐れた電力会社は、危険を顧みず「燃料プール稠密化工事」を実施していたという（小倉二〇一四）。

④こうなるとトイレの問題ではなく、「排せつ」すること自体の問題になる。排せつをやめるには原発をやめる以外に手はない。

⑤この排せつ物を有効利用するどころか錬金術で価値を増やすと大ボラを吹いたのが「核燃料サイクル」。背景にはプルトニウムと「核技術」を手に入れたい思惑もあった。その虚構については既に詳述した。

⑥つまり、トイレといった些末《さまつ》な問題ではなく、その「マンション」そのものが、地球上には建ててはならぬもの。なのに立派なトイレを完備すれば認めてやるというのは本末転倒な話になる。トイレなきの惨状を見れば、「プールで冷やしている使用済み核燃料は、再処理工場の保管分を含め計1万7000トンにのぼる」(14)、「地層処分」など端《はな》からムリと日本学術会議も結論づけているし(21)、雑誌「Newton」(22)では日本に固有の「火山と地温」「隆起と地下水」「活断層」の諸要因を挙げ、警鐘を鳴らしている。さらに、日本の地層は新しすぎてもともと弱い。また、「再処理工場」でのゴミの消化など、今や冗談がすぎる。だから、原発の排せつ物問題だけで立派な理由(第三の理由)となるのだ。

あのコイズミが脱原発に転じたのは、原発推進派の財界人と視察に行ったフィンランドの地下処分場「オンカロ（フィンランド語で洞窟）」を体験してからといわれる。まだ発信力のあるコイズミを味方にと目論んだ企業サイドは面食らっただろうが、そこはヘンジンのこと、気にもとめない。青野由利（ジャーナリスト）の言を借りれば、「無害になるまでの10万年は『人間の時間』というより、『地球の時間』だろう」(23)。恐らくはコイズミもそれに気づいたものと思われる。安倍の師匠格であった人物にしては至極まともな神経だ。コイズミは果たして小泉になれるのか、いずれにしても彼が説を曲げない限り、我々としては小泉を「政治的」に利用しない手はない。

しかし推進派もさるもの、もんじゅに見られるように、やるようなやらないような、技術が追いつかないのをいいことに努力努力と先送りすればするほど、継続的に予算が獲得できる、膨大なポストが確保できる。これぞまさしく〈核燃料サイクル〉ならぬ、永久不滅の〈原子力ムラ・サイクル〉にほかならない。いくらキレイゴトを言ってはみても、詰まるところ、国家予算の分捕り合戦に走っているだけなのである。なお、ムラにはもっと手の込んだ、以下のごとき長老まで跋扈《ばっこ》しているため、想像以上に手ごわく、ぶりっ子の〈絶対善〉などではとても太刀打ちできる相手ではない。真正面から正攻法で突き崩していくしか手はない。

「再処理工場は安全性に疑念がある。行政も電力も本音では『動かしたくない』と思っている。原子力発電自体は維持しつつ再処理は凍結すべきだ」。「(経産省の職員二人が意を決して＝引用者註）自民党商工族で大臣経験もある重鎮に接触した」。すると重鎮は、「君らの主張は分かる。でもね。サイクルは神話なんだ。神話がなくなると、核のごみの問題が噴き出し、原発そのものが動かなくなる。六ヶ所は確かになかなか動かないだろう。でもずっと試験中でいいんだ。『あそこが壊れた、そこが壊れた、今直しています』でいい。これはモラトリアムなんだ」（傍点は引用者）(24)。

〇四年の発言らしいが、半世紀以上にわたり自民党政権を支えてきた要諦はまさにこれであり、松下政経塾出身の青臭い民主党議員が逆立ちしたってかないはしない。「全国の原発の『トイレ』は六ヶ所村で十分に用意していますからご安心ください」で引っ張り続けて原発を順調に稼働させる、そのうち世論も忘れて沈静化するというわけだ。だが逆にいえばこの長老、原発排せつ物用の「トイレ」などまず永遠にできないのを正確に把握していたことになる。

さあ、ここまで来てもまだ、「脱原発」はナンセンスだと言い続けられるのだろうか。

ところで「脱原発」をラディカルに唱えるこの私も、三・一一まではとんでもなく認識が甘かったことを正直に告白しておかなければならない。学生時代には米軍の原子力空母・原潜反対デモも頻繁にあったし、さいたま市の民間原研・実験原子炉（臨界実験装置）反対運動もあって、触れないわけではなかった。また社会人になってからも原発はアタマから離れず、旅行の途次、泊・女川・浜岡・美浜・伊方・川内《せんだい》や「もんじゅ」「六ヶ所ムラ」などを見てきている。

しかし原発事故への人間の無力、核燃料サイクルの虚妄にまでは、実感が及んでいなかった。自身がメーカーにいたせいもあり、どこかに日本の技術陣への信頼があったのかもしれない。だが三・一一で薄っぺらな認識が完膚なきまで打ち砕かれた現在、「脱原発」以外にもうとる途《みち》はないとの確信を得るに至った。

ということで、原発推進派から投げられると思われる最後の反問に答え、本章を閉じるとしよう。

「脱原発」には戦後政治の宿弊一掃という側面もある

原発推進派の彼らが最後に繰り出す切り札は、聞かずともわかっている。「電力需給は大丈夫なのか、電力コストのアップに日本経済は堪えられるのか。理想論も結構だが、責任ある対案を出してからにしてもらいたい」。

しかし残念ながら対案など不要。ひとたび過酷事故に見舞われれば、一千万単位の国民に被害の及ぶ恐れがある。東日本または西日本を放棄しなければならなくなるかもしれない。これだけで推進派への回答としては十分であろう。ただ、さはさりながら、少しはその問いに応じておくとしようか。

まず電力需給対策だが、心配しなくても節電が想像以上に進んでいる。二〇一二年夏にはあれだけ電力需給の逼迫《ひっぱく》を煽《あお》り、だから原発再稼働をと半ば脅しに入っていた電力各社が、なぜか猛暑の一三年夏は沈黙状態。それでも停電などなくスムーズに運んでいた。

一二年夏には、突然の停電にあわてまくり「やっぱり原発を」の声を国民サイドから上げさせればいいとふんぞり返っていた業界が、記録的暑さの一三年夏には、あまり節電されてもこちとら商売だからネに一変。大飯原発で大騒ぎした関西電力は、原発停止でも一四年夏は泳げると発表した(25)。中部電力も、「浜岡停止3年　今夏も余力」(26)。

いったん目標が決まれば、企業も家庭も、日本人ほどしっかり励行する国民はいない。賢明なる電力会社首脳がもしいるなら、安倍首相には面従腹背、秘密裏にポスト原発時代のシミュレーションを行い、結論を得ていることだろう。脱原発の動向だけでなく、原発のコストが高いのをいちばん知っているのは、おそらく彼らであろうから。

それからもう一つ、「ガスタービンと蒸気タービンを組み合わせた『コンバインドサイクル（複合発電）方式』の高効率火力発電所が急速に普及していることにも注目しておく必要がある(27)（広瀬・明石　二〇一一）。原発全停止から生ずる「必要は発明の母」、これは日本企業のもっとも得意とする動機づけだといえる。例えば一九六〇年代末からの公害対策対応、そのスピードと技術力は世界の瞠目《どうもく》するところとなった。新型火力の技術開発を契機に、電力会社内の原発派と火力発電派のパワーバランスが崩れ始めるとおもしろい。

ここまで説明すると、「ではコストは」ともう一度詰め寄ってくることが予想される。そんなに原発へ肩入れしたいのなら、まずは大島堅一（経済学）や金子勝（財政学）の著作を手にしてみたらどうだろう（大島 二〇一一）（金子 二〇一二）（金子 二〇一三）。大島によれば、原発の電力コストは、恣意《しい》的な政府試算の実に二倍で、火力のコストをも超えるとされる。

それに、大島試算には、あの膨大な「事故コスト」は含まれていない。毎日新聞が「計一一兆円に達する」(14)と報ずる福島第一の事故処理費用（賠償・除染・中間貯蔵施設・廃炉と汚染水対策）が原発コスト試算には入っていない。「シンクタンクが堅めに見積もっても二〇兆円と言われた巨額の福島原発事故の賠償費用」という試算もあるし、町田徹（経済ジャーナリスト）による「JOC東海事業所の前例に従い、因果関係さえはっきりしていれば風評被害まで含めて賠償するという原発事故の賠償ルールを守れば、賠償は一〇年以上の長期にわたり」「二〇〇兆円前後に達しても不思議のない状況」（以上、（町田 二〇一二））という見方もある。これまで標榜《ひょうぼう》されてきた政府による「政治的なコスト試算」など、もうとうに賞味期限切れなのがわかるであろう。

しかしこの国は、以下のような発言を真顔でなす首相を戴《いただ》いていて、脱力させられることおびただしい。「安倍晋三首相は（中略）テレビ朝日の番組で、小泉純一郎元首相の『脱原発』発言について『小泉さんの一つの勘なのだろうが、1年間で4兆円近い国の富が海外に出ていっている。ずっと続いていくと大変だ。今の段階で（原発）ゼロを約束することは無責任だと思う』と批判した」(28)というのがそれだ。

原発停止のおかげで火力発電用燃料輸入（LNG・石炭・石油）へ大幅シフトせざるを得ず、国富が外国へ逃げた、と言いたいらしい。最高権力者としての品のなさ、死の商人的パーソナリティーは特筆ものだが、その心は、〈過去最大の貿易赤字→それは原発停止のせい〉で、貿易赤字の言い訳と原発再開をいっしょにして自己の主張を強引に通そうとの下心が透けていた。評論家は往々にして「今の政権は戦後最悪」と言いがちだが、安倍政権に限ってはそれが的を射ている。〈絶対善〉をもてあそんできたそのどん詰まりに、麻生太郎や野田佳彦もビックリのトンデモ首相を生んでしまった。ツケは早晩、国民が支払わされることになる。

話を戻して、安倍の言う四兆円近い富の流出、いや、そこにはアベノミクスがもたらした円安や資源高も入っているからそれほどではないという人もいるが、百歩譲って四兆円であれ、それがなぜ「富の流出」なのか。原発停止のために必要なものを購入しているというのに。あの大爆発がもたらした直接経費だけではなく、「富と国民財産の流出」「健康を含む国民生活の流出」こそ問われるべきなのではないのか。

ところで、「脱原発」に立ちはだかる難関は、こうしたレベルの「原子力ムラ」だけにはとどまらない。まず原発立地地域に住む頑迷なる原発推進派・維持派の存在がある。福島大爆発後は一転、電力多消費型大都市圏の犠牲者として振る舞っているようだが、では、彼らはなぜ地元の原発反対運動を陰に陽に妨害してきたのか、反対派と共闘してこなかったのか。突然に〈絶対善〉（キレイゴト）の看板を掛け替えられても困るのだ。彼らの本来的な〈絶対善〉は、「大都会の犠牲者」どころか、「原子力明るい未来のエネルギー」「原子力正しい理解で豊かなくらし」にあったのではなかったのか。

そんななか、朴勝俊（経済学）のユニークな書『脱原発で地元経済は破綻しない』（朴 二〇一三）を読むうち、思わず身を乗り出す場面に遭遇した。それは「都会では建てられないような危険な原発を地方に押しつけながら、お金を渡して賛成の意志（ママ）を『買収』するようなものだとの批判も根強く」存在するかの有名な「電源三法交付金」のくだりである。「この交付金には原発地元に危険な原発の運転を認めさせる巧妙な仕組みが組み込まれています」と彼は断言する。

その「巧妙な仕組み」とは、①「原発が古くなるほど交付額が増えます」②「さらに、30年経ったところで5年間にわたり『立地地域共生交付金』（毎年5億円）が支給されます」③「危険なプルサーマル運転を受け入れると割り増しです」④「定期点検の間隔を延ばして長期間連続運転すると割り増しになる、という仕組みもあります」⑤「また、交付金の中には発電量が減少すると減らされる項目もあります」。まさに危険奨励金、危険強制金の類《たぐい》であり、この程度で十分食いついてくるだろうとの、国民を見下す官僚の顔が浮かぶようだが、逆に「電源三法交付金」なしで原発を受け入れる自治体があれば教えてほしいとも言いたくなる。

これを見るにつけ、ここには「シンジケート的戦後利権政治」の宿弊と「ポスト工業化社会」への未対応という本質的問題が究極の姿であらわれている、私はそうした思いを強くせざるを得ない。その帳尻を、大都市住民と原発立地住民という〈民〉対〈民〉の対立におっかぶせ、「政治」は涼しい顔で政官財学報 米《アメリカ》の利益集団発展へ全力投球、そんなデジャ・ビュ（既視感）を我々は覚える。

沖縄県の普天間基地、否、面積比で全国の〇・六％しかない沖縄に米軍専用施設の七三・八％が存在（沖縄県HP）という超いびつな現実もまた、原発立地問題と構図をまったく同じくしている。

さて、次章以降で論じる主題は、〈民〉自身が「政治」を自家薬籠《やくろうちゅう》中のものとし、〈民〉対〈公〉の大バトルへといかにバージョンアップさせていけるか、そして目指すべきは、超高齢社会と原発問題で世界の最先端へ押し上げられた国にふさわしい渋く落ち着いた大人の社会をどう形成していけるかという点に集約される。象徴的に言えば、土建国家・原発国家から社会保障国家への〈公共事業シフト〉ということにもなろう。

そのためには、ふわっとした〈絶対善〉に乗っかり、「同調」という名の〈世風《よかぜ》〉に揺られて安らぐのではなく、実態を伴う生活感と指向性からなる〈世論〉を各セクターごとに立ち上げてはぶつけ合う、そんな地道な遠回りを意識的に始めるのが必須条件となろう。

参考までに一三年七月の参院選、公示直前の世論調査結果を振り返ってみると、「原発再稼働」是非の問いに、反対（反対＋どちらかといえば反対）が五四・八％もあるのに（東京新聞）(29)、「あなたが参院選で最も重視する争点は何ですか」では、「年金・医療・介護・子育て」（三二％）、「景気対策」（二五％）、「消費増税・財政再建」（八％）ときて「原発・エネルギー政策」は何と四位の六％に低迷していたのであった（毎日新聞）(30)。

要は、半分以上の人が原発は怖いからやめてくれ、しかし選挙の争点としては無くても結構、いやもっと言えば、原発再開の政党でも構わないということとなる。そして現実はそのように推移している。「反原発」は〈世風《よかぜ》〉にはなっても〈世論〉までには高められない現状を如実に示している。

何十年間住み続けたマイナーな世界から、福島第一原発爆発で一躍「孤独な英雄」へと引っ張り出された京都大学原子炉実験所助教の小出裕章、この尊敬すべき碩学《せきがく》が、世間一般では再び「変人」枠へと戻された感じがするのも、これまた〈世風《よかぜ》〉のなす大罪の一つであったろう。

「原発不祥事続々　事なかれ主義まん延　安全より生産優先　『独占企業のおごり』露呈　低レベルなミス」(31)。何を隠そう、これは福島第一のメルトダウン・大爆発よりちょうど四年前の〇七年三月に書かれた毎日新聞特集記事のタイトルで、三・一一の後付けではない。ゴリゴリの原発反対派でもない全国紙が、原子力ムラと八百長万能主義の危険性を静かな口調で問うていた。この見出しさえ愚直に守っていればあの大事故は起きなかったと言っても始まらないが、これらの警句が、大爆発後の今も寸分違《たが》わずあてはまってしまうという日本的ゆるさ、一時はしゅんとなった原子力ムラの急速なる復活。見て見ぬふりでそれらを許している限り、次なる三・一一が再び襲ってくるに相違ない。

第三章　日本社会をミスリードする「経済成長至上主義」幻想

今世紀に入るや、世界的大事件が次々と襲ってきた

九・一一、九・一五、三・一一。これは二一世紀に入って一〇年そこそこで起きた世界史的事件を、金子勝が時系列的に並べたものである。「アメリカの同時多発テロ（二〇〇一年）」、「リーマン・ショック（〇八年）」、「福島第一原発大爆発を含む東日本大震災（一一年）」を指すことはもちろんだが、彼はそれを「世界規模で起きている」「これまでにない『断絶』的な変化」「『常識』を覆す出来事」（金子二〇一一）だという。

「英国の一九世紀」に次ぐ「米国の二〇世紀」、そして二一世紀に入った途端、なぜか有無を言わせぬ形であの「モンスター・アメリカ」が終焉を余儀なくされたということにもなろうか。

一度も本土空襲を受けたことのない国が、ペンタゴン（国防総省）や世界のビジネス拠点を象徴する巨大ビル（世界貿易センタービル）を白昼堂々破壊された衝撃的事件は、完全無欠なはずの本土防衛のお粗末さよりもむしろ、アメリカもここまで来てしまったかを世界中へ向けテレジェニック（TV最適合）に伝えて余りあった。印象はアメリカの衰退に尽きた。

そのアメリカの「右肩下がり」史を、一九八〇年代にまで遡って跡づければ、以下のようになる。

レーガノミクスの破綻《はたん》。米国は世界史上最大の借金国に転落→ドル大暴落を避けるべく、苦しまぎれの**プラザ合意**（八五年）→**ブラック・マンデー**（ニューヨーク株式市場のダウ大暴落・八七年）→**湾岸戦争**（アメリカも今や多国籍軍に依拠・九一年）→**ソ連邦解体**（アメリカはこれで世界を単独支配と舞い上がり、次なる標的を第二の資本主義国・日本へ・同年）→経済失政により父ブッシュ、一期で退陣（九二年）→クリントン、日本を金融面でつぶす戦略に。先述の悪名高き対日「年次改革要望書」スタート（九四年）。また、手前勝手な**〈グローバリズム〉**を手に各国を標的に→日本、内需拡大名目で九五年から一三年間、六三〇兆円もの公共事業投資を約束させられる→米国はついに名を捨て、「強いドル」からドル安志向へ→子ブッシュ登場（二〇〇〇年）→米国の**ＩＴバブル崩壊**（〇一年）→再度、双子の赤字。はや、戦争とバブルの循環以外に手はなし。今度は**住宅バブル**へ。**〈新自由主義〉**が猛威をふるう→そして**同時多発テロ発生**（同年）→自ら、**アフガン戦争**（同年）、**イラク戦争**（〇三年）という泥沼へ→サブプライムローン問題深刻化（〇七年）→**リーマン・ショック**から世界同時不況（〇八年）

最後に至るほどどそこまでやるかというご乱心ぶりが目立つが、野口悠紀雄（経済学）と中山智香子（経済学）に情景描写をしてもらうとこうなる。

> はっきり言えば、アメリカ人が二〇〇七年までの間に自動車をたくさん買ったことが、日本の好景気（小泉〈いざなぎ超え〉景気＝引用者註）の理由なのです。どうやって買ったのかと言いますと、不思議なことですが、住宅ローンで自動車を買ったのです。（傍点引用者）（神保・宮台 二〇一二所収）

アメリカは経済支援を権力や政治の道具として使い、多くの国を味方へと矯正していきました。その後押しをしたのが新自由主義の考え方です。90年代以降はグローバル化と経済の金融化の流れの中で、その暴力性がより強まりました。（中略）新自由主義はますます凶暴化してお金の暴走を招き、リーマン・ショックを引き起こしてしまったのです。（1）

アメリカを震源地とする、「バブル経済とその崩壊を繰り返す『バブル循環』という新しい病」が世界中を席巻《せっけん》、「ＩＴバブル崩壊を住宅バブルで乗り切ったように、再びバブルを引き起こし、資産価格をつり上げることによって不良債権を『解消』する以外になくなってしまう」（金子 二〇一一）という、マジックに依拠した自転車操業的手法が常態化していったのだった。こうして無理に無理を重ね、経済を虚構の規模まで膨らませる以外術《すべ》がないとなれば、制御の限界もおのずからやってくる。

実際、世界的規模での広がりと、当事者ですら皆目理解不能なシステムの複雑さとが絶妙に絡み合い、もうハンドリング不能となったのがリーマン・ショックである。

ここから見えてくるのは、二〇世紀最後の四半世紀、資本主義は成立以来最大の転換期を迎えていたにもかかわらず、アメリカは現実を力ずくで無化すべく、基軸通貨ドルを持っているのをいいことに、「新自由主義」（ネオリベ）なる市場原理主義ベースの弱肉強食イデオロギーと「新保守主義（ネオコン）」なるナショナリズム全開の最強軍事力を駆使。それは、政治・経済両面で世界制覇をもくろむという、プライドなどかなぐり捨てた、なりふり構わぬ絶滅危惧種の姿であった。柄谷行人（文芸評論家）はこれをして「新帝国主義」と名付けたが、さすがというべきだろう。

こうした二〇世紀型老大国を必死で支える筆頭老中こそ我らがコイズミだったのは、既に第一章でも触れた。例えばあのイチャモン・イラク戦争、世界の主要国が忌避感を隠さぬなか、日本はもみ手でホイホイと支持を表明。これをむしろ好機とアメリカの点数稼ぎに奔走したし、米国債の際限なき購入者（米国の借金肩代わり人）たることを「光栄」とまで考えた。

四カ月後の退任を控えた小泉純一郎が、日本の首相としては初めてエアフォースワンへの搭乗を許され、ユニラテラリズム（一国中心主義・単独行動主義）の権化のような子ブッシュの案内でプレスリーの旧宅を訪問（〇六年）できたのも、数少ない「イラク戦争支持国」、まことに「愛《う》いやつだ」への大統領からのご褒美だった。

サングラス姿の小泉は、太鼓持ちよろしく盟主・ブッシュの前でエアギターを披露するはしゃぎぶりで、米国大統領との「差しの関係」を日本国民へ強くアピールしてみせた。国内で喧伝《けんでん》しまくったコイズミの破壊的カイカクは、実のところ、「貴国の利益となるべく、大胆なカイカクをしています！」という、米国への忠誠心の披歴にすぎなかったのがよくわかる。

コイズミが支持したイラク戦争、開戦の大義名分「大量破壊兵器の保有」がガセネタとわかり、イギリスでは大問題に発展。首相のブレアは情報操作疑惑で最終的には辞任に追い込まれ、引退後の公聴会で証人喚問までされる事態に。またオランダも検証を怠らなかった。だが日本は例によってアッケラカン。「どこが非戦闘地域かなど聞かれてもわかるわけがない」「自衛隊の活動する所が非戦闘地域」のコイズミを、開戦一〇年このかた一度だって問い詰めたことはないし、国民もまたイラク戦争など振り返ろうともしない。ブッシュの前でのエアギターをワイドショーが大騒ぎし、それで終わりという国柄である。追い込まれていたブッシュにとって、これほど頼りになる国もなかったことだろう。

ちなみに、ブッシュと「ブッシュのプードル」と呼ばれたブレアの間には、イラク戦争の一年ほど前からイラク侵攻の密約があって、大量破壊兵器等は後付けとささやかれており、一四年中には英国調査委員会が結論を出すという。

ここで本線に戻れば、日本もまた、経済成長至上主義がとうに通用しなくなっている点ではアメリカとまったく同じなのだが、コイズミ・竹中はそんなことにはお構いなく、アメリカを手本に時代遅れの新自由主義を自動投入して成長を図る、その結果、「いざなぎ超え」とかで一時は空前の景気にわき、新自由主義の絶大なる効果ともてはやされたりしたものの、リーマン・ショックでそのからくりがばれてしまった。野口悠紀雄が冷やかしたように、例のいわくつき「住宅ローン」でクルマを買っていただいたおかげの「いざなぎ超え」というのだから世話はない。そして荒れ野に残されたのは国民が疲弊しまくるご存じ超格差社会であり、これが経済成長幻想（妄想）の置き土産となった。

「ポスト原発時代」でも相変わらずの右肩上がり幻想

さて、新世紀初頭に起きた世界的「三大事件」の最後をなす福島第一原発メルトダウン。なるほどこの大事件もまた、「経済成長幻想」からの脱却を国民に直接迫る要素を備えていた。というより、もうこれではだめだ、今までのライフスタイルを何とかしなければ、大本からやり方を変えなければと、恐怖のなか真剣に考えた人も多かったに違いない。そこには確実に「これまでにない『断絶的変化』（金子 二〇一一）が含まれているのを、全国民が漠然とながらも感得していたはずだ。

当事国である日本の方が逆に驚くほど諸外国が衝撃を受けたのも、それあってのことと思われる。三・一一以後の世界に目を転じると、ドイツをはじめとする先見性に富んだ国々は、福島大爆発直後から原発縮小や脱原発の方向性を緊急検討課題に掲げ、再生可能エネルギーの加速化はもとより、大量生産（エネルギー多消費）・大量消費型米国流モデルからの脱却にもすぐさま取り組み始めた姿が見えてくる。

例えばドイツ。隣国フランスから電力輸入が可能だからと、ケチならいくらでも付けようはあるが

(いやどうやら、実態はそれすら違うらしい(2))、一七基の現役原発のうち、福島第一の事故を受けてまずは老朽七基を停止、あとの九基は前倒しで二二年までに完全ストップ(残る一基は以前から停止中で閉鎖)等(3)、日本などとてもまねのできない決断をさっさと下していったのだった。

しかも前政権で決定していた脱原発方針(二〇二〇年ごろまで)を約二〇年間も延長したのが当の原発維持派・メルケル首相だったというのに、「あり得ないことがあり得る。それをフクシマから学び、私は従来の意見を変えた。(事故の)映像が脳裏から離れない」(一一年五月)(4)と、誰もが驚くプラス志向の「転向」(決断)を平気で買って出る。

それに加え、「与党の大半は性急な脱原発に反対したが、『従来の知識を総動員しても、もう原発には対処できない』と押し切った」「実際にはその後、政府は電力会社から『脱原発で損失を被った』と提訴されたが、歴史的決定を前にして法的根拠など些事に過ぎないと首相は考えたようだ」(5)など、日本の政治家とは膂力《りょりょく》でも胆力でもけたの違いを見せつけた。いや、メルケルは大労組を敵に回せなかっただけという見方もあるが、それにしてもすごい。

安倍晋三とメルケル、いずれも保守政治家といわれながらの画然たる「知的落差」は即、国の品格の落差につながっている。当事国の首相が福島からまったく学んでいない以上に、学ぶことをマイナスとすら考えている節があるのではどうにもならない。安倍の言動から見えるのは、おそらく一度も「生活」というものをしたことのない人間、そしてファザコンではなくグランドファザコンに満ちた人間、聞きかじっただけの薄っぺらなイデオロギーに軸足を置く人間、幅広い勉強など決してしたことのない人間というに尽き、メルケルとの彼我の差には脱力感を覚える。

三・一一の一報でメルケルはこう動いたという。「(前略)首相はその後、周囲が声をかけても気付かないほど夢中でインターネットにかじりつき、情報を集め続けた。翌12日、福島第1原発1号機の水素爆発を受け、原発維持派だった首相はあわてた」(4)と。

これを聞くにつけ、「失われた二〇年」の間に国民の間で猛威を振るった〈絶対善〉の罪はあまりに重いと再度痛感させられた。〈絶対善〉をもてあそび、〈世風《よかぜ》〉に吹かれて安全地帯でまどろむうち、いつの間にか「絶対悪」に近い無知でファッショな人物を首相の座に着かせてしまっていた、というあまりに貧しいプロセスなのだから。

高野孟(雑誌編集長)は、「『原子力ルネサンス』は、要するに資源的限界に直面したアメリカ型大量消費文明の最後の延命策だったのであり、3・11はそれを完膚なきまでにうち砕いた」(小学館 二〇一一)と書いたが、こと日本の中枢部では「そんなの関係ねえ」ではなかったのか。アメリカでさえとうに原発から降り始めているのに、世界史的大事故の当事国・日本は、「原子力ルネサンス(原発復興)」的発想を三・一一で打ち砕かれるどころか、逆のベクトルへと身を置いている。三・一一を契機に「パラダイムの大転換を」どころの話ではない。

そればかりか、「電気製品もつくれない途上国」(広瀬・明石 二〇一一)への原発輸出トップセールスにも精を出す。これぞまさしく「エコノミックアニマルから『野獣へ』」(毎日新聞)(6)の表現がぴったりだが、行商に出かけた先のトルコでの記者会見で、「野獣」はたちどころに正体をあらわした。「日本原発をめぐる虚構の『安全神話』に代わり、『事故を経験したから安全技術が高まった』という理屈で臆面もなく原発輸出を進める考えを示した」(傍点引用者)(7)と耳を疑う理屈を放出したのだ。これでは詭弁《きべん》を通り越し、アタマの構造そのものを疑う以外になくなってくる。同時に、相手国を見下すのも大概にせよ、もし相手がアメリカでも同じことを言うのかと問い詰めたくなるではないか。

福島第一の大爆発からもう三年半が過ぎた昨今、あの時の恐怖感と危機感は、日本社会からはや確実に後退《あとずさ》りを始め、原発を安易にやめたら日本経済はどうなる、書生っぽい理想論など唱えている場合か、現実というものを直視せよのエセ・リアリズム論が一定の市民権を得つつあるのは紛れもない事実だろう。

大震災のわずか半年後、八〇歳を過ぎた作家の半藤一利はその点で既に怒りの中にいた。

今度の〝戦争〟はまだ終わっていないのです。現在も東北、特に福島県では深刻な事態が続いている。ところが、東京では終わってしまっている。東北だけに戦争を任せておいて、私たちは平和と繁栄を享受している。（中略）私たちは政治家ばかり批判しがちですが、国民総体のレベルが落ちていると考えた方がいい。（傍点引用者）（以上、毎日新聞編　二〇一二）

同時に物欲しげな「原子力ムラ」の先住民もまた、「経済至上主義」では首相に負けず劣らず異様なくらいぎらついている。

例えば、前ＩＥＡ事務局長・田中伸男（旧通産省出身）は言う。「『放射能が怖い』という漠然とした理由で原発ゼロを決めるのは、国のエネルギー政策として不適切だ。原発をやめれば電気代が大幅に上がり、経済や生活への影響も大きい」(8)。今どきの若者なら、「『放射能が怖い』という漠然とした理由」の後に思わず（笑）を入れたくなるような代物ではないか。恥知らずも度が過ぎる。

「原子力ムラ」御用学者の典型で、テレビでもよく見かけた山名元（核燃料再処理工学）にかかると、すさまじさはさらに増す。「原発ゼロは危険な『社会実験』だ」に始まり、「我が国は、デフレ・財政問題・円高・災害といった多くの困難の中で『沈没』の危機にすらある。（中略）『沈没』とは、原発の再開がない場合の経済や社会への影響が想像以上に深刻だ、という意味である」(9)。原発の商人を見事に体現してしまっていて、いやしくも自然科学に携わる人間のコトバとは思えない。

彼らに共通するのは、頭の中が「経済」（損得）だけであり、国民が暮らす場などまったく想起されていないという点。憂えるのは抽象概念としての「国の沈没」で、原発によってある日突然「沈没」させられた多くの国民の生計と生活は念頭にもない。福島第一のあの大爆発後に、『放射能が怖い』という漠然とした理由」とはよく言えたものだ。

おそらくこの二人は、生身の人間として発想しているのではなく、職業上の「立場」から恥ずかしげもなく戯言《たわごと》をふりまき続けている。食べさせてもらっている職業的フィールドの保全・維持にしか興味がない。企業のサラリーマンでも、これほどのものはそうはいない。

安冨歩が盛んに主張する「立場主義」（安冨編 二〇一三）がこれに近いのかもしれない。「鼻先にニンジン」に発する品なき行為が、どれだけ日本社会をゆがめ苦しめてきたことか。

「脱原発」こそ社会保障のインフラという時代へ

まだそれほどの昔ではない高度成長期の終盤、四大公害訴訟（四日市ぜんそく・イタイイタイ病・阿賀野川水銀中毒・水俣病）に代表されるような悲惨な被害者を大勢生んでしまった日本は、遅れに遅れて公害対策基本法を制定。これは当初から「経済との調和条項」こそ問題だと指摘されるなか、試行錯誤を重ね、世界に誇る公害対策テクノロジーの開発と各企業による公害設備の巨額投資に至ったことは、当時、メーカーの新入社員であった私の記憶にも新しい。

日本社会の通弊といおうか、たしかに行政サイドの歩みはのろく、また、学界の権威を名乗る御用学者が中央の旧帝大から出てきては地元研究者の地道な原因究明活動をあからさまに中傷・妨害する（水俣病では例えば東京大学→熊本大学）。結果、原因の特定が滞り、住民の被害は悲惨の一途をたどるばかりだったとはいうものの、超遅ればせながら国が法規制へ動き出すや、企業は競うように公害設備の投資に走り、ぶつぶつ言っているところはつぶれるだけというコンセンサスが醸成されていった。

つまり、公害設備の設置とその運用経費を「製造コスト」に織り込む意識が産業界に定着し、世界が驚くダウンサイジングを大前提に、各メーカーは国際競争力の維持向上へと奔走していったという実績を日本社会は持っている。自動車の排ガス規制が、国内メーカーの経営基盤を飛躍的に向上させたという実例もある。

脱原発もこれと同じで、国がいったんそうと決めれば、新型火力や再生エネルギーの技術開発は格段に進み、世界をリードするポジションを得ることぐらい容易に望めようし、同時に省エネ技術も一層ブラッシュアップされ、各国垂涎《すいぜん》の技術的地位を築いていくに違いない。日本の企業は、目標がトップダウンで具体的に定められたら最後、それは強い。三〇年間メーカーにいた人間の実感である。

安倍首相には理解不能不明だろうが、ビジネスチャンスとは本来こういうものであって、原発や武器をこすっからく売り込む悪魔の商法は日本企業にはなじまない。健全なる成長とは、「異次元緩和」の日銀が取り仕切るものではなく、企業が自身のシーズを発見しニーズを満たしていくところからしか生まれはしない。

だがどうしても原発分野で「成長」しなくては気が済まないというなら、「脱原発・廃炉・原発のゴミ処理」→「新型火力・再生エネルギーへの大転換」という好循環路線こそが世界をリードする「成長路線」のコア、「廃炉」や「原発ゴミ処理」だけでもそれこそ未体験の研究体制が求められる。開店休業状態の「大学原子力ムラ」を明日からでも衣替えさせ、研究者養成に取りかからせればいい。百年単位の有望な仕事がここには眠っている。「エコノミック・ビースト（野獣）」たちはどうしてこんな簡単なことに思いが至らないのだろうか。

戦後パラダイムを根底から覆すこととなった福島第一原発の大事故。それは「原子力ムラ」の腐敗をあぶり出しただけでなく、ここ二〇年、日本社会の根底にくすぶってきた本質的問題を一気に露呈させたといってもいい。見えざる活断層が大地震で突然地表へ顔を出したかのように。言い換えれば、「二〇世紀型日本社会」のどん詰まり状態を一夜にして世間へ明示したということでもあった。さあ、これからどうするんだ、それでもこのまま行くのか、と。

ここに、なるほどというエピソードがある。

経産省が、関西・九州電力管内の企業・家庭へ一〇年度比一〇～一五％の節電目標を検討したのに対し、「政府・与党は『アベノミクスで経済成長を目指すなか、数値目標は避けるべきだ』（自民党幹部）との大枠で一致」(10)したという。だから政府は、一四年夏も表立って節電を呼びかけていない。このように「経済成長・GDP至上主義」は既に信仰の域に達してしまっている。

だがいくら力んではみても、経済・社会の下部構造が様変わりしていては、前世紀的発想のピンズレぶりが際立つだけで終わってしまう。グローバル化とIT化が急速に進んだ現在、旧来の大量生産型物づくりで新興国に勝とうと思う方がどうかしているし、現地需要には現地生産が適している。だから、カンフル剤で円安へ振っても輸出は伸びず、貿易収支の赤字幅（一三年）は過去最大の一一・五兆円を記録したのだ。円高で進んだ産業空洞化＝メーカーの海外進出が主因である以上、「原発が再稼働しても、大幅な貿易赤字は解消しない」(11)と大和総研のエコノミストは語っている。

ましてや日本は世界トップクラスの高度成熟型社会。それが必然的にもたらす諸問題を内側からこつこつほぐそうとせずに、斎藤環（精神科医）が指摘する「ヤンキー」的「気合とアゲアゲのノリ」で突破していきゃ「まあなんとかなるべえ」（斎藤環 二〇一二）では、やることなすこと的をはずしても無理はない。

日本の閉塞《へいそく》を解明する鋭いキーワードのひとつ、「ヤンキー」は、斎藤によって『気合』『絆』を重視し、難しい理屈はどうでもいい、今が良ければいいという反知性主義の感性」と定義されたが、彼は「どんどんヤンキー化している」安倍政権にも原発再稼働にも、この切れ味鋭い刃を向けていく。

（安倍首相は＝引用者註）集団的自衛権について問われ、「（憲法解釈の）最高責任者は私だ」と大見得を切って問題となった。ヤンキー語に翻訳すれば「俺がアタマでお前ら舎弟だから」みたいな発言で身内からも反発があった。(12)

自民党が脱原発に消極的なのは、放射能が人体に及ぼす影響といった問題を否認しているためではないか。安倍総理自身、「まあ、どうにかなるべ」くらいのノリで再稼働を決めているとしか思えない。(12)

右肩上がりが大好きの単純思考人間に任せておいたら最後、原発復活を含む「国土強靱化計画」（一〇年間で二百兆円）で驀進《ばくしん》、「失われた三〇年」を招き寄せるのは見えている。現にまたぞろ「ゼネコン資本主義復活！」（伊藤博敏）(13)と言われる段階を迎えていることでもあるし。

では、こうした客観情勢の大変化を背景に、ひとたび主題の社会保障分野へと目を移してみれば、「脱原発」こそ「社会保障」の母体というかインフラ、すなわち、これからの社会保障論は、「脱原発」「脱成長至上主義」を厳しく問いつつ社会保障各論へという、複眼的な視野を併せ持たねばならないことに気付かされるであろう。

介護とか医療とか子育てとか雇用とか、具体論に特化した社会保障論は、現場をあずかる人々の優れた論考がいくつも世に出され、その改善に力を添えている。しかし現場にいない我々がなすべきことは、介護・医療や子育て・雇用の問題を社会的な場へと引っ張り出し、「政治」に向かってそれを突きつけていくということ、つまりは「闘う社会保障論」を展開するということに尽きる。こうした両様のアプローチが相まって初めて、現代のニーズにマッチした社会保障が動き出すはずだと私は考える。

高度経済成長期とは違い、ここまで上昇してきたポスト工業化の超成熟社会では、「経済成長至上主義」など阻害要因にしかならない。もちろん、原発再興の動きもそれに含まれる。これらを唯一排斥できるのは、お気楽な〈絶対善〉でもなければ〈世風《よかぜ》〉でもなく、個人ごとの確固たる生活リアリズム視点に尽きる。高度成長期やバブル期の「ノリノリ」はこの時代ではもう有効性ゼロで、平たんなる道にも堪えられる地味な膂力《りょりょく》こそが個人個人に求められている。

一見すると無関係にも見える原発と社会保障。だが、社会の片隅で起きている次の事実を知らされる時、我々はそんな認識でいいのだろうかと、その甘さを問われることになる。

原発から四・五キロの福島県大熊町にある双葉病院では、あの日、三三八人が入院していた。救助が遅れ、避難には最長五日間も。「病院によると、11年3月末までに寝たきり患者40人、隣接する系列の老人保健施設『ドーヴィル双葉』の利用者10人が死亡した」(14)のだという。入院中のお年寄りを五日も救出できない、原発事故以外には絶対あり得ない事例だろう。また、再稼働が懸念される「首都圏唯一の原発」である茨城県東海村の東海第二原発、そこからわずか三キロの特養ホームでは、「『原発事故が起こっても、入所者を避難させない』との同意を家族から取り付けている」(15)という。現場はもうここまできてしまっているのだ。〈脱原発こそ社会保障のインフラ〉というゆえんでもある。

経済成長へのノスタルジーもいい加減にしないと

敗戦の荒廃から不死鳥のように立ち上がり、必死の思いで高度経済成長を達成。ドル円の変動相場制移行にもめげず二度のオイルショックも何とか克服しながら、その先にプラザ合意（一九八五年）を呼び込むこととなった戦後日本の四〇年。インテリは往々にしてこの間のプロセスを軽視もしくは冷笑し、むしろ失ったものの方が多いなどとしたり顔で言い放つものだが、「自分たちも近代化の成果をたっぷりと享受しておきながらよく言うよ」、が私の見方である。さすがといおうか、野坂昭如（作家）が「高度成長」を振り返り、識者の欺瞞をやんわりと突いている。

豊かになるうえで、失われたものは確かにあるだろう。しかし、自分たちが豊かになったことを抜きにして、ただ豊かになったから失われたものがあるなんて偉そうなことを言うのはいけないと思うんですよ。（傍点引用者）(16)

高度経済成長のおかげで我々は安定した社会を手にすることができた、格差が小さく新中間層の厚いバランスの取れた社会を。まずその大切さだけはここで銘記しておくべきだろう。

私が企業に入った七一年、工場実習を経て海外部という製品の輸出入セクションへ配属された直後にぶち当たったのが、同年八月のドルショック（ニクソン・ショック）だった。「金―ドル交換停止（ドル防衛策）→変動相場制移行（とりあえず一ドル三六〇円から三〇八円の固定、そして以後変動相場制へ）」という戦後経済史を画する大事件である。浜矩子（エコノミスト）はこのニクソン・ショックを、「金融自由化に向けてパンドラの箱の蓋が開いた時」（浜 二〇〇九）と評する。

だが、日本にとってそれは、我々の親の世代が敗戦の焼け跡を克服し、頑張り抜いた高度成長の後、公害等の負の遺産とも闘いつつ、今までは保護者役だったアメリカを競争相手に丁々発止渡り合っていかねばならぬ時代の到来を意味していた。官も民も燃えていて、あの時代の官は現在のような悪者

・嫌われ者ではなかった。
生きた経済を知らない者たちが軽蔑《けいべつ》しがちな、「一本調子の右肩上がり志向、取り柄《え》はモーレツの力仕事だけ」とは正反対の、創意工夫・試行錯誤と熱い空気が経済社会の現場を支えていたのだ。

まあそれはともかく、〈戦後復興→高度経済成長（五五〜七三年、実感としての最後は万博開催の七〇年）→ドルショックを境としバブル発生までの十数年（この間の日本は西ドイツとともに安定成長を実現）〉、このベクトルは敗戦で壊滅状態となった中進国・日本が先進国へとバージョンアップしていく必然の過程であり、誰にとがめ立てされることもない必須の過程だったとだけは強調しておくべきだろう。二度襲ってきたオイルショックの時点で、ＧＤＰ至上主義の時代錯誤に気付くべきだったとの「ご高説」、あるいは、高度成長の深刻な副産物（産業公害）から発想された「くたばれＧＤＰ」が流行語に上り詰めた事実、そのいずれをも知らないわけではないが、まだまだ頑張るべしとの上昇希求は日本人の内面に食い入っていたし、相応の画期的な成果も生んでいった。

人々は成功体験としてついつい高度経済成長ばかりに目を向け勝ちだが、ニクソンショックと石油ショックというとんでもない黒船を逆手に取り、省エネ技術や軽薄短小技術で世界を席巻していった実績はもっと評価されていい。例えば北米大陸の大型車市場へ逆転の発想から切り込み、低燃費・低公害でかき回したのはその成果だし、それを支えたのは鉄鋼メーカーが持つ世界に冠たる鋼板製造技術だった。エズラ・Ｆ・ヴォーゲルの大ベストセラー『ジャパン・アズ・ナンバーワン』（一九七九年）が出版されるよりは前の時期で、どの企業もひたむきだった。

ただそうは言っても、プラザ合意経由でバブル発生とくれば、さすがに情勢は一変する。本当はこの時こそ、上記「ご高説」の出番なのであった。そう、何が「豊かさ」なのかを問い直すべきであったということだろう。かつて私は、拙著の中でこう書いた。

「高度成長」という熟語はもはや遠い思い出になってしまったが、この言葉を前にすると、日本人の多くは複雑な感慨にとらわれる。
高度成長があったればこそ今日の日本は存在する、という考えが根底にある反面、あの楽天的な前進一点張りは、今振り返ればどこか気恥ずかしく、公害や環境破壊などへの後ろめたさも拭い難い。また今後あのような高度成長が二度と起こり得ないのはよくわかっている。だが、そこで味わった高揚感はやはり懐かしいし、日本人のＤＮＡのような気がしないでもない。さらに本音を言えば、心の片隅で高度成長の再来を待ち望む自分がいる。(17)

このアンビバレント（両面感情の併存）な心情と、本能的に「坂の上の雲」を目指してしまうＤＮＡ、これだけはどうにも払拭《ふっしょく》できないのが日本人であるらしい。凡庸な経営者の多くは司馬遼太郎ファンだし、一般大衆もまた愛読書を司馬にしておけば無難と心得ている。そんな風だから、バブルでは踊るだけ踊ってしまい、また「脱原発は経済成長の阻害要因」といった経済成長至上主義の主張にも賛同者が生まれ、一定の市民権を得ることとなる。実はそうした周回遅れのメンタリティーこそが「失われた二〇年」をもたらしたのだという意識もなしに……。

（前略）僕は、本当は原発がなくならない限りにおいて「原発反対」といっているにすぎない人が実はかなりいるのではないかと疑っています（笑）。（中略）つまり、世論調査では原発反対と答えたものの、政権を維持する人が脱原発を言明し、現実化されると困る、ということですね。（中略）すぐには脱原発が決定されない、その限りで、脱原発に賛成、という人がかなりいるということです。
（見田・大澤　二〇一二）

日本人が得意とする、自分に累が及ばない限りでの「脱原発」という〈絶対善〉表明と、背後に控える成長ノスタルジーというホンネ。大澤真幸（社会学）はさすがにそこを見逃さなかった。

思い起こせば、「日本の資本主義はとうにキャッチアップ型経済を卒業してしまっているのに、意識だけは当時のままという現状からいかに早く抜け出すか、まずはそこからスタートするのが先決だろう」と私は以下の拙著で書いたのが、コイズミカイカク真っ盛りの二〇〇二年。あれからもう一〇年以上たつというのに、「経済成長至上主義」を巡る日本の有りようがそう変わったようには思えない。

「定常型社会」（「これ以上大きな変化のない安定した状態」（新藤宗幸　一九九六））の側からものを見た場合、そもそもGDPという通信簿に一喜一憂すること自体が尋常ではない、またバブルへの郷愁やトラウマなどに悩むより、「個」の思想を下敷きに「経済成長ゼロ」の社会を想定した方がいかに生産的で前向きか、逆に経済成長神話がどれほど無意味に人間の自由な発想と行動を縛ってきたかが明らかになるはずだ。

そしてひとたびその地点に向かって動き出せば、それにつれて家庭・教育・地域・企業・政治など、社会のすべてが蠕動《ぜんどう》し始めることだろう。「経済成長幻想」から解放されるだけで、想像以上の社会的な厚みと拡がりが現出するに違いない。（阿部　二〇〇二）

とはいえ、社会になだらかな変化がないわけではない。国民の中に残る成長幻想も、「ノリノリ」とは確実に質が違ってきていて、むしろ「不安心理」の裏返しといった方が正確であるような、成長をノスタルジックに見る段階にきている。

熊本水俣病問題に前人未到のアプローチを試みた西村肇（工学）がそこをうまく分析してこう言う。

上り坂の時代、人は団子になっていて、運命は似たようなものだったのに、下り坂では、人はばらばらになり、運命は大きく違ってきます。ここで必要なのは、『人は人、自分は自分』とし、世間的評価を気にせず、個人として生きる気概でしょう。下り坂の時代は、このように個人の判断と勇気、そして何より個人として生きる精神を必要としますが、日本には今まで、このような意味で下り坂を生きる思想はありませんでした。（傍点引用者）（西村　二〇〇三）

この「下り坂を生きる思想」にじっくり浸ろうとはしない上滑りの「政治」は、陽炎《かげろう》のごとき「成長」を追いかけて「一発主義」の経済政策を次々と繰り出し、失敗の山を築いていく。いや、この二〇年間もずっとそうだった。過去の検証など後ろ向きだからバツ、とにかく前へ前へが生産的、そうした日本的心性が、出たとこ勝負の「一発主義」にお墨付きを与え、はやし立てる。だから「脱原発」などは負け犬根性っぽい弱々しさで論外、今後百年くるかどうかもわからない福島第一的大事故などさっさと乗り越え、原発を再活性化させることこそ日本男児の気概というもの。アベノミクス主導の最高権力者は、持ち前の反知性的ヤンキー魂からそう鼓舞しているはずだ。

見田宗介（社会学）言うところの「成長依存」、イデオロギーと化したそんな「経済成長至上主義」にこれからはすがろうとせず、国民みずから、低成長・ゼロ成長の変哲なき生活を当たり前のように享受できる「生活哲学」を身につけなければ、社会を破綻《はたん》に追いやるだけだろう。

何しろ右肩上がりならお手のものの国民。明治維新の殖産興業も、戦前の「列強に伍す」も、戦後復興と高度成長も、すべては大きな目標がぶら下がってのキャッチアップ人生で、その限りでは稀有《けう》の能力と忍耐力を発揮してきた。しかし世界最先端の成熟型社会へと押し上げられた現在（高度経済成長はどこの国でも一度しか訪れない発展段階なのだ）、日本は皮肉ではなく世界最前線の超高齢社会を抱えるまでに昇格。さあお手並み拝見で世界の主要各国から注目を浴びる存在になっている。

国民が意識しないうちに、本当は誇るべき財産を手にする国へと変貌《へんぼう》を遂げてしまっていた。そこをまったく認識できていないのは行政も国民も同じで、超高齢社会はマイナスシンボルだといまだに嘆いてばかりいる。

高齢社会を言祝《ことほ》ぎ（字面どおりのおめでたき長寿）、新しい命の誕生しやすい社会環境を作り上げ、若者の安定雇用を確保し、結果、明るい社会を取り戻す。そんな地味でほんのりした定常型社会—大した変化のない、しかし安定した社会—を心底エンジョイできる生活スタイルを培っていく……。

これからは、ありもしない「ノスタルジック成長主義」にしがみつき、トリクルダウン—「富裕層がなお富めば、中下位層にも恩恵が滴り落ちる」の、理論というより神話—を待つという卑屈な他力本願に身を委ねるより、この定常型社会の方がどれほど健康的かと国民が心から思える時代でありたい。

そうは言っても、バブル崩壊後、就職氷河期に直面させられた「ロスジェネ」世代以降はいまだ一度も「経済成長」など味わったことがない、果たしてそれでいいのかという「成長依存」派の声がある。彼ら若い世代にはたしかに、非正規雇用だけでなくブラック企業で痛めつけられている人たちも多く、安い賃金でヘトヘト。じっくりものを考えたり、世相に目をやったり、「政治」を監視したりなどの余裕があるわけもない。

だからそのつらさを抱えた若者の一部が、安倍晋三流「気合とアゲアゲのノリ」にシンクロし、海外に向けても好戦的なスタンスを取り始めることは十分考えられる。企業利益極大化のため労働環境をますます劣化させようと目論む新自由主義者に、最大の被害者である若者が支持を与えていくという矛盾。今さえ良ければいいの刹那主義ほど瞬発力に優れるものはないので、安倍が喜ぶわけだ。

これに割って入るべきは、まず第一に我々六〇代ではなかろうか。ここで立ち上がらなければ、「全共闘世代」の名が泣く。

「経済成長至上主義」は社会保障の阻害要因になる

ではなぜ、「成長依存」を断念・放棄すべきか、またそれが日本の社会保障と何の関係を持つのかについて、より踏み込むとしよう。

私は気取った識者のようにストイックではなく俗人そのものだから、経済成長は嫌いどころか、できればあった方がいいというくちの人間である。間違っても、江戸の生活はよかった、団扇《うちわ》と縁台でエコだったなどゆめゆめ思わない。テレビ・冷蔵庫・洗濯機のような基本的なものは別にして、クーラー・ガスＦＦ暖房機・加湿器・食洗機・暖房便座付きシャワートイレ・パソコン・電波時計・クルマ等がなければ不便で困るし、趣味のカメラやオーディオを奪われると正直いってつまらない。だが客観情勢からして「経済成長」はもう願う方がムダ、変な幻想を持つと逆に害ばかりとわかったなら、素直に考えを変える。その辺は実に節操がなく、順応も早い。

私のいた会社、小さな企業とはいえ、全国にかなりの事業所が存在し、入社当時はいちばん大きな工場で千人近い従業員を抱えていた。法人としての電力使用量は全国有数。それもあって、日本ではじめて、今注目の地熱発電を始めたという経緯もある。しかし、アルミ精錬や合金鉄（フェロアロイ）製造のような電力多消費型産業は、電力コスト面で新興国に追い詰められ、海外シフトを余儀なくされた。

基幹産業（「鉄は国家なり」）の鉄鋼では、国内の粗鋼生産量が一九七〇年代からずっと一億トン近辺をウロウロしているというのに、日本が技術指導をして育てた中国が何と七億トン台後半、韓国が七千万トン弱と驚異的な伸びを見せている。

またこうした重厚長大型産業だけでなく、多くのメーカーが既に生産拠点を海外へ移してしまっている。そのうえ、グローバル化・IT化、そしてデジタル技術・半導体技術を中心に生産環境ががらっと変わってしまい、先進国での立地が不可欠という条件はどんどん薄れていってしまった。その辺を的確に指摘する斉藤満（証券会社エコノミスト）の言を聞いてみよう。

アベノミクスは根本的に処方箋が間違っている。デフレの原因はグローバル化とIT化で世界中どこでも同じような製品ができるようになったことにある。コスト競争になったら、新興国にかなわないのです。これを克服するにはコストではない競争力、すなわち研究開発しかないのに、日銀にお金を刷らせてどうするんですか。(18)

それに加え、コイズミカイカク時代の「人為的円安」と先述のアメリカ住宅バブルに寄りかかっただけにすぎぬ「いざなぎ超え景気（五八カ月間）」に安住し、ほっと一息ついてしまった日本企業という側面も否定できない。

必死の研究開発というマインドを一時的にせよ緩めた大企業は、韓国等からいいようにキャッチアップされ、尻に火がついてしまった。パナソニック、ソニー、シャープといった錚々《そうそう》たるメーカーの苦境は、世界戦略上の敗北を如実に物語っている。

それほど経済社会システムが激変しているのに、日本の「政治」は意識的なるシカトを敢行、相も変わらず効果の薄い「ゼネコン資本主義」的分野へ国家予算をばらまいては、他方で財政再建を声高に喧伝《けんでん》するという矛盾した行動をとり続けてきた。

安倍政権になってからは、過去二〇年、全政権が言い続けた「財政再建」の連呼はピタリと止《や》み、何が悪いといった顔で「ゼネコン資本主義」一本に特化している。まさに怖いものなしで、国土交通省は笑いが止まらない。そこへ国を挙げての東京五輪誘致、国立競技場を化け物のような巨大建造物に建て替え、高さ制限緩和とUFO形状で神宮外苑の森をガチャガチャにしようとしている。東京都は一〇年ほど前、新宿御苑近くのマンションやそこから二キロも離れた高層ビルに対してまで、聖徳記念絵画館からの景観を阻害するという理由で高さを抑えさせていたというのに、石原慎太郎のたまげた変身ぶりには毎度ながら感心させられる。[19]

のべつまくなしにわめきまくってきた財務省の「財政再建」とは、いったい何だったのか。消費税増税が実現されればこっちのもの、あんなスローガンなどご用済みということなのだろう。

土建事業への支出は青天井なのに、「金食い虫の社会保障を野放しにするな」とか、「社会福祉を『国家による窃盗』などとする考え方は、もちろん私的財産権を至上のものとする市場原理主義に由来するものです」（内橋克人（経済評論家））（宇沢・内橋 二〇〇九）と指弾されるトンデモ思想だけはしっかりとキープし、「財政逼迫《ひっぱく》社会保障犯人説」を手放さない。

ではなぜそうなるのか。与党幹部と財務官僚の視点に立って考えれば、答えは簡単に得られる。社会保障は、①生産性に乏しく、ＧＤＰに寄与しない。②政治資金・天下り先確保に貢献する規模の企業または業界団体がその分野にはない（日本医師会も大きく地盤沈下）。③そもそも票にならない。裏を返せば、力のある圧力団体がない。④それぱかりか社会保障自体、どこか社会主義的で生理的嫌悪を覚える。⑤新自由主義（ネオリベ）の対極に位置する……。

そのうえで、金子勝がもう一〇年以上も叫び続ける以下の主張が、現在もなおアップツーデートな輝きを放つのはどう考えたらいいのだろう。

思い起こしてみよう。「失われた二〇年」の間、公共事業で景気対策を行ってゴマカし、財政が悪化すると「構造改革」をとる。それが格差や貧困を拡大し、デフレが強まると、また景気対策に逆戻りするというように、常に2つの政策の間を揺れてきた。（安倍の経済政策は＝引用者註）また逆戻りしただけである。(20)

安倍首相は「日本を取り戻す」と連呼するが、アベノミクスの成長戦略は、「失われた二〇年」を取り戻す衰退戦略なのだ。(21)

自民党に限らず、民主党政権時代の二〇一二年もまた、「コンクリートから人へ」の公約を反故にし、大型公共事業を次々と復活させた。東京外郭環状道路（約一兆一千八百億円）、八ッ場《やんば》ダム（約四千六百億円）、整備新幹線（北海道・北陸・九州）の未着工区間正式認可（三兆四千億円＝内税金七割）などがそれだが、私としてはコストは別にして外環道延伸の緊急性だけはわかるものの、後二者は検討にすら値しないと考えている。

毎日新聞が指摘するごとく、消費税増税を提示しておきながら「一度は凍結した公共事業を再び解除する明確な理由を示したとは言えない」、「国交省が（新幹線の＝引用者註）3区間の投資効果を検証した際、ＬＣＣ（格安航空会社）時代はまだ幕開けしておらず、需要動向を十分勘案したとは言い難い」(22)と誰が見ても問題だらけだというのに、財務省は社会保障分野にだけ財政規律をぶつけ、恬《てん》として恥じないのであった。

「闘う社会保障論」とは、こんな無定見な集団に素手で向かうことなのかと、虚無感の方が先に立ってしまうほどである。

また、一時大騒ぎになった、二〇一一年度から五年間で一九兆円、その後、安倍政権が増額して二五兆円という東日本大震災復興予算の流用問題。「もらえるものはとにかくもらいまくれ」の命令一下、役人が必死に編み出したとっぱずれアイテムのオンパレードは壮観で、これは洒落《しゃれ》かと思わずコケそうになる。日本の高級官僚もここまで落ちてしまったというデタラメ流用例（計上後に却下されたものも含む）を、いくつかの新聞報道からピックアップしておこう。

〈ベトナムへの原発輸出調査五億円、諫早開門調査九億円、沖縄県内の国道整備七億六千万円、国の税務署耐震改修費二億二千万円、国際交流基金三億六千万円、公安調査庁過激派？対策費二千八百万円、アジア大洋州地域及び北米地域との青少年交流事業七二億円、日本原子力研究開発機構の核融合エネルギー研究費四二億円、地域自殺対策緊急強化基金三七億円、鯨類捕獲調査安定化推進対策二二億八千四百万円、自衛隊輸送機購入費四百億円、全国の「生きにくさ」を抱える人のための電話相談事業三七億七千万円、全国のリチウムイオン蓄電池の普及事業二百一〇億円、岐阜県のコンタクトレンズ工場などに支援した国内立地推進事業費補助金〉等々。

人を小ばかにしたようなこの「立場主義」（安冨歩）ムンムンの諸要求、私がなぜここまで細かく拾い上げたかと言えば、昨今の官僚に歴然の構想力の乏しさ、プライドのなさ、あくどさ、それをフリーパスで認めていく政治家の程度の悪さに始まり、政官ともの国民をなめきった態度、ひいては彼らの火事場泥棒的犯罪性（世の中ではこれを詐欺という）を示すことにより、こんな精神構造の国政では「社会保障」など単なるオマケ扱いされて当然、の最適事例にするためであった。

これは、介護・医療・子育て・雇用等の社会保障分野で、困窮のなか、ギリギリ踏ん張っている人たち、三・一一で壊滅的打撃を被った東北の人々を鼻で笑っていることにほかならない。

行政官として根本的に欠落しているのは「社会像の構築」という視点であり、それを具体的に言えば、「どんな社会をつくって、どんな働き方やくらし方をするのが人間を幸せにしていくのか。（中略）その手段としてどんな経済社会をつくったらよいのか」（内山節（哲学））(23)という生活的想像力の欠如である。

省庁の、それも各局の権益を満たす要求（省益を凌駕する局益）と、復興景気を当て込む政治家からの陳情物件、それらをリストアップしてカネを割り振れば目的完遂でハッピー。こんな悪習がいつになっても抜けない「発展途上国」的様相が日本のエスタブリッシュメントを色濃く支配してしまっている。これぞまさしく、「経済成長至上主義」の成れの果てということになろう。

聞くところによれば、「とにかく復興予算先にありき、その金額に見合うアイテムを考えよ」的な場面も多々あったという。そうでなければ、鯨・国際交流・コンタクトレンズ・諫早・沖縄県等々、いくら何でも思い付くことはないだろう。

この発展途上国的「経済成長至上主義」が「ゼネコン資本主義」的分野へ予算を重点配分する以上、社会保障分野など袖にされるのは当然で、実際問題、コイズミカイカクの際には、気色悪い言い回しの「骨太の方針二〇〇六」で向後五年間、毎年二千二百億円の社会保障費抑制が実行に移された。

他方では新自由主義に基づく「経済成長至上主義」が猛威を振るったから、格差・非正規雇用・ワーキングプア（いわゆる「新しい貧困」）の拡大、自殺者の増加、そして日本社会の取り柄《え》であった新中間層の消滅、同時に穏健な倫理観の消滅等々、社会は荒れるに任せ、その結果、一層の社会保障費を要するという逆説的な悪循環を招来することとなった。

実際バブル崩壊以降をみると、持続的な経済成長が続いていた時期に、非正規雇用が増え、平均賃金も低下していったのである。(傍点引用者)(内山節)(24)

これをコイズミカイカクの「経済成長」にフォーカシングさせてみれば、その指摘の正しさが一層際立つ。

(前略)企業収益は回復したのに、賃金は下がったのである。これは、物価が下がったことを考慮したとしても、トリクル・ダウンの効果がなかったことを示している。そのせいで、大企業と中小企業、都会と地方、正規雇用と非正規雇用、高齢者と若者の間に、分断が起きてしまった。(松原隆一郎〈社会経済学〉)(松原 二〇一一)

鳴り物入りで登場し、国民も大喝采《かっさい》を送ったあのコイズミカイカクが、その後の社会にどういった害悪をもたらしたか、今やさすがにそれを知らない人はいまい。社会保障はますます先細りさせられ、逆に社会保障へのレスキューの声を増大させただけのこと、それが現在へと引き継がれ、社会保障分野の面積を格段に広げてしまっている。にもかかわらず、安倍政権御用達のコイズミ残党が、性懲りもなく「社会保障を野放しにするな」(=抑制しろ)と吠《ほ》えまくる。

ではいったい、日本のような超成熟型社会で国民が真に求めているものは何なのか、欲しくても手に入りにくいものは何なのか、いまだ物欲か、そうではなかろう。その一つは「医療・介護、子育ての支援といったサービス」(櫨 二〇一一)だと櫨《はじ》浩一(エコノミスト)が確言するのに出会う時、「経済成長至上主義」を批判し続けてきた私の孤独感が少しは癒やされる。

「成長」＝「製造業（モノ）中心の成長」、無意識でそう思ってしまうから、原発再稼働だとか原発輸出だとかの現実遊離がますます進むのであって、「医療・介護、子育ての支援」のような社会保障関連の地味なサービスが成長要因だと認識するなら、社会の見え方ががらっと変わってくるのではなかろうか。

受動的な社会保障から能動的な社会保障へ、いや、ここはひとつ図に乗り、これからの時代は〈社会保障こそ公共事業〉と断言したくなる誘惑に駆られる。先達の建築土木（ハード）には半歩お引き願い、社会保障（ソフト）というニューカマーの公共事業で社会全体の成長を。そうして地味にこつこつと立ち向かえば、「蟻の穴から堤も崩れる」の例えどおり、どんな局面が開けてくるかわからない。

飛ぶ鳥を落とす勢いだったアベノミクス、一四年五月の毎日新聞夕刊は「アベノミクスの旬 過ぎた」[25]と題し、全ページ特集を組んでいる。株価つり上げの主役・ヘッジファンドが「第三の矢（成長戦略）」の不発に失望してのことだとされる。言われずともそれはそうだろう、これまでしつこく論じてきたように、「経済成長至上主義」自体がヤンキー的な幻想（成長さえすればすべては何とかなるべえ）であって、成長戦略なるものは最初から成り立っていないのだから。

今問われているのは、原子力ムラと同一地平の「二〇世紀型経済発展志向」か、それともパラダイムをまったく異にする「成熟社会型生活品質志向」かの選択であることは明白であろう。

第四章　社会保障は必要悪でも絶対善でもない必須のアイテム

「社会保障制度」とは何かを改めて確認する

いまだ「失われた二〇年」の延長線上にある日本社会、それがいったいどういう質のものなのかをここまで詳しく見てきたが、これからは徐々に社会保障へと話を近づけていくことにする。ただその前に、語感に委ねあえて定義してこなかった「社会保障(social security)」の概念だけは、ここできっちりと確認しておく必要があろう。

まずその概略を大急ぎでチェックしてみれば、「国家が国民の生活を保障する制度。日本では社会保険・公的扶助・社会福祉・公衆衛生などがある」(『大辞林』)とか、「国民の生活の安定が損なわれた場合に、国民にすこやかで安心できる生活を保障することを目的として、公的責任で生活を支える給付を行うものである」(「社会保障将来像委員会第一次報告」・社会保障審議会・一九九三年)、「広く国民に健やかで安心できる生活を保障することを、社会保障の基本的な理念として掲げなければならない」(「社会保障体制の再構築(勧告)」・同上・九五年)とされ、「公的責任によって国民の生活＝生存権を保障する」が社会保障の根底を成すのが明らかとなる。

とすれば、局地的災害や事故とは異なり、原子炉のメルトダウンであれだけの惨禍をもたらす原発災害が、「広く国民に健やかで安心できる生活を保障する」の社会保障定義と真っ向から対立するのは歴然といっていい。原発の廃止は「社会保障三分野」の医療・介護・子育てよりも上位に位置づけられるべき包括的かつ切迫した社会保障ではないかと考えてもあながち間違いではなかろう。

ところでこの社会保障、上記の定義だけでは単なる弱者救済、あるいはほわっとした善玉イメージのみで伝わってしまう恐れがなきにしもあらず。そこで再度立ち戻り、「社会保障」とは何かを煮詰めていくとしよう。一度は押さえておくべき制度の問題ゆえ、堅苦しい概念説明の羅列が避けられないが、そこは少々ご辛抱いただきたい。

しかしその前に、「公共財」という社会保障の上位概念があるので、松原隆一郎の解説で見ておく。

> **公共財**は、具体的な財・サービスとしては、二つのジャンルを持つ。広く人々の福利のために提供される「**公共サービス**」、すなわち教育や医療・伝染病検疫・交通・司法・消防・警察・国防、さらには社会保障など。もう一つは、市場によっては供給が困難と目される社会資本（インフラストラクチャー）の整備を行う「**公共事業**」。すなわち橋や道路、ダム・公民館・公共芸術会館などである。（傍点・太字引用者）（松原 二〇一一）

我々が主題に据える「社会保障」が公共サービスの一角を占めるのはこれでわかったが、その前提に「**日本国憲法25条の生存権保障**」（坂田周一〔社会福祉学〕二〇〇七）が存在するのは留意に値する。

> **憲法第25条**　すべて国民は、健康で文化的な最低限度の生活を営む権利を有する。②国は、すべての生活部面について、社会福祉、社会保障及び公衆衛生の向上及び増進に努めなければならない。

そして「憲法に定める生存権が保障されるためには、そのための法制度を設けなければならない。

これが社会保障制度である」（坂田 二〇〇七）となるわけだ。

さてこの「**社会保障制度**」は、**社会保険**（医療・年金・雇用・労働者災害補償・介護）、**公的扶助**（救貧機能としての生活保護等）、**社会福祉**（高齢者や障害者へのサービス提供）、**公衆衛生・医療、老人保健制度**（〇八年から後期高齢者医療制度へ）の五種類（一）で構成され、「こうした諸制度からなる**社会保障**は、①社会の安全網として②所得の再分配装置として③リスクの分散装置として機能し、それに守られて人々が健康で活力と希望をもって活動できるようにすることで、社会の公正と安定をもたらそうとするものである」（坂田周一 二〇〇七）。

社会保障制度を形成する五種類の中でも、**社会保険**（社会的リスクに向け、強制加入の公的保険制度）のウエートが圧倒的であるのは指摘するまでもない。

以上で「社会保障制度」の立ち位置がかなり明確化したと思うが、一般によく混同される「**社会保障**」と「**社会福祉**」の関係はといえば、日本では「社会福祉」は「社会保障制度」内の「一制度である」。それは、「金銭で満たせない生活ニーズに対応する制度」であり、例えば、親が仕事を持っていてみてくれる人のいない幼児、在宅介護が難しい高齢者、家で暮らせないほど重いハンディキャップのある障害者等に対し、「そのハンディを乗り越えるための人的なサービス、すなわち保育士や介護福祉士やソーシャルワーカーなどのサービスを提供することが**社会福祉制度**である」（太字は引用者）（以上、坂田 二〇〇七）。制度の確認はこれで一段落とし、以後はこの制度を前提に、例の生々しい「政治」の世界へと戻る必要が生じてくる。

社会保障といえば「救貧」になりがちな日本社会

上記のような社会保障の制度論議を別にすれば、我々一般人の感覚になじみがあるのは、社会保障より社会福祉（実は社会保障の一部が社会福祉だが）というコトバの方、そして社会福祉といえばほぼ同義語で「救貧」、そうスライドしがちになるのではなかろうか。ここでは便宜的に、すぐさま救貧へと傾きかける福祉概念を「**イメージとしての社会福祉**」と名付けておこう。対極に現場的で生々しい「**実態としての社会福祉**」があるのは当然のことである。

そしてこの「救貧」にはどうしてもスティグマ（恥辱の烙印）が伴ってしまうので、当事者以外の人間は「救貧」制度自体を「施し」なる偏見の目で見始め、社会福祉を自分には関係のないものと脇へ置こうとする。私はお上の面倒など受けずともやっていけるよと。それが関係しているのだろうか、ここに興味深い調査結果がある。

「政府は自分で生活できない人を救うべきか」を聞いた国際比較調査がある。救うべきだと思わない人は英国、ドイツ、中国が7～9％なのに対し、米国は28％。ところが日本はもっと多くて38％だ。実際、税と保険料を合わせた国民負担率は先進国の中で日本は低い(2)。他人のための負担を嫌う国民なのだろうか。(3)

「福祉で待遇を良くすると働かなくなる」といった聞くに堪えない「貧乏人根性」が、日本人にはしみついているのかもしれない。いや、もしかするとこれらの数字は、生活保護費不正受給事件に発する「生活保護バッシング」現象とどこかで通底しているのだろうか。ネットの世界では情けないことに、生活保護もしくはそれを受けている人を「ナマポ」とか「ナマホ」の蔑称で攻撃するスタイルが定着しているが、不正受給は権限をフルに行使し断固取り締まろうとしない行政の怠慢に淵源するもので、批判の矢なら行政へと向けるべきもの。これなどもまた、〈民〉対〈民〉の典型的な同士討ちであり、政・官から見れば待ってましたとなること請け合いなのである。

案の定、高額所得芸能人の母親が保護費を受給していた問題並びに生活保護受給者の過去最多更新を奇貨として、安倍政権は生活保護法抜本改正案を国会へ提出、保護費の減額実施と併せて社会保障分野での大きな話題となった。


低所得層を分断して互いに反目させ、発言力の弱い層から各個撃破していく保守政治の陰湿な手法である。（中略）なぜわれわれ日本人は生活の息苦しさを最も弱い層へぶつけるのか。（竹田茂夫〈経済学〉）(4)

自民党の一部の議員たちは、私に対して、はっきり言ってますよ。「だって、生活保護世帯の人たちは、抵抗勢力じゃないですからね」と。抵抗してこないから、削減していいんだ、と。（藤田孝典〈NPO〉）(5)

憲法第25条に始まり、社会保障制度を下支えする基本的精神までをも見てきた前項での記述が、一瞬にして理念もへったくれもない世界へと突き落とされる虚しさを覚えずにはいられない。

前項にならって厳密に区分けするなら、先ほどの生活保護は「公的扶助」が保障し、国民の最大関心事のひとつである介護・医療・年金などは「社会保険」が担当、これらは「社会保障」を構成する五要素のうちの二つなのだが、そんなことにはお構いなく、「社会福祉は救貧」といった「マイナスイメージとしての社会福祉」が暴走を始め、それは社会保障全体へも累を及ぼすことになる。

しかし行政からすればここは思う壺《つぼ》、国民間の裂け目を利用しない手はない。向かってくるものは分散しているに越したことはないし、しかも社会保障全体にマイナスイメージがかかってくれれば、公助ではなく最後は自助で、が通りやすくなる。

後述のように、日本人が「介護保険は住み慣れた家庭で」の〈絶対善〉にコロリとやられてしまうのも、それが関係している。ポスト工業化段階の成熟社会へ入って久しいのに、いまだ心の一部に残る「救貧」イメージ。高度経済成長直前までの遺物を引きずっているとしか思えない。

以上の点を見事に総括してくれる感動的な文章がここにある。経済学者・正村公宏独特の現実に立脚した名言で、さすが実践者の重みと言うべきか、照準が定まっている。長い引用を了解願いたい。

「福祉」といえば「弱者救済」という言葉を使いたがる政治家が日本には多い。成熟段階を迎えた先進社会の社会保障・社会福祉の目的は少数の「弱者」の救済ではないのだということが、理解されていない。先進社会の社会保障・社会福祉は、すべての国民の「不安」の緩和を目的とする社会的共同事業である。（傍点引用者）（正村 二〇〇〇）

福祉は国民全体のものでなければならない。したがって国民全体が関心をもたなければならない。国民全体（少なくともそのなかの相当数）を動かすことができる社会運動・政治運動が推進されなければならない。それが「福祉国家」である。「福祉国家」は、制度であるまえに運動であったし、理念であるだけでなく目標であった。（正村 二〇〇〇）

社会保障より財政危機を心配する優等生的国民

「社会保障」と聞いて、日本人は「救貧」以外にまず何を思い浮かべるだろう。「失われた二〇年・

失った二〇年」を経て「失われる三〇年」のとば口に立つ現在、多くの人は「社会保障」分野の現実が抱える深刻な問題などより、「金食い虫」あるいは「財政悪化の張本人」としてのそれを真っ先にイメージしてしまうのではなかろうか。あたかも、現代日本における困ったものの筆頭といったような感じで（ちなみに、これから本書に頻出の「財政」とは、「政府の資金繰り」（土居 二〇〇二）というほどの意味合いで使用）。

一九九〇年代に入るまではそんな短絡的反応などそうは見られなかったはずなのに、これはいったいどうしたことだろう。マスコミをも巻き込む財務省主導の大々的な「財政危機」キャンペーン。驚くことにこれぞまさしく意識の高さを誇示したい国民には格好の〈絶対善〉であり、まき餌の効果は高級官僚もびっくりの広範囲かつ絶大なる効果を生んでいったのだった。小泉時代はとにかく「ヘンカク」に「コウゾウカイカク」、それが格差助長でやばかったとなれば、お次は「ザイセイサイケン」がなかなかに高級な〈絶対善〉だと国民には映った。

ひと昔前の江戸っ子、「てやんでぇ、したい放題、勝手に使いまくったのはどこのどいつでぇ」は平成の世、お品が良くなったのかまずは見られず、マスコミのタクトのもと、良識派国民がきれいな輪唱を響かせてくれるため、財務省としては本当に助かる。「財政危機」キャンペーンが見据えるのは、「財政再建」という名の消費税増税と社会保障分野のカットであるくらい子どもでわかりそうなのに、それでもいい、我慢すると言ってくれるとあっては、殊勝などというコトバでは到底足りまい。これこそ本当の「国民栄誉賞」ものだろう。

日本国民が怒らないと、どうしようもありません。サッカーのワールドカップ誘致に反対してデモをやっているブラジルのように。日本国民が、沈黙する国民である限りはダメです。（藤田孝典）(5)

だがこの「沈黙する国民」も、ひとたび親が認知症の要介護状態になったりすれば、社会保障の甚だしい不備にその日から容赦なくさらされ、途方に暮れることとなる。そうなってもなお彼らは、中身空っぽの「社会保障犯人説」に与《くみ》することができるのか。のんきに財政危機を弾劾して社会の良識派に自足していられるのか。そして何より、認知症の親を抱えた危機的状況を個人レベルで乗り切っていけるのか。

こうした家庭崩壊が突然やってくるのはレアケースではなく、今や社会のそこここに見られるもの。しかし生活者の想像力は自身がそれに直面するまで働きはしない。頼まれてもいないのに財務官僚になり代わり、「社会保障より財政再建に一票!」というおめでたさ、これが社会をどれだけ閉塞《へいそく》へと導いてきたかは、追い追い具体例で論じていくこととなろう。

疲弊した現実とタテマエがきれいにセパレートされて交差することのない空疎な情況を、ある種の社会病理と呼ばずして何といおう。

選挙の際、ポピュリズムの権化たちが毎度の鉄則としているのは、社会に内在するドロドロした現実をそっと脇へ置き、単純明快な標語と磨きのかかったタテマエだけで良識派をコロリ参らせるという手口。ただ、ポピュリズムと良識派国民とのヘンカク・コラボレーションはいつも表面的なやり取りに留め置かれるため、新鮮さを保つには次々と主題を変えていくほかない。だから「消えた年金↓普天間↓財政再建↓消費税増税と社会保障の一体化↓アベノミクス」というように、変転する表舞台だけは常時きらびやかにしつらえられていくのだ。

そんななか、本来なら選挙の最大の争点となるべき社会保障問題はいつも幽閉され、選挙期間中には出てくるなの状態に。「年金」だけが一時《いっとき》あれだけ騒がれたのは、アタマに「消えた」が付いていたためで、ワイドショーがこれはミステリアスと警察ドラマ感覚で飛びついたことと、第一次安部政権の上から目線が国民の反発を招いたからにほかならない。

そうこうしている間にも、社会の裏面で孤軍奮闘する社会保障分野は、ますます過酷さを募らせていく。たとえば「『二つの待機』問題」(6)とよく称せられる特別養護老人ホーム（特養ホーム）と保育所をとってみても、当事者にあってはこれほど深刻な問題はないといっていい。

「実現を望む政策は?」の世論調査(6)では、「医療福祉や少子高齢化」がトップで「雇用や景気」を一〇ポイント以上引き離す現実的な判断を下すのに、いざ選挙となれば、良識派をくすぐる「ヘンカク」や「規制緩和」といった、具体的に何を指すのかすら不明なワンフレーズ・キャンペーンに惹《ひ》かれてしまうスタイルは、今もまったく変わっていない。「ヘンカク」などより「カイゼン」の方が社会にとってよっぽど効果が望めるだろうに、言語的訴求力の弱さ、手間・忍耐力・持続性が欠かせないといったしち面倒臭さから、複雑な「カイゼン」の方は見向きもされず、中身が空っぽでお手軽な「ヘンカク」の人気が相変わらず高いという現象になる。

「ヘンカク」という〈絶対善〉の連呼でこぶしを振り上げることはできても、「カイゼン」では地味すぎてサマにならない、元気が出ない、良識派としての満足感を得にくいというわけなのだろう。ここは何も、私のような品のない「てやんでぇ」に同調してほしいと言っているのではなく、せめて「市井の生活者のホンネ」をストレートに出してくださいよ、もうそろそろ、とお願いしているにすぎない。これが介護・医療の実体験からする私の基本的な考え方である。

後ろ楯のない社会保障はいつも木の葉のごとく

最近よく使われる「社会保障四分野」という区分。それが「医療・介護・子育て・年金」を指すなら、社会保障が財政危機の主犯格に祭り上げられやすいもう一つの要因もまた見えてくる。先述のような、お人よし国民の安直な代償行動が招いた社会保障への「ぬれぎぬ」、それ以外にも社会保障が「主犯」の身代わりにされてしまう下地は十分に存在する。

社会保障サイドには「かつての日本医師会のように良くも悪くも強力な交渉団体は見当たらない」（宮武　二〇〇〇）し、また最強を誇る自民党厚労族の後押しがあったのは橋本龍太郎時代までで、厚生労働省は今や財務省の財政再建路線を先取りして動くパシリ（使いっ走り）の優等生に成り果てている。「財務省厚労省部」とまで言われるほどなのだ。ともかく、社会保障分野の諸団体など、財務省経由厚労省の手にかかると、赤子のような存在にすぎない。

介護・医療・子育て等に従事する人々はといえば、ひたすら激務に振り回され、社会保障の現場的窮状を訴えるだけの余力もない。他方、この分野の主役であるはずの受益者（国民）は、自分や家族がそれらを必要とする段階まで社会保障などまったく無縁の世界と思い込み、とんと関心を示さないし、世界でもまれなるおとなしさ、従順さ、牙をむく恐れなど皆無といった国民性を備えている。

もちろん、いざ喫緊の状態となった時には、誰もが社会保障のあまりのひどさに打ちのめされるが、そうなったらなったでサービス確保に奔走するのがやっと。抗議どころか貧しい社会保障の全体像に思いを巡らすゆとりさえ持ち得ない。

相手は何倍も狡猾、国民はとんでもないお人よしというパワーバランスのもと、「日本の社会保障は〝社会主義的悪平等の遺物〟なのだが、ウエットな日本社会であればこそ、財政危機でもここまで手厚くしております」式の、もったいを付けたほのめかしにはめっぽう弱く、おとなしい日本人はイメージだけで「たしかに」と引いてしまう傾向がある。

政治家やマスコミを使った官僚の世論誘導はそこまで読んだうえでのこと、彼らの巧みさには脱帽する。東京大学法学部出身が主流とはいえ、財務官僚は社会心理学にも長《た》けている。冒頭で述べた「社会保障→金食い虫→財政危機の元凶」がほぼ国民的コンセンサスとして定着してしまったのも、計算し尽くされた刷り込みが功を奏してのことに相違ない。時折、「社会保障を野放しにするな」等、竹中平蔵のような急進的市場原理主義者が飛び込んできて、舞台裏がバレそうになることはあるにせよ。

なお、我が世の春の財務省に一つだけ誤算があったとするなら、それは例の「宙に浮いた年金五千万件」問題だったろう。最終的にはそれが戦後初の本格的政権交代まで呼び込むなどは、用意周到に日本政治を操る財務官僚も思いが至らなかったと思われる。

「持ち主不明の年金記録が五千万件ある。政府としてきっちり調べよ」（大略）の蓮舫・民主党参院議員による追及に、「ここは文教委員会だから、年金問題は本来、厚生労働委員会でやってもらいたい（ニヤッ）」など、〝何を年金ごときで〟の安倍首相による上から目線丸出し答弁（二〇〇七年）に政権交代の予兆が見え隠れしていたのだが、当時それに気づいた人はほとんどいなかっただろう。

> 年金について大切なことはですね、いたずらに不安をあおってはいけないんですよ。年金というのはですね、これは、信頼、やはりこれは、年金に対する信頼を、これはそぐということになってしまうのではないか、このように危惧をいたしておるところでございます。（傍点引用者）（7）

安倍がここで盛んに念を押す「これは」が蓮舫の「消えた年金」追及行為を指すことは明白で、政治的鈍感ぶりと生活者の視点ゼロの高のくくり方が後に大きく影響し、〇九年の衆院選挙でついに自民党は大敗・下野という歴史的事件を背負うに至った。

さすがの国民も、この時だけは怒った。まれに見るしつこさで、怒りを持続させた。安倍首相（第一次）は取って付けたように「最後の一人までチェックし支払う」と大見得を切ったが、国民は福田

・麻生政権と三代にわたってこだわり続け、ついには政権交代へ持ちこんだ（なお一四年三月現在でも年金記録未解明は四割にのぼるが、政府による集中的チェックは終了となっている）。

しかし国民の執念もそこまで。機を見るに敏なマスコミがまず年金問題から撤退、釣られて国民もあの熱気はどこへやらという毎度のパターンで、「旬」は異質ジャンルの「普天間基地問題」へとリプレースされていくのだった。

これ幸いと息を吹き返したのが、年金で肝を冷やした財務省と厚労省なのは言うまでもない。民主党の菅直人・野田佳彦両首相を軽～くオルグ・洗脳しながら、「社会保障・税一体改革」なるもっともらしい仕掛けを野田に伝授、最後は民主党のマニフェストに反する消費税増税まで腕ずくで成立させてしまうという荒業を彼らは敢行した。

結果、財務省は同胞の自民党に何一つ傷を負わせることなく念願の消費税増税を手中に収め、同時に自民へは政権奪還のプレゼントまでしてとてつもない貸しを作り、他方では「増税成就の恩人（パシリ）」たる民主党には、名誉の大政奉還という空疎なシナリオをのませ、名実ともにお払い箱とした。

野田首相が一二年一一月の党首討論で唐突かつ得意気、自爆的に衆院解散を宣言（「衆院の一票の格差是正と定数削減の今国会での実現を条件に」（8））、軽率なコメンテーターらはあの当時、覚悟が違う、カッコいいと絶賛したものだった（事実、七カ月後の衆院本会議では前首相の野田が質問に立ち、「だました人が悪いのか、だまされた私が悪いのか」とみすばらしい「恨み節」（以上8）を安倍首相にぶつける始末となった）。

再度の政権交代は民主党の自滅願望オウンゴールが直接の要因とはいえ、おバカぶりまで見越した財務省の深謀遠慮、完勝であったのは間違いない。権力の頂点に君臨しながら黒衣に徹する財務省、まさに一石何鳥の奸計《かんけい》を三年かけて見事成し遂げた瞬間だった。

こうなれば、社会保障の行く末など見えたも同然で、政権復帰した自民党の安倍返り咲き内閣が成立するや、『動かない政治』を動かす」と宣言、野田前首相が胸を張った民自公・三党合意の「社会保障・税一体改革」はどうせ消費税増税の目くらましだとの予想どおりにまったく進展させず、大仰に設置された「社会保障制度改革国民会議」も、会長自身がいら立つほど全然機能し始めなかった。

だが財務省にとっては「社会保障充実のための増税」など名目にすぎず、高潔っぽい名辞の社会保障が「消費税増税の呼び水」として一定の役割を果たしてくれればそれで大成功。身もふたもなく言えば、「社会保障・税一体改革」の停滞は当初の計算どおり、むしろウエルカムといったところであろう。

財政危機の主犯格に「社会保障」を置くかたわら、他方では忌避感強い消費税増税の目くらましに「社会保障」のプラス・イメージをちゃっかり活用する。日本の「社会保障」が二重の意味で虚仮《こけ》にされている現実が、この行動には如実に表れている。

不思議なことにといおうか、いや当然なことに、「失われた二〇年」の間ずっと叫ばれてきた「財政再建」は安倍政権発足とともにピタリとやみ、影も形もなくなったのは前述のとおり。マスコミの常とう句も、それと軌を一にして消えた。泡のごとき〈絶対善〉など、まあそんなものなのである。

変わって登場したのが国土強靱化計画という名の土建国家復活。民主党政権時代、何かというと「財源的裏付けのないバラマキじゃないか」と批判しまくってきた野党自民党の仮の姿はもうとっくに消失している。「財源的裏付け」など要は対象次第でいかようにも変動するらしい。そればかりか、特定秘密保護法から集団的自衛権への戦前型軍事国家志向、ホワイトカラー・エグゼンプション（ホワイトカラー労働時間規制適用除外で「不払い残業を合法化する」(9)のが主目的）に象徴される雇用・労働環境の破壊（企業が世界一活動しやすいよう労働法制を労働者不利に改悪）、従来の自民党でも信じられない「地域医療・介護総合確保推進法案」の強行採決と介護・医療の大幅カット等々、もう甘っちょろい〈絶対善〉のお世話になどならずに十分やっていけると、独裁者気取りの安倍は肌で感じているようだ。

彼の描く〈絶対善〉とは、集団的自衛権の記者会見で連発した「国民の命を守る」と、新自由主義に依拠した〈日本を世界一の経済大国へ押し上げる〉、要は富国強兵と弱肉強食への一直線内閣で、ついて来られぬ者は去れ、のファッショぶりをむしろ誇示している。被災各県でまったく「国民の命を守る」気などない人間が、一足飛び、他国との交戦で「国民の命を守る」とくるからすごい。戦後七〇年にして軍靴の音が聞こえてくるとは思わなかった。私自身、まったくの不覚というしかない。

こんな調子では、「社会保障は自助・自立が第一」くらい朝飯前。国民の大半が家庭で専用の介護スタッフを雇い「自助・自立」でいけるくらいリッチであるのなら、誰も最初から社会保障など求めはしない。

社会保障をど真ん中に据えられぬ国は先進国にあらず

この国は、巷間《こうかん》言い散らされる財政危機で破綻《はたん》するのではなく、生活インフラの崩壊でいずれ破綻《はたん》すると私には思えてならない。国民自らが、社会保障はしょせん補助的存在と一歩も二歩も引いてとらえているとするなら、気がついた時には社会そのものが荒れ果てまくり、社会的崩壊一歩手前の状態と化していよう。残念ながらその兆しは隅々に現れており、マクロばかりに目を向け、一人ひとりの「生活」の大切さを座視していると、とんでもないことになる。

「政治」の場では、社民党や共産党の〈足し算としての社会保障〉も、自民党や市場原理主義者が得意とする〈引き算としての社会保障〉も、どちらもが社会保障現場の過酷な現況から出発しない観念論である点で現実から遊離しており、「生活」の現状に肉薄していない。

選挙が近づいた時だけおでまし願うのは、選挙民の心をくすぐる「社会保障」と昔から相場は決まっていて、政治家にその中身を尋ねてみれば、「来るべき高齢化社会に備え」など手あかにまみれたフレーズを教科書どおりに連発するのが関の山。出るのは統計的な数字ばかりで、肝心の現場的イメージなどまったく浮かんでいないのがバレバレとなる。

日本社会は「高齢化」などという生やさしいものではなく、とうの昔に「高齢社会」、そして世界もびっくりの「超高齢社会」(10)へ突入という状態であり、入口からして認識の浅さが透けてしまう。そう言えば、テレビも決まり文句のように「少子高齢化」という方向性を示す物言いを連発、何ら疑問を抱いていない。

「高齢化」というある意味トレンディーな現在進行形はとうに過ぎ、「超高齢社会」にどっぷりと漬かり込んでいる、それが我が成熟社会の実態だというのに、彼らの目が既成概念を飛び出し、現実を射貫くことはまずないのだ。そのくせ、選挙前哨戦ではわざとらしく特養ホームを訪ね、「おじいちゃん」や「おばあちゃん」の手を握ってにっこり写真でアリバイ作り。職員に向けても、「皆さんのために頑張りますからね」とかお追従《ついしょう》を言いながら。

独り暮らしの高齢者はいったいどんな状態で生活しているのか、認知症のお年寄りを必死で在宅介護する家族の負担はいかばかりか、低賃金にあえぐ介護職員の未来は……。だが鈍感力に満ちた政治家や財務省・厚労省にはそんなことはどうでもいい。「何せ金食い虫の年寄りばかり増えて大弱り、世界でも群を抜く長寿社会など非効率で迷惑千万」のあからさまなホンネに満たされているのだから。

社会保障分野へ向け恣意《しい》的・重点的に投げられてきた「財政危機キャンペーン」とは、「消尽だけで生産性のない『お荷物』に手厚い社会保障など、本来ならとんでもない話」「高齢者は存在自体が社会的マイナス」「病人も失業者も同様で、そうなったのは自己責任」「働く母親、育児がイヤだから外へ出たいだけ」→「よって、反乱の起きない範囲で削りに削れ」の暗喩なのだと考えれば、極めてわかりやすいだろう。

以下の麻生太郎財務相（副総理）の発言は、つい雰囲気に紛れた「失言」ではなく、れっきとした「正論」だと思われる。自民党が政権を取り戻した自信にもそれは拠《よ》っていた。

> 麻生太郎副総理兼財務相は21日の社会保障制度改革国民会議で、余命の少ない高齢者など終末期の高額な医療費に関連し、「死にたいと思っても生かされると、かなわない。政府の金で（高額な医療を）やってもらうと思うとますます寝覚めが悪い。さっさと死ねるようにしてもらうなどしないと解決策はない」などと述べた。患者を「チューブの人間」と表現し、「私はそういうことをしてもらう必要はない、さっさと死ぬからと（遺書に）書いて渡している」とも発言した。(11)

こういう物の見方は、もう一〇年以上も前、重度障害者病院を視察後に都知事の石原慎太郎が漏らした言葉、「ああいう人ってのは人格あるのかね」「こういうことやっているのは日本だけでしょうな」「人から見たらすばらしいという人もいるし、恐らく西洋人なんか切り捨てちゃうんじゃないかと思う。そこは宗教観の違いだと思う」(12)にも通ずるが、発言者の心根の方が痛ましすぎるから、これ以上は控えたい。人の命を費用対効果で計るのも、これまた「経済成長至上主義」の特徴だと指摘しておけば十分だろう。

まあこうした突出例まではいかなくとも、実態を意図的に過小評価し、社会保障費の削減にこれ努めようとすればするほど、現実はその姑息さをあざ笑うようにますます突き進み、社会病理現象は手の付けられないほど広範囲に広がっていってしまう。それを象徴するような事件が起こる度に、マスコミもワイドショーも断片的に取り上げてはみるものの、それもせいぜい数日間、あとは無かったことのように忘れ去られていく。在宅介護に疲れ切った家族が認知症の親を殺害してしまうという悲劇は、そのあまりの頻度に昨今はベタ記事扱いがほとんどで、知らないうちに日常化してしまった。

厚労省研究班の発表によると、二〇一二年時点で認知症の高齢者が約四六二万人、軽度認知障害の認知症「予備軍」の人は約四百万人と、合計では高齢者の四人に一人が認知症に関係している計算で、週刊誌では既に、『認知症八〇〇万人』時代」の文字が躍っている。我々団塊世代が後期高齢者に突入する二〇二〇年代以降の社会的混乱は、想像の範疇《はんちゅう》をあっさり超えていくスケールだといえよう。

早急な対策が急がれるのは高齢者問題だけにはとどまらない。日本は痩《や》せても枯れてGDP世界第三位の国だというのに、いわゆる「貧困ビジネス」（湯浅誠の概念）(13)が全盛という、何ともうら寂しい状況が社会の一隅を侵食し始めている。一三年六月には、毎日新聞記者による「脱法ハウス」体験記がスクープ記事として紙面を飾り、大きな反響を呼んだ。

開業一年の新名所、東京スカイツリーの足もとに、蜂の巣状に一一六室に区切られ、人々が息を殺して夜を過ごすオフィスビルがある。運営業者は「倉庫」と言い張るが、実態は一畳半ほどの居室を並べた「脱法ハウス」だ。（中略）（広告看板には＝引用者註）「敷金・礼金・保証人不要」「激安ワンルーム」「住所利用ＯＫ」。（中略）東京都条例が定める居室の最低面積（七平方メートル）の約三分の一だ。利用料は月三万九〇〇〇円（光熱費込み）。（中略）床はコンクリートにカーペットを敷いただけで、硬く、冷たい。(14)

それをフォローした東京新聞は、「ネットカフェ難民」が「大量に流れているのでは」、「就職する際に不可欠な住民登録ができるというメリットも大きい」(15)と分析している。これはある意味の「セーフティーネットでもある。規制を厳しくするだけでは解決しない。路頭に迷う困窮者が増えるだけだ。日本社会の断面である」(15)の指摘もまた、現実を実によくとらえている。

そんな折、総務省からは「非正規労働者が二千万人を突破し、雇用者に占める割合も三八・二%に上昇(〇七年は三五・五%=引用者註)」(16)したとの「非正規労働過去最高」の発表が一三年にあったが、これが先ほどの「脱法ハウス」盛業(国交省のその後の調査で建築基準法違反の疑いのある物件は全国に三九八カ所)とリンクしているのは言うまでもない。

今ではこうした「貧困ビジネス」が、脱法ハウスにとどまらず若者から高齢者に至るまで全方位にわたって成立しているのは周知のとおりだが、私が強い衝撃を受けた端緒は、〇九年三月、群馬県渋川市で起きた高齢者施設「静養ホームたまゆら」(NPO法人運営の無届け老人ホーム)の火災においてだった。入所者一六人のうち一〇人が犠牲という惨事、その社会的背景が実に切ない。

(前略)入居者の多くは、東京都墨田区などから受け入れた高齢の生活保護受給者だった。背景には、都内の施設が飽和状態で入所先探しに行政が苦慮していることがあり、受け入れる施設にとっては保護費で入所費などを確実に回収できる「ビジネス」として広がっている実態がある。都の調査によると、都外で暮らす保護者は約500人(昨年1月現在)だが、その不透明さを指摘する証言もある。(中略)入所者の多くは、身寄りがなく、介護が必要なため、自治体が都内で収容する施設を見つけるのは難しい人たちという。(17)

「たまゆらの入所費は月八万四千七百円で、区が紹介した十五人の生活保護費は九万二千〜九万五千円。生活保護費は入所者の同意を得たうえで、施設側に送金され、入所費を差し引いて入所者に渡されていた」[18]と言われれば、「生活保護費＋介護報酬」という行政からの超安定収入をベースとする「貧困ビジネス」のおいしいからくりが一目瞭然となる。ここに目を付けたＮＰＯ理事長の営業活動に、墨田区が「渡りに船」（いずれも毎日新聞）と乗り、win-winの関係を築いたのは間違いない。

この事件の前から他の無届け老人ホームを追っていたＮＨＫの取材班が、その高収益のからくりを明かしている。たとえば「生活保護の高齢者を集め、年間九〇〇〇万円近い収入を得ていた」[19]千葉県の施設の場合などを。食費を最低限に切り詰め、介護報酬をめちゃくちゃ不正請求したりして。

当時の人気者厚労大臣・舛添要一は、「介護の基盤を底上げしないといけない。実態を把握したうえで対応したい」[20]と、霞が関文法では「嵐が過ぎ去るのを待つ。あとは何もしない」の表明でさっさと幕を引いた。

こうなるといよいよ、「社会保障こそ生活インフラを形成する〈公共事業〉」が現実味を帯びてくる。

財政危機など余計な心配をする前にまずは現場から

介護・医療・年金・子育て・雇用と社会保障分野のどれ一つとってみても、それが生活の必須インフラであることは当然だが、前二者は必要性が生じる瞬間に初めて見えてくるというハンディーを抱える。六年ほど前のことだったか、「妊婦受け入れ拒否事件」が首都東京で発生、社会を中規模クラスのパニックに陥れたのはその適例といっていい。辺境の地ならともかく大東京でのこと、誰もが驚いたのも無理はない。事件の概要はこうだ。

二〇〇八年一〇月、脳内出血の症状があった妊婦が都内の八病院から受け入れを「拒否」される。

最終的には、最初にアプローチした東京都立墨東病院（総合周産期母子医療センターを併設）から救急搬送を認められたが、合計で約一時間一五分のロスタイムが発生。赤ちゃんは帝王切開で助かるも、女性は三日後に死亡した。

〇六年にも奈良県で同様の事件が起きていたこともあり、マスコミは恒例の「たらい回しだ」「受け入れ拒否だ」「またか」のトーンで現場を責め立てたが、世間にとってよりショッキングだったのは、大病院がいくつも併存する東京二三区のエリアですら、こうした悲劇が起こり得るという、考えもしない現実の方だった。たとえば、人口二〇万人強の東京都文京区だけで大学病院の本院が四つもあるという、世界にもまれなケタ外れの大都会でこんな事態が生起しようとは。

そんななか、閣僚のお粗末な対応が危殆《きたい》に瀕《ひん》する医療現場への無理解を白日の下に晒《さら》すというオマケまでつき、足元に漂う問題の根の深さに不安感は倍加した。原発ではないが、いったん綻《ほころ》びを見せれば、隠れていた本質がどっとむき出しになる。自身の職責を忘れ去り、「総合周産期センターの看板を掲げながら、週末、当直医がたったの一人？　そりゃ経営母体の東京都が悪いでしょ」（概略）と言い放った舛添厚労相。対する都知事の石原慎太郎は、実態を知ってか知らずか、「医師不足が原因で、これは国の責任だ」（概略）と猛反発。マスコミ受けを至上命題と心得る両ポピュリストの遺恨試合（かつての都知事選で舛添は石原にダブルスコアで惨敗）にまで発展していった。

それにしても厚労行政の最高責任者が、周産期医療センターの深刻な医師不足状態を正面から受け止めていなかったとは……。この厚労相、持ち前のパフォーマンスですぐさま墨東病院へ視察に出向き、「いちばんの構造的問題は医師不足」（概略）などしゃあしゃあと仰《おっしゃ》るのだから見上げた神経だ。

全国の大学病院や当直勤務がある一般病院に勤める産婦人科医が診察などで院内にいる時間は、平均で一カ月三〇〇時間を超えていることがわかった。（中略）調査結果によると、大学病院の医師が院内にいる「在院時間」は月平均三四一時間で、当直は五・八回。在院時間が最も長い人は五〇五時間で、当直が一五回あった。毎日一六時間以上、病院にいることになる。(21)

さらにびっくりさせられたのは、時の経産相・二階俊博がふと漏らした説教だ。

「政治の立場で申し上げれば、やっぱり何よりもかによりも医者のモラルの問題だと思いますよ。忙しいだの、人が足りないだのというふうなことは言い訳に過ぎない」(22)

単純そのものというか、現場になどもとから関心のないオッサン・ヤンキーというか、私がこれまでやり玉に挙げてきた単細胞「経済成長至上主義」のサンプルを素直に提供してもらい、ある意味、感謝状ものである。日本社会というのは、主要閣僚でさえこんなレベルにあるし、介護・医療分野の薄氷状態は、世間一般の目が日常的には届かぬのをいいことに放置され、精神論に委ねられたままで、いつパリンときてもおかしくはない。

現場の従事者たちは、無神経オヤジの典型のような二階発言に接し、怒りを通り越し脱力感に苛《さいな》まれただろう。また「受け入れ拒否」「たらい回し」といった一刀両断型を中身も吟味せずにコピペして何とも思わぬ大マスコミにも、毎度のこととはいえあきれ返ったことだろう。

「介護・医療の窮状」に対する上っ調子な「敵」は、政・官（&一部の報道）の至るところに生息する。いや彼らは、困難な現場を知ってしまえばさすがに対応せざるを得なくなるため、あえて「上滑り」を自身に課す。「社会保障を野放しにするな」の大本営発表には、現場など知らない方が都合がいいのだ。

あの年金問題でも巧みに仕掛けられた世代間対立へのアジテーション手法は、いち年金にとどまらず、高級車を乗り回すエリート医師はけしからん、「三時間待ちの三分間診療」などふざけるな、施設介護を求める家族はお年寄りへの心がない、介護スタッフの教育がなってない、最低賃金より高い生活保護費って何だと、ここでもまた国民と現場、あるいは国民同士の対立を煽《あお》る装置がフル稼働。左うちわでほくそ笑むは上から目線の政・官ばかりという不条理な構図が日本社会を支配している。

〈民〉〈民〉同士で角突き合わせても何の解決にもならず、また現場の急迫ぶりから痛い目に遭うのは結局我々なのだから、国民自身、財政危機を憂える暇があるくらいなら、いずれお世話になる社会保障の現場を今から直視し、備えておくことが求められる。

「生活リアリズム」に裏打ちされた、いい意味での「生活エゴイズム」に徹し、生活現場の思いを率直に発信すれば、結果として、エゴイズムの角逐から芽生えた「共生社会」がうまく機能し始める。と同時に、その方がどれだけ政治へのインパクトが強いことかとも考える。少なくとも、我々市井の人間が心にもない「財政危機」を唱和する欺瞞より、よほど健康的で実践的であるのは間違いがない。テレビでよく流される「市民の声」。一般人がなぜ「財務省目線で世の中を見ているのだ」(以上、神保・宮台 二〇一二)と、神保哲生(ビデオジャーナリスト)がマジで怒っているが、私がここまで書いてきたこととそれはピタリ一致する。テレビコメンテーターのもっともらしい解説を吟味もせずおうむ返しで口走るから、そうなってしまう。エゴ(自身の立ち位置)に根差した肉声でなければ、「政治」へのインパクトなどこれぽっちも生まれはしない。

福祉国家マインドをぶち壊す「遅れてきた新自由主義」

従軍慰安婦についてのトンデモ発言で、彼に吹きまくっていた〈世風《よかぜ》〉は一瞬にしてべた凪《なぎ》と化してしまったが、寵児《ちょうじ》だったころの橋下徹（維新の党・共同代表）、衆院選の応援演説（二〇一二年末）でこう述べた。

橋下氏は「医療・介護や年金といった社会保障給付は年々増え続ける。消費税率5%引き上げだけではもたない。国民に負担を求めるか、給付水準を下げるしかない」と訴えた。（傍点引用者）(23)

橋下に限らず、こうした主張を行う人間に共通するのは、オレはリアリスト、社会保障を金科玉条とする「絶対善派」の甘ちゃんとはモノが違う、大衆にいくら嫌われようが言うべきことははっきり言う、そんな昂《たかぶ》りからどや顔で発言しているというところだろうか。その内容たるや聞くに堪えない凡庸ぶりで、小学生の算数レベルに近い。要は財布が苦しいんだから、まず取れるところからきっちり取れ、払いは極力抑えろ、世の中、それが当たり前じゃないか、と吠《ほ》えているにすぎないわけだ。

タブーへの挑戦をどんなに気取ってみても、これもまた「一捻《ひとひね》りした絶対善」そのものと私には思える。というのも、自身の生活実態を平気で棚に上げ、カイカクと財政再建こそ最優先課題などと気取る〈絶対善〉信奉の「良識派市民」たちを、これまた単純な〈絶対善〉流算式（社会保障費が増加の一途→財政危機の主犯は社会保障費→だからこれをカットせよ、あるいは国民からもっと召し上げよ！）で引っかけよう、「それもそうだよな」のエセリアリズムで同意させようというのだから。

それが証拠に、橋下は自ら挙げた「医療・介護や年金」のドロドロとした内実にはまったく踏み込まない。万一そこをほじくり返せば、さすがの「良識派市民」たちもホンネの世界（「生活リアリズム」の世界）へ回帰してしまうのを恐れるからだ。五千万件ともいわれた「消えた年金」騒動のような、寝た子を起こす愚だけは絶対に避けねばならないと。

保守系新聞を含め、こうした論法こそが、総論だけで逃げ切る手の込んだ「大衆迎合」手法だと私は見ている。

「厳しい苦難の状況に立ち至っているこの国をこれからどうしていったらいいのかという『語り』が全くない」(24)との高村薫(作家)の慨嘆は、橋下発言にもぴたりと当てはまる。「どういう社会であってほしいのか」の本質的論議もなしにソロバン片手のご託宣では、「政治家」など要りはしない。

経営に窮した経営者でも、まともな社長なら社員の顔を浮かべ深く悩むであろうに、数字だけが最大指標の新自由主義者にあっては、社会保障費の削減や徴収増など何でもないマター。だから彼らは強いのだ。

だが昨今隆盛のこうした社会保障カット派たちは、長期自民党政権の成れの果てだといったステレオタイプにとらわれると大きく間違う。正村公宏の言う、「日本では、『中道右派型の社会民主主義』が政権与党の地位を維持しつづけた」(正村 二〇〇〇)などからして意外に受け止められようが、「中道右派型の社会民主主義」とは、意外にも岸信介(以下、いずれも首相在任時)の国民健康保険法(一九五八年)、国民年金法(五九年)、知的障害者福祉法*(六〇年「精神薄弱者福祉法」を九八年に改称)、池田勇人の児童扶養手当法(六一年)、老人福祉法*(六三年)、母子福祉法*(六四年=八一年から母子及び寡婦福祉法)などを指す。安保前後は今日の基礎を築く法律の制定が矢継ぎ早だったのである(なお、占領下の生活保護法、児童福祉法、身体障害者福祉法、いわゆる「福祉三法」に上記*印の三法を加え、当時は「福祉六法」と総称されていた)。

また、有名な池田勇人「国民所得倍増計画」(六〇年閣議決定)は経済計画が中心と思われがちだが、その別冊には「社会保障の充実と社会福祉の向上」の独立項目があり、「社会保障の充実と向上が、近代福祉国家の義務であって、この面に目を開かない限り、福祉国家への道はありえない」(坂田 二〇〇七）と高らかに謳《うた》われていたのだ。安倍晋三が神のように崇《あが》めている祖父・岸信介の別の面がここにはある。

なお、先進国でもまだ一部のみと当時言われた画期的な国民皆保険・国民皆年金制度が始動したのは、戦後わずか一六年しか経過していない六一年（昭和三六年）であり、保守政権の日本は社会主義国なのかと海外が仰天したという逸話まで残っている。そして七三年、革新勢力の急伸（六大都市すべてが革新系首長に）と前年総選挙での敗北（保革伯仲）という危機が作用し、田中角栄が〈福祉元年〉（老人医療費無料化・健保の被扶養者家族に向けた自己負担割合引き下げ・「高額療養費制度」の導入・診療報酬引き上げ・五万円年金の実現・一県一医大構想等々）を大々的に打ち上げたのだった。

> （前略）高度成長期の政府が、実績はともかく政策目標としては、日本を西欧諸国に匹敵する福祉国家にする必要をとなえていた点は、見のがすべきでない。高度成長末期の一九七〇代初年には、「成長よりも福祉を」といった世論が高まり、田中角栄内閣のもとで一九七三年に一群の立法に結実した。（大沢真理〈社会政策〉）（神野・金子 一九九八）

しかし歴史の皮肉と言うべきか、満を持してというより追い込まれた形での〈福祉元年〉は、同年のオイルショック襲来による高度成長の急停止、今太閤（田中角栄）の出たとこ勝負風大盤振る舞いも仇《あだ》となり、「『福祉元年』から一転して『福祉見直し』が叫ばれることになった。また、老人医療無料化が入院・通院患者を急増させ、そこで行われた制度の見直しは一九八二年の老人保健法成立へとつながっていく」[25]の思わぬ結果を招くこととなる。

一方、五五年体制に安住する社会党はといえば、「『福祉国家』さえをも『現代資本主義がその体制を維持していくための安全装置』として手厳しく批判」（市野川容孝〈社会学〉）（市野川 二〇〇六）という、聞くも悲しき時代錯誤ぶりを誇っていた(26)。この時代、福祉国家構想を「修正資本主義」などと罵《ののし》る度はずれたイデオロギーの虜《とりこ》は社会党に任せ、与党・自民党はまだそこそこのリアリズムを保持していたのがこれでよくわかる。

しかし既に詳述したように、七〇年代後半に入ると国際社会をめぐる経済情勢は一変、先進諸国の財政は赤字トレンドに見舞われ、福祉国家どころの騒ぎではなくなっていった。イギリスではサッチャー（七九年）、アメリカではレーガン（八〇年）のいわゆる「新自由主義政権」が誕生、日本でも二年遅れて中曽根康弘（八二年）が追随する。八〇年、初の衆参両院同日選挙で自民党が圧勝、保革伯仲が終焉《しゅうえん》を迎えるや、もはや大した阻害要因は見当たらず、その意味でも新自由主義の環境は整っていった。

「日本は『福祉国家』になどなっていないのに『福祉国家』を批判する流行がつくりだされ」（正村二〇〇〇）、「福祉元年」宣言から一〇年もたたずに「福祉の見直し」が世の流行になっていく。家庭の扶助を中心に自助努力を促す「日本型福祉社会」をキーワードに、八二年以降は老人医療費無料化の廃止、基礎年金の導入による年金の二階建て化等々、それまでの社会保障拡大路線が急転換、以後はそこから一直線で現在に至っている。

ただここに、忘れてはならない日本的要素が存在した。結果的にそれが防波堤となり、英米に吹き荒れた新自由主義の嵐を、バブル崩壊の九〇年代初頭までは押し戻してくれたのである。

それを宮本太郎（比較政治・福祉政策）の言葉で要約すれば、「官僚制が業界や企業を保護し、企業が男性稼ぎ主の雇用を保障し、男性稼ぎ主が妻と子どもを養うというかたち」（宮本編 二〇一〇）だったということになる。「会社、家族といった『見えない社会保障』の存在」（広井良典〈公共政策・科学哲学》」（星　二〇〇六）にかなりの部分をおんぶしていたと言い換えてもいい。

進歩的文化人はこの「見えない社会保障」を酷評しがちだが、家庭への女性の押しつけを別にすれば、官僚・業界・企業が一体となって結果的に雇用を守ってきた、厚い中間層（新中間層）を保持してきた、社会を安定的なものにしてきたという効用を決して軽視してはならないと私は考える。それがゆえに、日本社会は新自由主義の殺伐とした社会から一〇年以上遅れることができたのではなかったか、バブルの崩壊までは。なお、そこからコイズミに至る道程は論述済みにつき割愛する。

「古き良き」八〇年代までは、（いくら進歩的知識人が非難しようとも）その時々の政治的意図と利益保持とからパッチワーク状の社会保障制度を築いてきた為政者たち、彼らもそれなりに頑張った面があったし、何だかんだとアメリカからの横やりを食らった旧大蔵省や旧通産省の官僚たちも知恵を絞って抵抗、守るべきものは最低限死守するというスタンスで日本社会を「防衛」してきた。だが、その官僚たちもいつしか切り崩される。森田実（政治評論家）によればこんな風にであったという。

最初の段階では、自民党の政治家が、日本の国益を懸けて頑張り抜いている官僚たちの邪魔《じゃま》をし始めたのです。頑強な日本の官僚に手を焼いたアメリカが、日本の政界に手を回し、政治家が官僚に圧力をかけるようになった。政治家のほうが、一歩早く従米主義に堕したのです。（中略）90年代前半期を通じて官僚の力が急激に衰えます。国益のためにアメリカに対して言うべきことを言う気概を持った官僚が激減し、おとなしい体制順応型官僚が増えてきた。（森田・副島　二〇〇六）

この「対米従属」と「社会保障費の削減」は無縁どころか大いにリンクしているが、これまた第一章で論じ尽くしたから、繰り返すのは避けよう。「日米構造協議」により「九五年から一三年間で六三〇兆円の、約束させられた公共投資」を、とんでもない「年次改革要望書」ともども思い出していただければいい。結果、「九七年以降の日本経済のお金の流れは、このような公共事業という『ブラックホール』に吸い込まれては、雲散霧消してしまった」（土居丈朗〈財政学〉）（土居　二〇〇二）という無残な状況を呈し、財政逼迫《ひっぱく》→財政再建→社会保障費削減というおなじみの路線をひた走ることとなったのだ。

そうした状況下、本来なら社会保障「必要悪派」への対抗勢力であるべき社民党・共産党、そしておなじみの進歩的知識人たちは、「弱者を守れ」式の誰も反対できない「まことに正しいお題目」、すなわち〈絶対善〉を十年一日のごとく唱和してはアリバイ証明にふけるだけで、発言の現場的実効性にはとんと関心がなかったから、子供の使いにもなりはしなかった。

内田　（前略）55年体制っていうのは、自民党が本音の政党で、社共が建て前の政党だった。建て前だから整合的なことを言っているんだけれど、ちっとも心に響かないっていう。

高橋　福島瑞穂か。

（内田樹〈思想家〉・高橋源一郎〈作家〉）（内田・高橋　二〇一〇）

この種の「絶対善派」による「良識派カマトト社会保障論」。あんな調子で空理空論に浸っているからダメなんだ、ああいう連中が財政面でも日本を滅ぼすんだと「遅れてきた新自由主義」から格好の餌食にされていたのは言うまでもない。

こうした愚に陥らないためにも、我々国民は、エグい現実をベースに「生活リアリズム」という唯一のツールを駆使し、「経済成長至上主義」の切り崩しにかかるしか手はない。間違っても、行政サイドが聞き流せる「あるべき論」満載の「ご高説」に自己陶酔しているようなヒマはない。あの「福島瑞穂」に成り下がることだけは避けなければならない。

さてその「生活リアリズム」だが、日本社会は七〇年から九四年のたった二四年間で、高齢化率（総人口に占める六五歳以上の割合）が七％（これ以上が高齢化社会）から一四％（これ以上は高齢社会）へ倍増という、国際的にもけた外れの特殊事情を手にした。ちなみに七％から一四％へ至るのにかかる「倍加年数」で見ると、ドイツが四〇年、イギリス四六年、スウェーデン八五年、フランスが一一六年とされ（内閣府）、日本は否も応もなく世界の最前線へと一気に押し上げられた、もしくはのし上がったのがよくわかる。

高齢化率は「長寿化と少子化の関数」（上野 二〇一一）なので少子化を無視して語ることはできないが、我らが獲得した驚嘆の絶対的長寿化は世界が注視する素晴らしい現実であり、この二〇年ほどでも高齢者数は倍以上の激増を見せている（九〇年・一四四九万人→一一年・三〇七九万人）。それなのに世界最前線の栄光と困難とを正面から引き受けようとはせず、「政治」のハラが一向に据わらない。明治維新期のように、追いつき追い越せの目標がないとどうしていいかわからない。

だが、世界が追ってくる「長寿社会」へのダントツ一番乗りを誇りに諸問題を先駆的に解決してみせる、こんなやりがいのある話はそうそうないではないか。世界トップクラスの超高齢社会という「栄誉」を世界が垂涎《すいぜん》する高品質社会にまで高めなければ、先進国の名が泣くというものだろう。

ＧＤＰ何位などより、「高齢社会先進国・日本」の社会政策と行く末とを世界は注視している。いずれは自分たちも通らねばならない途《みち》なのだから。あの中国も、一一年には高齢化率九・一％（六五歳以上が約一億二千三百万人＝日本の総人口に匹敵）となって、とっくに高齢化社会へ突入、知らないうちに日本の一九八〇年と同率にまで達しているのだ。

社会保障「必要悪派」と社会保障「絶対善派」という、化石のごとき両イデオローグになど取り込まれず、第三の道のナローパス（選択肢の少ない狭い道）経由「生活リアリズム」の側から社会保障を新時代即応バージョンへとコンパクトに洗練し直していく。本来なら、考えるだけでワクワク感に浸れるような、クリエーティブな行程でなければおかしい。

本当はまたとない沃野が広がっているのに、何とかの一つ覚えのような「少子高齢化」の嘆き節ばかりで、最後に出てくるのが財政逼迫《ひっぱく》なるカネの話と、高齢者と若者を敵対させる陰謀めいた仕掛けだけとあっては、せっかくの世界初・世界一のハイパー高齢社会が宝の持ち腐れとなる。

再度確認すれば、日本のような成熟社会では、ちょっと昔の「弱者救済」（救貧）よりも「生活の安全保障」（防貧）（正村 二〇〇〇）がメインテーマとなる。だから対象範囲は予想以上に広い（するとすぐさま進歩的知識人から、「貧しい人をネグるのか」と罵声が）。

漠然とした概念からではなく、社会全体を見通す想像力と、ささやかではあれまともな生活を取り戻すための創造力・実行力、そして果敢なフロンティアスピリットで新時代の社会保障国家を目指すことが求められる。。

「（「今の日本が立ち往生している制度・政策」、そのどれもが）うまくいかないのは、銭金勘定でバラバラに取り組むみみっちい了見のせいだろう」(18)という伊藤智永（ジャーナリスト）、「公共財として必要なものは赤字でも供給すべき」（松原 二〇一二）の松原隆一郎、「現在、日本で唯一成長している医療福祉分野に政策を総動員して、賃上げを促すべきです」(19)の玄田有史（経済学）、要は現場から問えという三者共通のアンチ〈絶対善〉論の中に、「闘う社会保障論」のヒントが隠されていると思われる。この手のまったく受けそうにないコトバが最前線で市民権を得られるようにしていく、それがはじめの一歩であろう。

第五章　人口減と高齢化は否定すべき負の社会現象か

経済成長至上主義は「少子高齢化」を巧みに利用する

まるで一つの単語のように語られる「少子高齢化」。冷静に考えればすぐにわかることだが、両者には何の因果関係もない。前者は生まれてくる赤ん坊の数が激減、後者は高齢者の数が急増、「少子高齢化」とワンパッケージにされる共通要因は見当たらない。

ではなぜこれほどまで、流行語のようにもてはやされるのか。それは政治にとって両者が「困ったもの」の筆頭だからで、高齢者は生産性がなく、「経済成長」に寄与する消費も極めて少ない、そのうえ介護・医療・年金とカネを使いまくり、為政者にはただただ負担なだけ。他方、この膨大なマスを支えきれない少数かつ非力な若者群は頼りにならず、勢い口を衝《つ》いて出るのが「少子高齢化社会」への恨《うら》み節というわけだが、実のところ、「政治」はそんな慨嘆にとどまるほど柔《やわ》ではない。マイナスシンボルとしての「少子高齢化」をこれ幸いと利用して国民に刷り込み、反転攻勢、本命の消費税増税や市場原理主義貫徹に照準を向けない方がむしろ不自然というものだろう。

ここに「官邸かわら版」なる野田首相の古証文がある。インターネット時代というのは、こんな恥かき文章を永遠に残してしまうから捨て難いものがある。

胴上げの時代から肩車の時代へ

プロ野球の優勝監督の胴上げは、監督1人が舞うのを皆で支えますよね。今の社会保障制度の根幹、国民皆年金・皆保険ができた50年前の日本の人口構成では、そんな風に、支える人が一杯いました。でも今は、現役世代約3人で高齢者お1人を支えるという、言わば〝騎馬戦〟型。更に、この少子高齢化の勢いですと、いずれ1人が1人を支える比率になる。もう〝肩車〟です。肩車と胴上げでは、支え方は違うでしょ?（首相官邸オフィシャルブログ・二〇一一年一二月一四日）

消費税増税に狂奔した民主党第三代首相がそこら中で利用したのが、この手あかのついたレトリックだった。「少子高齢化」の「実害」をひたすら強調することで、消費税増税の実現へ持ち込もうという算段、なぜか大マスコミにも公認され、市民権を得ていった。

しかし、「騎馬戦型から肩車型へ」を私がレトリックと決め付けるのには訳がある。そもそもそれが現実無視の計算法に基づいたものにすぎないからだ。

騎馬戦や肩車の計算根拠は、［高齢者人口（六五歳以上）］を［生産年齢人口（一五〜六四歳）］で単純に割ったもので一見もっともらしいが、あまりにも恣意的。その理由はこうだ。

①六五歳以上が一切生産活動に従事しないことを前提としている。この層は「食べさせもらうだけ」。②逆に、生産年齢該当者には専業主婦・学生等、生産とは無関係な者も多数含まれる。③現実には、夫が自分と妻と一五歳以上の子どもと両親を支えていたりもする。それなのに、この夫は六五歳以上だけを支えるとしてカウントされる。③一四歳以下への支えがまったく無視されている。④生産年齢該当者であっても、格差社会で自分すら支えられない人が多数いる。⑤生産年齢該当者も医療保険をはじめ、社会保障関連の費用を相当に使っている。これらの初歩的な問題を抱えているからである。

それなら、［総人口］を［実際の労働力人口（一五歳以上の就業者＋積極的な求職活動をする完全失業者）］で割る方がよほど妥当性ありということになる。今後は女性の社会進出が欧米並みに進み、前期高齢者の生産活動継続も一層活発になるだろうから、ここから導き出される数値は現在の実態とそうは変わらないことが証されるはずだ。

このように、「少子高齢化の『暗い社会』」を大々的にキャンペーンしたがる向きは、事態の客観的凝視といった仮面の裏に、真の意図を隠している点を見過ごしてはならない。

すなわち、彼らがイメージする「暗い社会」払拭《ふっしょく》の途《みち》はこうだ。

①「成長」をひたすら求め「豊かさ」を取り戻す（経済成長こそがすべての課題を解決する！）。②その「豊かさ」とは世界の名目GDPランキングでトップクラスに位置すること。③そのためには新自由主義を全開にし、小さな政府・規制緩和・供給サイドの強化に邁進《まいしん》する必要がある。④そうした至上命題のなか、「豊かさ」志向の足を引っ張る負の存在、その筆頭は高齢者。よって、社会保障の低給付・高負担化へ向け急ハンドルを切るべき。⑤その「豊かさ」実現のためには、非正規雇用の増大など構ってはいられない、いや、供給サイドにあってはその方向こそ望ましい。⑥格差拡大など何でもないどころか、これぞ優勝劣敗理念が貫徹された証左で大変にウエルカム。⑦財政上、消費税増税・法人税減税は即実行すべき。⑧結果、中国を見返せる経済・軍事大国へ。

佐和隆光（計量経済学）は、阪神・淡路大震災の直後に初来日したジャン・ボードリヤール（フランスの社会学者）が、「日本という国が豊かなのは日本人が貧しいからだという逆説も成り立つように思える」と述べたとのエピソードを披露しつつ、その「穿った見方」の真意を以下のように解説してみせた。

都市のサラリーマンは早起きをして満員電車で片道一時間あまりの通勤（痛勤）、そして残業。週末は疲労困憊《こんぱい》に子供の受験などが加わり、家族団らんなどとても無理……。これこそが「日本」を豊にし、「日本人」を貧しくしているということではないかと。そのうえで、以下のように駄目を押す。

欧米の理想主義を逆転させた「国が豊かになってはじめて、一人ひとりの個人が豊かになる」というのが、日本人にとっての「豊かさ」モデルであり、欧米のモデル「国が豊かになるためには、一人ひとりの個人が豊かでなければならない」が仮に真だとするならば、いつになっても日本人は「真の豊かさ」を手に入れることはできない、という憂鬱な結論にたどり着かざるを得ない。(佐和・浅田 二〇〇一)

これに浜矩子の次の見解をオンすると、現実味は一層増す。彼女は、日本のような「成熟社会」にトンチンカンな成長至上主義を持ち込む愚を痛罵していく。

(前略)いまや日本は世界に冠たる債権大国だ。成熟経済である。日本ほどの社会資本の充実ぶりは、グローバル世間広しといえども、そうは見当たらない。

(前略)ここまで、それこそ「富の創出」が進み、完成度が高まった成熟経済が、ゼロからの再発進時のように成長するわけがない。(中略)すっかり大人になったのに、いつまで経っても背が伸び続けるのは一種の病気だ。(浜 二〇一三)

それを念頭に安倍政権が設置した「産業競争力会議・第一回議事録」なるものを見てみると、コイズミカイカクの残党である竹中平蔵が相も変わらぬ思い付きを開陳していて、心底驚かされる。

ターゲティングポリシーについては、骨太なターゲティングが必要。これまでとは景色を変えるようなものであるべき。例えば、（中略）世界の都市総合力ランキングで、東京を万年4位から2位、3位にするといった明確な目標を掲げるべき。こうした目標の下で、オリンピックの招致や、東京と羽田を新幹線で結ぶといったことを進めていけばどうか。（後略）（1）

たとえ国民がそう考えてはいないにせよ、日本は紛れもない世界有数の成熟社会であり、いわゆる旧来型公共事業インフラは既にトップクラス、その点では実に豊かである（もちろん、橋梁や堤防や高速道路の大規模補修、学校・病院等公共建物の耐震化など修理・修繕は別として）。にもかかわらず、人々が「豊かさ」をまったくといっていいほど実感できていないのは万人の認めるところ。それはそうだろう、昼はワンコインランチもしくはそれ以下、連休やお盆は大渋滞、一階は狭い駐車場と玄関だけというペンシル型三階建て狭小住宅への長期住宅ローン、お受験狂想曲、偏差値信仰等々、「豊かさ」とは程遠い。これだけでも、西欧の先進国には見られない厳しさ、寂しさだと思われる

そこへ共働きの若夫婦には保育所問題がかぶり、団塊の世代以下には親の介護がのしかかる。そして当然のことながら、医療環境の窮迫ぶりは全世代へと関係してくる。

しかも非正規雇用と格差、そして自殺者急増という山田昌弘（社会学）命名の「一九九八年問題」（山田・塚崎 二〇一二）が高じて、成熟社会の中に貧困スポットがいくつもできてしまっている。そのことが結婚ひいては出産に影響を与え、少子化の主因になっているというプロセス、つまりは時代錯誤でピンズレの「経済成長至上主義」こそが、政府自ら困ったものと見なす「少子化」を生んでしまうという逆説的現象を招くのだが、それは後ほど述べよう。

そんなことには関心も興味もない件《くだん》の竹中、東海道新幹線の広大な車両基地が羽田空港近くの大井

にあると聞きかじり、延伸して東京・羽田間に新幹線をとくる。根っからの公共事業体質に基づく浅知恵がそう叫ばせるのだろうが、京浜急行や東京モノレールが山手線接続駅からものの二〇分もかからずに羽田まで着いてしまう時代なのに、新幹線であと何分縮めれば気が済むというのか。

いやそうしたことより、所要時間一〇分の新幹線を建設することに意義ありとの、サプライサイド最優先の信仰が躍り出ているだけのことにすぎない。この新幹線構想に人間（利用者サイド）が毫《ごう》も登場しないのがこの種のイデオローグの特徴で、東京・羽田のショート新幹線で人間の何が「豊か」になるのかはさっぱり明らかにされないのだ。

またこの竹中、政府の産業競争力会議で、都営交通の二四時間化まで求めている。当時の猪瀬都知事も同調、本当に手に負えない面々だ。

國分功一（哲学）（前略）いわゆる「新自由主義」的な思考というのは、大量の情報や要素を一度に考えることができない学者のための思考法だと思うんです。（中略）「競争」がブラックボックスになっていて、それを通すと最適解が出てくることになっている。抽象的なんです。思考が抽象的だということは、考えている要素の数が少ないということです。（中沢・國分 二〇一三）

しょせんは竹中レベルのものでしかない「経済成長至上主義」の「豊かさ」希求におめおめと乗せられた日には、国民の真の「豊かさ」はますます正反対の方向へと引っ張り込まれ、その結果、旧に倍して要請されることになるだろう社会保障が、自助の補助程度でご苦労さんにまでおとしめられていく。であるからこそこれからは、もう十分手にした定量的「成長」から、日本人が最も苦手とする、目には見えない定性的「成熟」へと知恵をシフトさせるべき時なのだ。

現在の追い詰められた閉塞《へいそく》情況をいったん離れ、日本文化の伝統的な作法に思いを致せば、数値目標とは縁なき質的深化の方が本当のところ日本人には合っているのかもしれない、そう思うのは私だけだろうか。明治維新からそろそろ一五〇年、世界も驚く近代化でこの地点まで到達したのに、いつまでも「坂の上の雲」ではあるまい。そんな分岐点に今いるのだと思われる。

「少子高齢化」が抱える閉塞《へいそく》を内部から溶融していくつらさに耐えられず、二流国に落ちてたまるか、中国・韓国にバカにされてたまるか、それには最強の国へ……。あの「経済成長至上主義」がネオコンという「政治」と結び付く時、その先に何がくるかはもう語る必要もないだろう。

年金で世代間対立を煽るには格好の「団塊悪玉論」

ところであの騎馬戦型や肩車型の例え、これがよく利用されたのは主に年金問題に対してだった。日本の現行年金制度は若い時に積み立て老後に受け取る「積立方式」ではなく、現役世代の保険料で受給者を支えさせる「賦課方式」だから、肩車型のレトリックが妙に説得力を帯びてくる。

それゆえ、今後は「積立方式」へ移行すべしと主張する慌て者が出てくるわけだが、大半の国が「賦課方式」というだけでなく、賦課から積立への移行など至難の業《わざ》だし、何よりそもそもの話、上野千鶴子（社会学）のいう「（積立方式が＝引用者註）『賦課方式』に変わったのは、元本に手をつけてそれを積みくずしていった政府の無策のせいである」（上野 二〇〇七）という意外な歴史的事実にも我々は直面させられる。

これを盛山《せいやま》和夫（社会学）に言わせれば、「実は、日本の年金制度は厳密には賦課方式でもなければ積立方式でもない形で出発した。そのことは、年金保険料の徴収のしかたと老後の年金の支給のしかたについての計算式をみれば明らかである」（盛山 二〇〇七）となる。

（前略）重要なことは、包括的な年金制度の立ち上げ時に、きわめていい加減な政治的配慮がなされたことである。（中略）立ち上がり時の保険料は安く、そして給付乗率はかなり高めに設定したのである。そうしたとしても、当初の年金財政には何ら問題はなかった。なぜなら、当初は年金を受け取る高齢者の既加入期間が短いので年金支給総額が少なくてすんだのに対して、現役世代からはどんどん保険料が入ってきたからである。徴収された保険料は貯まる一方であり、それは財政投融資の原資となったり、「厚生年金会館」や「厚生年金積立金による補助金」としてさまざまに大盤振舞いされていったのである。（盛山　二〇〇七）

しかし、盛山の話はこの入口にはとどまらない。現行年金制度が行き詰まっているのは「賦課方式」が根因という「誤解」に向けては、「一九七三年（福祉元年＝引用者註）のスキームは積立方式だったとしても維持できないもの」、そしてもう一つの「誤解」である「少子高齢化が予想以上に進行したから」に対しては、「これは、一九七〇年代における年金の制度設計の誤りの責任を他に転嫁する言い訳だが、その言い訳は通らない」と快刀乱麻を断つで突き放す。年金の行き詰まりは、何を措《お》いても「一九七三年の改正をピークに、少ない拠出（保険料＝引用者註）で多額の年金受給を約束する形の制度ができあがってしまった」（以上、盛山二〇〇七）以外には考えられないということである。(2)

そもそも年金というジャンルほどシンプルなものはない。介護・医療・子育て・雇用といった複雑な現場を抱えている、しかも社会状況の激変によって影響を受けやすい分野とは大きく違い、それこそ人口推移等の統計データをベースに机上の計算でも十分対処できる「制度設計」にすぎないということ。それを考えれば「百年安心プラン」と宣言した年金制度が三〇年しかもたないなど本来あり得ないことなのだ。人口推移など数十年先まで読めるわけだから、狂いが生じるとしたら「政治」が関与したためとしか考えようがない。

年金スタート時は余剰資金がジャブジャブ、だから当時の厚生官僚はウハウハ、とんでもないことに使いまくったとの話には事欠かないが、年金問題追及に先鞭《せんべん》をつけた一人、岩瀬達哉（ジャーナリスト）が二〇〇二年当時に発表した著書は、大きな反響を呼んだ。長い引用をするだけの価値がある。

（前略）戦前の厚生年金保険課長で、厚生年金の前身、労働者年金保険法を起案した花澤武夫氏が証言している。「いよいよこの法律ができるということになった時、すぐに考えたのは、この膨大な資金の運用ですね。これをどうする。（中略）（厚生年金の掛け金は）何十兆円もあるから、一流の銀行だってかなわない。これを厚生年金保険基金とか財団とかいうものを作って、その理事長というのは、日銀の総裁ぐらいの力がある。そうすると、厚生省の連中がＯＢになった時の勤め口に困らない。何千人だって大丈夫だ」。「（前略）すぐに団体を作って、政府のやる福祉施設を肩替りする。……そして年金保険の掛け金を直接持ってきて運営すれば、年金を払うのは先のことだから、今のうち、どんどん使ってしまっても構わない。（中略）二十年先まで大事に持っていても貨幣価値が下がってしまう。だからどんどん運用して活用したほうがいい。何しろ集まる金が雪ダルマみたいにどんどん大きくなって、将来みんなに支払う時に金が払えなくなったら賦課式にしてしまえばいいのだから、それまでの間にせっせと使ってしまえ」（岩瀬 二〇〇三）

案の定、勘定科目を移し替えつつ最終的には、「厚生年金病院をはじめ、厚生年金会館、健康福祉センター（サンピア）、社会保険センター、大規模年金保養基地（グリーンピア）といった全国二八九の施設が建設されてきた」、そして「一九六一年から二〇〇二年までの四一年間で現役の年金官僚たちによって掠め取られ、失われた厚生年金と国民年金の掛け金の試算総額は、私が『年金特別会計』から拾い出した限りでも、約九兆四〇〇〇億円にものぼる」（岩瀬 二〇〇三）とされる。

うだつの上がらなかった旧厚生省が、業界と接点のある官庁の中で一気にメイン官庁へと上り詰めたのも、この経緯を聞けば納得できよう。しかも前述のように「年金」は制度だけのため、最強の族といわれた厚生族が介在する余地も少なく、厚労官僚がほぼ独占できる。こうした利権を反映して、旧厚生省内の官僚序列にも大きな異変が生じていったのだった。

「今は、保険局が出世コースになっています。（中略）会社にたとえれば、事務次官が社長、社会保険庁長官が副社長、保険局長が専務というところでしょう。外局の社会保険庁がその他の内局よりも力が強いのは、年金と医療保険事業を掌握しているからです」（傍点引用者）(3)

〇七年の流行語大賞にも輝き、日本中が大騒ぎとなった「消えた年金」問題、それ自体は「五〇〇〇万件ともいわれる誰のものかわからない該当者不明の年金記録漏れ」（『現代用語の基礎知識』）を示すのだが、上記を勘案すれば、厚労省によって犯罪的ともいえる形で滅失された年金もまた「消えた＝消させられた」に含めるべきだということが見えてくる。

ここまで来れば、あの「騎馬戦型」→「肩車型」のレトリックを「はいそうですか」と素直に受け入れる人間もかなり減ってくると思われるが、それでもまだ「団塊世代が最後の食い逃げ世代」という世代間分断策だけは使えると考えるのか、団塊ケシカラン論は現在でもやたらとかまびすしい。

社会保障の専門家、吉田啓志（ジャーナリスト）がきりりと指摘するように、年金の「世代間不公平論」は「納めた保険料に対し、老後にいくらの年金を受けられるのかについて、高齢世代ほど有利な点をことさらに強調し、現役世代を『自分の老後は自分で面倒を』という自己責任論に誘導する論法」(4)であるのは明らかなのに、それにまんまと乗せられる若者が多いから困ったものだ。

しかし冷静に考えればわかるように、まだそこそこ経済がよかった時代に我々団塊がきちんとつぎ込んできた賦課金を享受したのはいったい誰だったのかということになる。それは若いころ─制度がなかったために─年金を納めてこなかった世代……。だが、こうした不毛な世代間対立に巻き込まれるのはもうよそう。その時に年金を受給したお年寄りは戦争で大変な苦労をした、その後の世代は焼け跡から高度成長への道程で大変な貢献をした、要はぐるぐる回りの循環にすぎないということだ。それが、団塊だけは目の敵、ではやっていられない。

何かと嫌われる我々団塊の世代──私は昭和二一年生まれだが、小学校の二部授業や中学の一学年四五〇人経験からして、明らかに団塊世代の先頭と自認しており、発案者の堺屋太一に区分まで従うことはない──、人数は多いし態度はでかい、自己主張も強い、そして実際そんなことはないのだが、妙に全共闘体験をひけらかすと言われる──内的にそこをくぐってこなかった人間に限ってそうした傾向を示すのは確か。若手が当時を知らないのをいいことに──。まあそんな具合だから、世代間対立へ持ち込みたい勢力にとっては悪役最適合とマーキングされやすいわけで、そこへ閉塞《へいそく》感に苛《さいな》まれる一部の若者が合流、あんな団塊を肩車するなんて御免蒙《こうむ》るといった具合にストーリーが展開されていく。だが、そんな安っぽいプロパガンダに乗っていると、最後に笑うのは誰かということも考えておいた方がいい。

しきりに流布される「団塊はいい目にあった最後の世代」説のずれまくりは、我々体験者がいちばんよく知っている。我々がまだ若手だった時代に部長クラス以上の世代は超恵まれ層、課長クラスの世代もまあまあの恵まれ層、そして我々は、高度成長の最終時期、わずかばかりのおこぼれにあずかったとはいえ、そろそろ部長か下級役員かという時に九七年の第二次金融危機がきてとんでもない局面に。私自身もリストラの実務総責任者として先頭に立ち、その後は乗り込んできたメインバンクの人間と対立して五〇代前半で退職している。

まあそんな私的繰り言はともかく、この際だから、団塊が今後の経済社会や社会保障に及ぼす影響も含め、もう少しこの「嫌われ者大集団」を見ておくとしよう。まずは団塊世代の梶原英之（ジャーナリスト）説から。

> 団塊世代は大して偉くならなかったので気は若い。相当数が七十歳くらいまでふつうに働く、初めての世代になるだろう。数が多いだけに、その趨勢は日本経済に影響を与えていく。（梶原 二〇一一）

梶原は、広義の団塊一千万人、配偶者と子どもを合計して三千万人ほどの集団の帰趨《きすう》が「消費」へ多大な影響を及ぼすと考え、これら大集団「団塊」の活用に強い期待を寄せる。だが、そう固く考えることはない。そんなことをすれば、前期高齢者版の「経済成長至上主義」に陥りかねない。それは団塊が体質的にもっとも嫌う部分である。

もともと団塊世代のサラリーマン生活には最初から「ポストレスエイジ」（上野千鶴子）の属性がつきまとっていたし、いざ定年まであと一〇年という段階で大リストラや賃金カットに遭遇、有終の美どころの騒ぎではなかった。ただ、それをマイナスと考えるわけでもなく、これもまた人生、そうした虚無的明るさが昔から身についてはいる。そして「戦後初めて、遊ぶことに罪悪感を持たない世代」「人生は壮大なヒマつぶし。同じヒマなら豊かにつぶしたい」（上野 二〇〇五）もあながち大げさとはいえない。

しかし、こうした団塊の吹っ切れた精神を逆なでするような薄汚い政策が安倍政権から打ち出された。いわゆる「孫への教育資金一括贈与の非課税措置」がそれで、一五年末までの期間限定らしい。要は「孫名義の金融口座に預け入れ、孫が30歳になるまで学校の入学金や授業料などに使うと（贈与税が）非課税の対象になる」（以上5）という何ともしみったれた代物。スタートから二カ月ちょっとで七百億円超の申し込みが信託銀行にあったというから、やはり世の中狂っている。

こんなものは、しょせんカネのある家庭限定の話で、そこへ重点的に節税なる優遇措置を行うだけのこと。山田昌弘が言うように、「親が豊かな人は甘えっぱなし。親が豊かじゃない人は諦める。そんな社会に発展はないと思いますね」（5）がまともな意見といえよう。まさにかの「経済成長至上主義」がやりそうな品のないアイディアであり、これがまた格差を誘発するに至るのだが、人間に対する繊細な神経を最初から持ち合わせぬアベノミクスにあっては、そうしたことなど顧慮されるはずもない。

ただ、もし上記七百億円のなかに、やに下がった団塊祖父母のそれが含まれているのなら、風上にも置けぬ輩《やから》と切り捨てるしかない。だいいち、やっていることが不潔っぽいではないか。

若いころ私が最も大きな影響を受けた吉本隆明は、団塊世代について生前こう語っていた。

> 僕が考えるに、団塊の特徴は無党派性ですね。古典的左翼の党派性をぶっ壊したのは大きな功績です。それまでは党派やイデオロギーで人を分けてましたが、彼らはそれに反抗した。良いことでしたよ。
>
> 「団塊は体制に組み込まれた」なんて言いますが、そうじゃない。彼らは「体制–反体制」「善玉–悪玉」という古い考えを壊そうとしてきたから、はなから「体制に入った」って意識はないでしょ。（6）

広義の団塊を一千万人とすると、総人口の約八%、それも先頭がまだ六八歳くらい。幸いにして要介護者にならなければ、少なくとも「肩車」や「おんぶ」のお世話を受けずにあと一〇年くらいは「ニューシルバー」(上野千鶴子)としてやっていけるだろう。介護が必要になれば堂々と看てもらえばいいだけのことで、遠慮はいらない。吉本の言うように二分法が大嫌いな種族だから、パラダイムの転換というブレークスルー(=壁を打ち破っての前進)なぞお手のもの。個人個人が「豊か」になれるよう、天敵の「経済成長至上主義」を相手に老人力を発揮するし、社会保障分野にもそれこそ「闘い」のファクターを投入することで、それをショボくとも活き活きしたものへとモデルチェンジさせていける。もちろん、ワーキングプアの若者たちとも連携をとりながら。

特にリタイア組としてヒマを持て余している団塊のオッサン、家にはどうせ居場所がないのだから、最後のご奉公で一旗揚げてみてはどうか。上野千鶴子センセイはそうした男たちに向け、「何とかとハサミは使いよう」(上野 二〇〇五)と檄を飛ばしておられる。吉本は吉本で、「団塊の一般の人も同じで、この先、天皇制など日本の本質的な問題をどれだけ考え、社会に還元できるかにかかってくると思いますね」(6)と。吉本の言うほど高尚ではなくとも、「〇〇を社会に還元する」が団塊の重大な役目であるのは間違いがない。

そうそう、本来なら、団塊世代が先頭に立ってあの〈原子力ムラ〉にも一撃を食らわせなければならない。我々老残の利害からではなく、若者や子供・赤ん坊のために。ただ、団塊の動きの鈍さはどうしたことだろう。全共闘世代なのだから、「原子力ムラ」の村民に一発「自己否定」を突きつけたらどうか。忸怩《じくじ》たる思いの私自身も、本篇を脱稿した暁には具体的行動へと打って出るつもりだ。

ただその前に、『介護は配偶者に…』男性54% 女性26% 団塊世代の意識調査」(7)のようなバカさ加減から何とか身を律していかないと、「老人力」のフルスロットルで社会還元!どころの騒ぎではなくなってしまう。もういい年なのだから、「連帯を求めて孤立を恐れず」など気取ってみても始まらないが、つまらない仲良しクラブにはおさらばし、それこそ孤立を恐れず若者と連帯する、彼らの支援に一肌脱ぐ、それくらいの矜持《きょうじ》があってもいい。

一千万人の大集団と「孤立」する非正規雇用者との「連帯」、もし実現すれば「政治」にとっては相当に気味の悪いものになると思われる。そのためにも、「闘う社会保障」はぜひとも必要だ。

もちろんその前に、団塊同士の助け合いにも精を出さないといけない。それは若者への負担を少しでも少なくすることにつながる。企業をリタイアした者どもが、今度は百年の計の「社会保障国家プロジェクト」に取り組んでいく。そう聞けば、胸が高鳴る理屈っぽい団塊も少なくないはずだ。

年金のトンデモ「第3号被保険者」制度を俎上に

年金の話をさらに進める前に、社会保険（民間保険とは違い生活保障の意味合いを持つ強制加入保険）の中でも年金だけが具有する皮肉な性格に触れておく必要がある。年金の専門家・駒村康平（経済政策論）によればこうなる。

予測以上に長生きして老後の生活費が足りなくなってしまうということが年金のカバーする「リスク」である。したがって、予測以上に長生きした人は年金では「不幸な人」（保険事故にあった人）になる。（駒村　二〇〇三）

社会保障の中心は社会保険、とりわけ年金は社会保障全給付費の約五〇％を占めるし、医療・介護保険等の現物給付（サービス給付）とは違って金銭給付（現金給付）という断トツのインパクトを持っているのに、幸福（長生き）を「リスク」と見なす逆説性だけは結構見落とされている。長寿という「リスク」を保険でカバーしてもらうことへのありがたみが認識されていれば、それを後ろ盾に社会貢献を試みるゆとりも生まれてくるというものであろう。

この年金、前述のごとく制度そのものだから、「消えた年金」のようなトピックスでも生じなければ無味乾燥な対象のままだが、一点だけ、年金制度にも生々しい部分、もしくは、ぜひとも社会と切り結ばせなければならないえぐい部分が存在する。

その代表格が「第3号被保険者」問題というあまりに地味なもの。ほじくり返されぬよう、いつも姿勢を低くしてといった官民合同の意図が裏で働いているためか、一般には話題にもならない。とんでもない恩恵を受けている受給者本人に自覚がほとんどないという点も、この問題を特徴づけている。

二〇歳以上六〇歳未満の日本在住者全員に国民年金（いわゆる一階部分の基礎年金）の加入義務が課せられているのは周知のところだが（加入者数約六千八百万人）、企業等の勤め人は厚生年金、公務員等は共済年金という風に、いわゆる二階部分が基礎年金の上に乗っている。これは、一九八六年からの改正で基礎年金が創設されて以降のことだ。

そしてそこで生まれた「第1号被保険者」（保険料を定額で負担）が自営業者夫婦や学生、それにリタイアして厚生年金からはずれた夫やその専業主婦等（約一千九百万人）を指し、「第2号被保険者」（保険料を所得比例で負担）が上記厚生年金・共済年金対応の勤め人本人（約三千九百万人）を指す。そこまではいいとして、不可解なのが「第3号被保険者」（私流に言えば年金保険料特別免除者）の約一千万人であり、その定義は以下のようなものである。

国民年金の加入者のうち、厚生年金、共済組合に加入している第2号被保険者に扶養されている20

歳以上60歳未満の配偶者（年収が130万円未満の人）を第3号被保険者といいます。保険料は、配偶者が加入している厚生年金や共済組合が一括して負担しますので、個別に納める必要はありません。
（傍点引用者）（日本年金機構のＨＰより）

一読気づくように、「3号」には多くの問題点が内包されている。八六年の改定実施以前は、専業主婦である妻名義の保険がなく、離婚した場合に大変困る、改定はそれを解消するためだったというメリットを勘案してもである。

その問題点を列記する前に、まず大前提として確認しておくべきことがある。第2号被保険者が支払う保険料は、給料が同一なら既婚者でも独身者でも同額であるという点。つまり、夫（または妻）はびた一文も妻（または夫）の保険料を払っていないという点がそれだ。

そこでまず第一の問題点から。保険料を支払っていない専業主婦（専業主夫もあるがここでは割愛）の分を誰が負担しているのかということ。答えは「第3号被保険者の保険料分は、その夫と共働き、独身者といったサラリーマン全体で負担する仕組みになっている」、だから「働いている女性被保険者が国民年金第3号被保険者制度のために受けている負担（損害＝引用者註）は（もちろん）あるが、むしろ第3号被保険者制度でもっとも負担をしているのは、共働き世帯グループである」（以上、駒村　二〇〇三）ということになる。この逆進性をどう考えるべきか。

次に第二の問題点。もし「第2号」の夫が死亡した場合、一銭の保険料も負担してこなかった「第3号」の妻に遺族年金（遺族厚生年金・遺族共済年金）が支給される。「専業主婦を抱えている被雇用者の夫たちは、大企業勤務のサラリーマンたち、つまりシングルインカムで一家を養うことのできる高経済階層にほぼ集中している」（上野　二〇〇五）こともあり、定年以前に憤懣《ふんまん》退職した筆者（阿部）

などの年金を優に上回るびっくりするほどの額を専業主婦（根っからの専業主婦と「寿《ことぶき》退社」経由等の専業主婦）が受け取るケースが多々生まれているのだ。

そして第三は、「いわゆる『百三〇万円の壁』といわれるもの」。働きに出る第3号被保険者の収入が一三〇万円未満なら、夫の扶養家族であるとして政府管掌の社会保険料（健康保険や年金の保険料）は免除、ゆえに上限一三〇万円を超えてはならじと、専業主婦はパート勤務の就労調整に奔走する（これらの人々を上野は「見なし専業主婦」と命名）。こうした社会保険の定める年収基準の結果、就労調整行為（確定申告対象最終月の一二月が象徴的）がパートの賃金相場を下げるだけでなく、企業は賃金が安く社会保険負担の不要なパート採用に好んで向かうという悪影響を労働環境にもたらす。これが既婚女性の「非正規雇用」をますますドライブするので、上野千鶴子指摘のように、「第3号」は「企業に優しい政策」にもなってくるわけなのだ。

また、日本的な「内助の功」思想を露骨に反映する「一〇三万円の壁」（配偶者控除＝六一年創設）も同時に健在である（給与所得一〇三万円－所得の必要経費六五万円－基礎控除三八万円＝ゼロで妻は非課税。夫も三八万円の配偶者控除を受けられる）。

「高収入の男性ほど配偶者控除の適用者が多く、還付額も多い」「結果として格差を拡大させる逆進性の高い制度」（山田昌弘）(8)という面は、決してはずしてならない重大なポイントである。

第四の問題は、商店主・専業農家・開業医・フリーランスなどの自営業や非正規雇用者の妻、彼女たちは夫が「第1号被保険者」であるため当然「第3号」の優遇措置対象外であるばかりか、彼女自身も「第1号」として保険料を払う義務を負わされている。よって専業主婦にも二タイプ、個人単位の自営業等の妻と世帯単位の正規雇用サラリーマンの妻があるわけで、この差を差別と言わずして何と表現すべきか、となる。またこれと同様のことが、健康保険、介護保険にまで及んでいるのを忘れてはならない。「正社員―専業主婦の家庭より、非正規社員―専業主婦の家庭の方が生活が苦しいに決まっている。非正規社員家庭は、それに追い打ちをかけるように、無職の妻への年金保険料の納付義務がかかってくるのだ」（山田 二〇一二）と山田昌弘は厳しく糾弾している。

この「第3号」制度、『専業主婦優遇』というのはウソで、形を変えた男性正社員優遇制度」（山田 二〇一二）、しかも高収入の、という点も忘れてはならない。

では第五の問題点へいこう。私のように企業を退職し、読書や資料調べで昼間のファミリーレストランを頻繁に利用する身には日常茶飯事なのだが、平日の十一時半から十五時くらいのデニーズやロイヤルホストやジョナサン等は「第3号」（推測！）の主婦で溢れ返り、ワハハ・ソウソウソウの大合唱が店内に響き渡る、そんな光景が、週末以外連日展開される。真昼の宴会ともいえる天下太平ぶりには、当初度胆《どぎも》を抜かれたものだ。

恐らく彼女らは「一〇三万円」や「一三〇万円」の「壁」にすら無縁な種族で、第3号被保険者享受の典型であろう。この国はいったいどうなっているんだと、その都度複雑な気持ちになる。高齢者の非生産性を言う前に、私が名付け親の「ファミレスおばさん」、その高等遊民主婦たちを何とかしようよと。団塊とほぼ同数の一千万人に及ぶ「第3号」、もちろんこの中には一部の団塊世代が重複して含まれているにしてもである。

そして、最後に第六の問題点。高等遊民的専業主婦からは「家事労働を無償のものと見るのか」との開き直りがあると聞くが、何言っちゃってんのの世界ではないか。共働き（本当なら昔のように生々しく「共稼ぎ」と言いたい）の夫婦は保育園へ子供を送り迎えし、フルタイムの仕事から帰って夕食を作りと、「ファミレスおばさん」にはわからないわずかな私的時間を懸命にやりくりし、家事をこなしているではないか。

「この人たちを、なぜ『三号』と呼ぶかというと、『正妻さんなのに二号というわけにはいくめぇ』と笑い話を、大沢真理さんが披露してくれた」（上野 二〇〇五）。この理不尽な現状へのせめてものうっぷん晴らしとして、紹介しておく。

ところでかくも興味深い「第3号」、その成立の背景についてだが、既に七〇年代後半から検討が始まった西欧型福祉国家の見直しと、第二次臨時行政調査会をバックとする自民党の先祖返り——家庭＝女性を「社会福祉の含み資産」と位置付ける復古調「日本型福祉社会」の実行、そして八三年末の総選挙で自民党が単独過半数割れという結党以来の地滑り的大敗を喫し、票田はもはや農業よりサラリーマンと大転換を余儀なくされた結果の苦肉の策、それらの集大成が「第3号」の成立を促した点をここで銘記しておく必要があろう。既述のように「3号」だけで一千万人という気の遠くなるような大集団、それに加え、その夫も敵に回した分には選挙戦で勝負にならないからだ。

ここへ社会学的事実を一つ付け加えれば、「維持できなくなってきた戦後家族モデルの延命を図るための政策であった」（山田 二〇〇五）という点もまた、「第3号」成立の重要な背景を成していたといっていい。もちろんのこと、「福祉の含み資産」としての家庭を何とか維持させるために。

今や正当性のかけらも見当たらない「第3号問題」で寝た子を起こされるくらいなら、団塊世代を悪者に仕立てておく方が作戦としてはよほど効果的、これに例の肩車論をまぶしてやれば消費税増税へのシナリオは万事順調に運ぶ。当事者ならそう企図するのがむしろ通常の神経であろう。

本書のメインテーマではない「年金」についてこれ以上紙幅を割くことはできないが、「第3号被保険者」制度に起因するこの大矛盾、ここへ正面から一気に攻め入ることなく、橋下徹のように大衆迎合の算数（給付減・個人負担増）ではぐらかすようでは、何の解決にもならない。

実態論として「年金の『タダ乗り』」（上野 二〇一一）が明らかな「第3号被保険者問題」、これをいきなり〈民〉対〈官〉でといえば聞こえはいいが、実質的には「官」に門前払いされて終わる公算が大きい。よってまずは〈民〉対〈民〉で泥臭く戦端を開き、そこから一気に政治問題化させる時期が既に到来しているというべきだろう。

樋口恵子（評論家）が、「かりに該当女性たちが第1号、自営業の主婦などと同じように保険料を払っていたらという試算をして」みたところ、「なんと発足以来の累積金額40兆円」（樋口 二〇一二）になったというからぶったまげる。ならばこの四〇兆円、いったい誰が負担してきたのか、それは言わずもがなだろうし、またたとえそれが「見なし専業主婦」（「社会福祉の含み資産」または「介護資源」〈上野二〇一一〉としての主婦）に家で介護してもらうための高～いお駄賃だったとしても、こうした愚策をいまだ継続して恥じない神経が私にはわからない。

フルタイムで働く女性や夫婦、それに国民年金の加入が義務化されている第1号被保険者らは、まずは〈民〉対〈民〉でもっと怒るべきでないのか。第3号被保険者は「日本社会の含み損」（樋口恵子の造語）でしょう、とまで過激に。

最後に重要なことをもう一点、「2階部分の厚生年金は『報酬比例』の制度であるため、高所得者ほど高い年金を受けとることになる」を見過ごしてはならない。年金には「貯蓄ないし保険的な機能」があるゆえ当たり前と言ってしまえばそれまでだが、広井良典が強調するように、年金の大前提には「『すべての高齢者に一定以上の生活を平等に保障する』という役割」があるのも間違いない。にもかかわらず、「国民年金ないし基礎年金は満額（40年加入）でも約6万6千円」（以上、広井 二〇一三）だし、他方では高額所得者の財界トップでも報酬比例の二階部分をばっちりいただく、だから厚生・共済の遺族年金までばか高くなってしまう。ここもやはり早急にヘンカクしなければならない。

日本の「少子化」は独特の社会構造に由来する

ではここで一度視点を変え、例の肩車論の一方の主役、「少子化」について見ていくとしよう。結論だけを急ぐなら、問題の根はあまりに深く、対症療法で済むほど簡単なものではないとの凡庸なところへ落着するのだろうが、本論ではそういうわけにはいかない。

昨今、ワンワードのよう決まり文句として使われることの多い「少子高齢化」だが、「少子化」と「高齢化」に何の因果関係もないことは既に触れた。まずそのことを肝に銘じ、先入観なしに「地べた目線」で現場へ歩を進めると、「少子化問題」の根因へたどり着けるかもしれないとの希望がわいてくる。家族社会学の分野で他の追随を許さぬ業績を上げ続ける山田昌弘の「少子化」アプローチ、それを私なりの加工で要約すればこうなる。（山田昌弘 二〇一二）

①「高度成長期に完成した」社会保障・福祉制度は、「とにかく、職に就いて真面目に働きさえすれば、誰でも『人並みの生活が送れる』ことを前提」に「整備されてきた」。

②しかし、「一九九八年問題」が発生。既述のように山一證券破綻に象徴される九七年の〈経済ぶち壊し〉で事態が一変する→自殺者急増（初の三万人台）、学卒就職率急減、失業率急伸、フリーター急増、離婚・できちゃった婚・児童虐待増加という社会へ突入。

③「典型的な二つのライフコース」だった、夫がモーレツ正社員で妻は銃後の専業主婦またはパート（見田宗介はこれを「近代家父長制」と名付けた〈見田・大澤 二〇一二〉）の家庭と、一家総出で働く農家や個人商店などの自営業、の社会保障想定スタイルがともに崩壊。

④非正規雇用者・ワーキングプアの急増（「新しい貧困」）→そして、今や働く者の中心層である彼らが社会保障制度の対象から漏れてしまっているという度し難い現実。

現に「パートやアルバイトなど」の非正規社員は二〇一三年七月の「就業構造基本調査」（総務省）で初めて二千万人を超え、「比率も三八・二％と過去最大を更新」(9)、願いは強くとも男女ともに結婚どころの話ではない、よって少子化は不可避が誰の目にも明らかになってきた。しかも、カップルとなった夫婦の最終的な出生子供数（「完結出生児数」）の方も、〇二年に二・二三だったものが、一〇年調査（九〇年代前半に結婚した層）では一・九六と、過去三〇年間保たれてきた安定路線が崩れ、リストラ等、将来への不安を如実に映し出したものになっている（数字は国立社会保障・人口問題研究所〈社人研〉調査）。

「第3号被保険者問題」でもそうだったように、既存の昭和的な「二つのライフコース」に寄りかかるだけでは、社会構造の激変に我が社会保障はまったく耐えることができない、だから正真正銘「穴だらけの制度」（以上、山田昌弘 二〇一二）なのだということがこれで納得されよう。

事態はコイズミ時代より一層深刻化。かの時代の産物として悪名高き「格差問題」（相対的貧困問題）などあっという間に乗り越えられて退場し、現在ではよりシビアな「貧困問題」（絶対的貧困問題）に取って代わられている。

既に詳述した「第3号被保険者」「遺族年金」等、年金制度が抱える大きな矛盾も、実は上記二タイプの「モデル家族」が崩壊したことへの不適応を反映したものにすぎないし、よく問題とされる「育児休業」問題も、（それ自体は大変重要なことであれ）一部大企業勤務女性（男性は最初から有名無実）限定の雲の上の話であることに思いを致さなければならない。

なぜなら、パートやアルバイトには育児休業など原則的に最初から無縁のユートピアで、たとえ正社員であれ、代替要員のない中小企業では非現実的。大企業の場合でも、夫が非正規雇用なら休業中の生活はまず困難等々、年金問題で触れた「正社員」というフレームワークがここでも亡霊のように漂っては現実乖離《かいり》をあざ笑っている。

ましてや、生活実態に疎い典型的封建オヤジの安倍首相が、恐らく誰かの入れ知恵をもとにこれなら大ウケとばかり言い始めた「三年だっこし放題」（育休三年）ときては、噴飯物で話にもならない。三年も浦島太郎になって変転著しい企業環境へ戻れるとでも思っているのか、それは出産＝キャリアアップの断念に等しいのではないか、待機児童解消不可を「育休三年」ですり替えるのか等々、当の女性からも悪評ふんぷんで、安倍晋三のタカ派色一掃作戦は完全に裏目と出た。何せ、安倍応援団の色合いを一層強める日本経済新聞にまで、「『3年間抱っこし放題』にも女性の社会進出を応援するというよりは『子育てはママがすべきだ』という本音が見え隠れします」(10)と見透かされる始末なのだ。

さて、上記のような状況に加え、もう一つ、極めて日本的な少子化要因に触れておかなければならない。それは山田の発見・発明による「パラサイト・シングル」に関することで、当初は若者お気楽遊民の代名詞のように使われていたこの概念も、今やどん詰まりの転落一歩手前といったニュアンスを帯び始めている。世の変転はかくも著しい。

欧米には、成人になっても親の家に居座るという風習が希薄で子供たちはまず自立して家を出ていくし、親もそれを当然と思う。そしてその子がワーキングプアの場合ならなおさら、結婚して二人で世帯を構えた方がエコノミカルと考えるのが自然の理《ことわり》。二人で住んだからといって、家賃や冷蔵庫やテレビや電気代はもちろん、食費も決して倍になりはしない。だから結婚は、家庭経済の面からも極めて合理的な選択といえる。また「非パラサイト社会という文化的条件」が備わっているため、「それまで経済的に豊かな家庭で育っても、自活するようになれば、結婚生活への期待水準は高くは」（以上、山田・塚崎 二〇一二）ならず、平気でつましい生活から始めていく。

日本のように、「ブランド物が買えない結婚生活なんて」という〇金（マルキン）の「第一世代パラサイト」（九〇年代後半）とは雲泥の差がある。この第一世代は、「昔のように『あなたが家にいちゃ、お兄ちゃんにお嫁さんがこないじゃないの』というプレッシャーがかからなくかった」環境変化の賜物であって、「背後には、親の隠れた欲望につけこんだ子どものしたたかな計算がある」（以上、上野二〇〇七）のは間違いない。内心では離婚して娘と孫が家に戻ってくること大歓迎の家まである。

このような、親子ともども自立志向の弱いヘナヘナの根性とナアナナの腐った関係性に対し、すっきりしゃっきりの欧米では、結婚でその非経済性を相互補完しようとする。だから彼《か》の地の少子化は、日本のようにそもそも結婚できないからではなく、夫婦の子ども数の減少に起因している。そうであれば、対策はもっぱら、子どもを産んでも働きやすい社会の確立へと焦点が絞られる。

翻ってこの日本、一時《いっとき》は優雅だったパラサイト（山田の言う「隠されたワーキングプア」）も、親がリストラに遭ったり老齢化したり死亡したりすれば、稼ぎの少ない、もしくは無業の「第二世代型パラサイト」（新世紀くらいから発生）は即ヤバイ状態に陥る。親が健在のうちは、親の年金に寄生して凌ぐという「迂回社会保障」を中年パラサイトも利用でき、ある場合には親もそれを歓迎するという倒錯状態はあり得るが、上述のような前提条件が消滅し、相続財産もなくなると、東京都足立区で明らかになった衝撃的事件（一〇年）、すなわち、ミイラ化した親の遺体を隠し、子が年金をもらい続ける「究極の犯罪パラサイト・シングル」まで出現する始末と相成るのだ。

まあそこまでいかなくとも、親の死による年金打ち切りで無業のパラサイトの将来はどうなる？　いずれにしろ、そんな状況下で結婚へ向かうなど到底考えられない惨憺《さんたん》たるありさまといえよう。ベタベタ日本のどうしようもなさがここにも象徴的にあらわれている。

国民の側の大甘もダメ、政治のピンズレも話にならない。アタマだけで考えれば、経済的・精神的援助で何とかなりそうに思える「少子化」問題も、実は日本人論にまで行き着く極めて重い社会病理学的難題を抱えていたのが見えてくるではないか。「子どものいない高齢者はかつての時代、『かわいそうな高齢者』と言われた」（春日 二〇一〇）ものだが、今はどうして、中年パラサイトにのしかかられ、悲惨な老後を送る高齢者家庭も少なくないのである。

日本人の大好きな、理念先行の空理空論、しかし結局は言うだけで何もやらない非行動性、そんな派手なものより、日々の「改良主義」の方がどれだけパワーを発揮するかしれない。問題発生の萌芽《ほうが》を鋭敏な触覚で探り出す、先回りして網を張る、日本人はそれがどうにも苦手というなら、せめて問題が表面化した時点でご託を並べずすぐに手を打つ、それが社会的コストパフォーマンスにもいちばん優れるのは明らかである。「少子化」の原因を、子どもを持ちたがらない若者の意識とか高学歴の女性の問題など、俗論に当てはめ自足していると、俊敏な「現実社会」はするっと体《たい》をかわし、気づいたころには手の打ちようもない社会になってしまっていることだろう。

「少子化」社会を人為的に是正しようとする愚

少子化は是か非かの前に、養老孟司（解剖学）と樋口恵子による「世紀末・裏街道」的正論をひとつ紹介しておきたい。

養老 子どもを増やすことを考えるより、大事にすることを考えるほうが先ですよ。それに子どもが幸せだという社会を作らなくては、子どもを増やしたって意味がないですよ。
樋口 今の子どもを増やそうと言う議論は、年金が大変だ、社会の活力が維持できないという面からの話で、まるでこの世の中の活力を維持するために生まれてこいと言っているようなものです。（傍点引用者）（樋口編 一九九九）

もう一五年近く前だというのに、少しも色あせていない切り口がおもしろい。「決められない政治」など空疎な定型句を大上段に構えるヒマがあるなら、こうした本質的事柄に対し、論点の集約・構想・立案・実行へと着実に持っていく粘り強いアクションこそが本来の「政治」というものであろう。だが、底流に横たわる「地味な根本問題」はことごとく回避されて先送り、その結果、社会のあちこちにも「失われた二〇年」現象を出来《しゅったい》させる仕儀となる。

さて肝心の「少子化」だが、それへの評価というかスタンスは人によっておもしろいほどの違いを見せる。恐らく、各人の人生哲学がコンパクトな形で反映されるためだろう。

第一は言わずとしれたナショナリストたちの思考法。これはまさに非成熟国家型の富国強兵センスで、人口の少ない国は小国、そんなことでは国際的プレゼンスを保てないと、大国保持に躍起となる。ましてや安倍晋太郎のごとき国家主義者のこと、有事の際を想定し、老兵はただ去ってもらうのみ、ポイントは次々と投入できる若年兵の確保だぐらいが脳裏をよぎっても不思議はない。

物量で物事を判断する例の「経済成長至上主義」がここでも幅を利かせている。面積で二五倍、人口で一一倍の中国にもＧＤＰ等の物量で負けてはならじと必死になる姿は、もはや滑稽の域を越える。一二年ぶりの新型固形燃料ロケット「イプシロン」の打ち上げ成功に際し、「将来の経済成長の一助につながることを期待する」(11)と何でも経済成長に結びつけて恥じない、経営企画部長のような首相を戴《いただ》く日本に、国の品格を問うのははばかられる。

そこへいくと、イギリスは日本の「面積六五%で人口は半分」、ドイツは「面積がほぼ同じで人口は六五%」、フランスは「面積一・五倍で人口は半分」、ましてＧＤＰとくれば日本が世界第三位ゆえ、英独仏などお呼びではない。それなのに国のプレゼンスは問われ、ＧＤＰ断トツの日本をあげる人がどれだけいるのかということ。成熟型社会における国威発揚型思考の虚しさは、この事実ひとつとっても十分に理解されよう。

ところで「少子化」に対する第二のスタンスはといえば、人口が減少するといくら何でも労働力不足から経済に支障が出るだろうという考え方。

第三は、人口減少が経済の衰退を招くという思い込み自体が問題だという見方。例えば櫨浩《はじ》一がそうだ。


そもそも、日本経済が順調に運営されるためには人口が増加を続けなくてはならないという考え方が間違っている。人口が減少するからといって、経済が大きな問題を抱えるわけではない。日本の総人口が減少すると需要も減るが、労働力も減少すれば供給力も減ってしまう。需要と供給の両方が同じようなスピードで減少すれば、現在の日本経済のような大幅な供給力過剰・需要不足という不均衡問題は起こらないのだ。（櫨　二〇一一）

そして最後は、「子どもの数を増やすこと、少なくともこれ以上出生率が下がらないように努力すること自体は大事」だが、「少子化」を食い止めるのは奇跡でも起きない限りとても無理という、徹底的にリアリスティックな藻谷浩介（エコノミスト）の見方。合計特殊出生率（一人の女性が平均何人の子供を産むかを長期的に示す指標。人口が増減しない水準は二・一とされている＝社人研の定義より要約）のアップに関しては、山田昌弘らが分析したような原因を丁寧につぶしていけば徐々に可能とされるものの、「出産適齢期」の女性の数が圧倒的に少ない現状（「今後二〇年間で少なくとも三割程度、四〇年間には半数近くまで減少」）ばかりは「後付でいじる」わけにはいかないから、いかんともしがたいと彼は言う。

「日本の出生者数は、二〇九万人だった七三年を戦後第二のピークに、〇七年には一〇九万人まで下がりましたから、出産適齢期を迎える女性の数も年々減少しているのです」(以上、藻谷 二〇一〇)。

「お母さん」の数が絶対的に減少しているのを「改善」するわけにはいかない。第二次ベビーブーム世代もはや四〇歳前後で、以後の世代の人口減はますます顕著である。となると、合計特殊出生率を現状の一・四三(一二三年)から飛躍的に上昇させるしかないが、こういうばかげた人為的発想自体、女性並びに若い夫婦を冒涜《ぼうとく》するもの。私としては当分の間「少子化」傾向は不可避、現状維持もしくは若干の上昇が精いっぱいと結論づけるのが正解と考えている。

ただし、上述のような社会保障の時代不適合が問題解決を大きく阻害している部分については、積極的「改良主義」で手を打たなければならない。山田・塚崎が主張するようなベーシック・インカム――「すべての国民に最低生活が可能な金額を給付するもの」(山田)(12)で解決していくのか、それともっと有効な方法があるのか、いずれにしろそれらは「制度」というハードな部分に関係するものだから、これまた年金と同様、専門家を交えてまず〈民〉対〈民〉で熱い路地裏論議を展開し、「政治」に向けて迫っていくのがオーソドックスな途《みち》だろう。

その際の基本スタンスは、「少子化」を少しでも改善するためにといった良識派市民的気取りではなく、ワーキングプア層でも結婚ができ子供を産める社会保障制度作りへ全力を傾注するといった、社会構造の根っこに肉薄するものでなければ話にならない。結果としてたまたま合計特殊出生率が少しでも上がれば儲《もう》けもの、逆に横ばいにとどまっても下がっても知ったことではない。なぜなら出生率を上げるのが目的ではなく、まずは個々人の「生活保障」を追求するのが第一義なのだから。

だが同時に、若者の側にも課題はある。パラサイトなどやっていないで、少しは欧米の若者自立魂を見習い、さっさと家を出る(私などは小さいころから家を出たくて仕方がなかった)、結婚をしても「共稼ぎ」を実行する(私の妻は定年まで勤務)、そのためには、育児・保育の充実を社会運動として過激に展開する。団塊のオッサンを批判する前に、最低限それぐらいはやってもらわないと、「若者＋団塊」の共闘は覚束ない。

なお、私がここで言う「共稼ぎ」とは、妻が例の「一〇三万円の壁」を横目にちょろっとパートやバイトをこなすといった類《たぐい》のものではなく、一家の二重大黒柱となって「働く・稼ぐ」スタイルを指している。「夫片働き世帯は一九八〇年から年々減少し、一九九七年には共働き世帯が上回った」（樋口二〇一二）の事実からもわかるように、「ちょろっとパート」ぐらいなら世の中とっくに定着してしまっているのだから。

そしてこれを前提にもっと基本的なことを言えば、世界有数の成熟型社会に住む勤労者がなぜワーキングプア状態におかれなければならないのか、「経済成長至上主義」がその固定化と推進にどう寄与しているのか、そこを最終射程に定める視点がぜひとも必要だということ。

まあ根本問題は措《お》くとしても、「スウェーデンの場合、男女ともが働き、女性も男性に近い所得をあげている。そのほとんど全員が税金を支払って、国を支える。これだけ払えば黙ってはいられないから投票率は9割」「女性（の就労）は、福祉国家の最良の友である」（樋口二〇一二）という樋口のアフォリズム（警句）を聞くにつけ、私は再度、かの「ファミレスおばさん」を思い出してしまう。

彼女たちの非生産性というか、もっとシビアに言えば「社会的パラサイト」ぶりが私にはたまらない。昼間のファミレスで「お宅の〇〇ちゃん、おできになるから」「何言ってんの、うちのなんか全然」に始まり、手拍子、哄笑の大洪水。ああした全国民へのパラサイトを温存したまま、そこを少しも突かない社会というのはいったい何なんだ、見て見ぬふりもいい加減にしろよと、私の怒りは倍加する。

しかしたとえ北欧ほどにまで意識が「向上」したとしても、非正規の夫婦が結婚して共稼ぎで子供を育てるというのは、経済的・精神的負担からして相当のもの。正規雇用夫婦に比し、子供自体の生活・情操・ゆとり・教育に大きな格差が生まれるだろうことは容易に想像がつく。非正規の問題、これは日本社会に突き刺さった大きなとげであることに変わりはない。

ここまでネガティブな事例が相次いだ口直しに、人口減社会へのおののきを一笑に付す西水美恵子（元世界銀行副総裁）のエッセー、「少子高齢化社会　『小国』悲観論を笑う」(13)から、小気味のいいタンカを紹介するとしよう。

人口減イコール生産人口減という単純思考の経営トップへは「今ある生産人口の大半（女性と高齢者＝引用者註）を無駄にしながら何を言うとあきれる」、だから「女性をお忘れなく！」「高齢者をばかにしないで」と笑ってお願い、そして小国化にびびる政治家へは「リーダーの人徳と先見の明にこそ図体《ずうたい》の大小を凌《しの》ぐ偉力が在るという現実」を直視せよと迫る。その正当性と迫力に、恐らく反論の余地は見出しがたいのではなかろうか。

「少子化」の問題がほぼ出尽くしたので、次はその相棒と勝手に決めつけられることの多い「高齢社会」へ話を進めるとする。

社会の成果「長寿」を苦々しく思う「経済至上主義」

総務省の発表によれば、二〇一四年九月の敬老の日現在、高齢者（六五歳以上）の人口は推計で三二九六万人と過去最高を記録した。前年比一一一万人の増で、高齢化率（総人口に占める六五歳以上の割合）も史上最高の二五・九％、何と日本人の四人に一人以上が高齢者となった。

政府は例の肩車型をどうしても強調したいようで、平成25年版の「高齢社会白書」では、ご丁寧にも「65歳以上人口を15～64歳人口で支える場合」としてその値を折れ線グラフで示したりもしているが、既述のように問題の本質はそんなところにはなく、「『高齢化率』はどうでもいいから『高齢者の絶対数』が増えていることこそ問題だという、当たり前の認識ができないと、現実への対処は始まりません」（藻谷 二〇一〇）のシビアな認識へ直線的に赴く必要がある。なぜなら、よく言われる「二〇二五年問題」、団塊世代の最後尾が後期高齢者（七五歳以上）に到達し、いよいよ有史以来初めての介護・医療「ハイパー需要」時代に突入するからだ。

しかし意外や意外、「前期高齢者」（六五〜七四歳）は二〇年になるとはや漸減傾向を示し、以後ぐんと減っていくが（ただし「団塊ジュニア」がそのゾーンへ入った時だけ一時的に上昇）、「後期高齢者」の数は二五年に一気に上昇した後も五五年まで基調は右肩上がり状態を続ける。つまり、介護・医療のリスクが増大し社会保障へのニーズが高まる「後期高齢者」層が、その間、二二〇〇万人前後（現在は一五九〇万人）の大集団で推移することとなるわけだ。

高齢者への社会保障とは、まさしく「後期高齢者」への対応をどうするかという点に集約される。逆に言えば、今からそこをきちっと押さえ、実践的手当てさえ怠らなければ、動揺することはない。一九四七年生まれの南伸坊（イラストレーター兼エッセイスト）著『オレって老人？』が話題を呼ぶのは、前期高齢者なんて老人かよ、に共鳴する人々からの支持があったためだろう。

『『最近忘れ物をした』と友人にメールを書こうとするも、何を忘れたかを忘れて指が止まる」（南二〇一三）的な笑い話は我々当事者には新鮮でも何でもないが、この程度なら社会への害悪にはならない。幸いにといおうか、どうやらこの種の物忘れと判断力は相関しないようで、自分で言うのも変だが、判断力は以前よりよほどさえてきた感じがしている。脳神経外科医の難波宏樹が言う「総合判断力のピークは60歳代とも言われています」（静岡新聞社編 二〇〇三）の、かつて読んだ注目すべき指摘を自ら体感し、ニンマリしているほどなのだ。

まあいずれにせよ、そこそこいける前期高齢者、社会が使わない手はないだろう。補助職としての年収は微々たるものでもOK。社会貢献と思えばかつてのプライドなど無関係、かくして我々前期高齢者が全員生産側に入るとの乱暴な仮定を立てれば、ビビリまくられている「二〇二五年」の高齢化率は公称の三〇・三%から一八・一%へと急落する。それは極端すぎるということで、前期高齢者の半分（約七四〇万人）が生産側へシフトに変更すると、高齢化率は二四・二%に落ち着き、一四年九月の二五・九%とそうは変わらなくなる。

ただ高齢化率へのこだわりすぎは藻谷浩介の怒りを買いそうだから、率ではなく実数にも目を向けておく。二〇二五年の高齢者数は三六五八万人（前期高齢者一四七九万人＋後期高齢者二一七九万人）に及び、しかも若者が多いと思われがちな首都圏（一都三県）だけで全国高齢者総数の約四分の一を占める。その内数を成す後期高齢者数は、兵庫県の総人口（約五六〇万人）を上回ってしまう。そうしたものすごい数字にすぐさま向き合わされることとなる。

地方から「金の卵」として上京し、苦労しながら日本経済を盛り上げてくれた人々の「第二の故郷」に首都圏がなっている現実を、この数字は明確に反映している。これからの介護問題は、「限界集落」を抱える地方ではなく、密集する大都会、しかもその中に点在する「限界集落」だと指摘されるのはこうした点からである。「後期高齢者問題」、しかも大都市圏のそれこそ「二〇二五年問題」の要諦《ようてい》なのだといえよう。

では、元気な大集団である「前期高齢者」が進出すべき社会的貢献とは、労働力不足への解消といった物理的・補助的意味合いだけなのか。先ほど指摘したような高齢者の「判断力」などは貢献にも値しないのか。もし経済力への寄与しか期待されないなら、何だか「経済成長至上主義」の片棒担ぎをさせられるというか、その補完作用を割り当てられただけのようで、座りの悪さは否めない。

そんななか、山極寿一（霊長類学）による目からウロコのエッセーに行き当たった。正直、少々話ができすぎではと思う反面、長年ゴリラやチンパンジーに接してきた現場感覚の人の言葉だけに、とにかく謙虚に聞いてみようとなった。

山極は、「ゴリラやチンパンジーなど人類に近い類人猿に比べると、人類は多産、長い成長期、長い老年期という特徴をもっている」と語り始める。多産は、「人類の祖先が安全で食物の豊富な熱帯雨林から出て、肉食動物の多い草原へと足を踏み出した頃、幼児死亡率の増加に対処するために発達させた」ためだし、成長期の延長は「ゴリラの3倍の脳を完成させるため、人間の子どもたちはまず脳の成長にエネルギーを注ぎ、体の成長を後回しにするよう進化した」ためだと説明されるが、では老年期の延長はどうなのか。

> 高齢者の登場は人類の生産力が高まり、人口が急速に増えていく時代だ。人類はそれまで経験しなかった新しい環境に進出し、人口の増加に伴った新しい組織や社会関係を作り始めた。さまざまな軋轢《あつれき》や葛藤が生じ、思いもかけなかった事態が数多く出現しただろう。それを乗り切るために、老人たちの存在が必要になった。（中略）人類の右肩上がりの経済成長は食料生産によって始まったが、（中略）その行き過ぎをとがめるために、別の時間を生きる老年期の存在が必要だったに違いない。（傍点引用者）（以上14）

その伝で言うなら、世界が驚嘆する長寿社会達成の栄誉のなか、我々「高齢者」が山極言うところのゆとりある「老人」に身を沈め、世間を鳥瞰《ちょうかん》する必要があるのは言うまでもない。マネーゲームに現《うつつ》を抜かし、人生の最後は「ピンピンコロリ（ＰＰＫ）」がベストというようなギンギラギンの品性なきじいさん・ばあさんでは、若者から嫌がられるだけのことだろう。

「前期高齢者」に天から授けられたこのゆとり、これから日本を担う若者のために反原発・反軍国主義化等々、使う分野はいくらでもある。全共闘世代なのだからデモなどはお手のもの、八〇歳近い大江健三郎に任せていないで国会周辺でも何でも参上しなければ、ホラ吹き全共闘を自ら体現してしまうことになる。

では「後期高齢者」「前期高齢者」への考察が一通り終わったところで、次なる課題、世界最先端の「ハイパー高齢社会」が巷間《こうかん》言われるごとく日本経済へとんでもない害悪をもたらすのかどうか、その辺の検証に入っていくとしたい。

長寿社会を誇るどころかお荷物としか考えない「好若嫌老の近代工業社会」(堺屋 二〇〇三)的センスから自由になれない意見はこの際ひとまず措《お》かせてもらうとして、まずは「高齢社会がらみこそ経済に貢献」というマイナーな意見から取り上げてみる。

(前略)社会保障・社会福祉の拡充・強化は、日本経済の均衡と安定をかえって容易にする。(中略)社会保障・社会福祉の拡充・強化は、一方においては「福祉の不足」に起因する「過剰貯蓄」を解消させ、他方においては必要な事業のための労働力・建設資材・資本設備にたいする需要を増加させる。(正村 二〇〇〇)

社会保障への支出が経済活動を妨げたり、経済に寄与しない無駄遣いであるかのような議論は間違っている。医療費や介護費は、医療サービスや介護サービスという重要な財に対して支払われているのであるし、年金にしても、基本的には高齢者の生活費として支給されることで総需要を支えている。(盛山 二〇〇七)

我々戦後世代がいやというほど学校で教えられ刷り込まれた例の「加工貿易」という概念、これが現代日本社会を理解する大きなバリアとなり、サービス業ごときで日本経済を支えるなど噴飯物という感覚から敗戦このかた七〇年、どうしても抜け出せないのだと思われる。

①日本のような資源のない国は貿易で食べていくしかない。②それには原材料を輸入し、付加価値の高い優秀な製品に仕上げて世界中へ輸出する（外貨を稼ぐ）。③当然のこと、そのけん引役は重化学工業型・機械加工型の産業である……。この思考法は、産業構造が大きく転換した現在でもなお、日本人のＤＮＡのように生き続けていて、そこから逃れることができない。サービス業のもうけなどたかがしれている、しょせんはサブの域を出ない、価値を生むのはやはり輸出主体の製造業（製品）に決まっているのだと。

時代錯誤をわきまえず、それをイデオロギーにまで昇華させて驀進《ばくしん》するのがアベノミクスだとすれば、だからこそ藻谷の言う「需要と供給のミスマッチ」はますます拡大し、彼の著書のタイトル「日本経済が何をやってもダメな本当の理由」に至るしかないというわけなのだ。

輸出がダメと言っているわけではない。独自の研究開発によるハイテク製品、高品位の食料、優れたソフト、嗜好品、工芸品等々、日本が世界に誇り世界も日本に求めるものはいくらでもあるが、それらがかつての重化学工業型のような日本経済の「高度成長化」を支えることはできないというだけのこと。いつまでも外需依存の「加工貿易」的アタマでは、超高齢社会のビジネスチャンスなどつかめるはずもない。というより、サービス産業の存在感をどこかで見下している日本人がまだ大勢いるといった方が正しい。

一二年のＧＤＰ（名目国内総生産）は四七四兆円だったが、内訳は、民間消費（個人消費）が二八八兆円と六割を占め、以下、公的支出（公共事業・学校や警察等の運営費・社会保障の公的負担）一一八兆円、民間投資七七兆円、輸出入・マイナス九兆円という構造をじっくり見てみるだけでも認識が相当変わるのではなかろうか。しかも「日本は貿易黒字で成長したイメージが強いが、戦後、GDPのうち個人消費が5割を下回ったことはなく、（それが＝引用者註）経済成長のエンジン役だった」（以上15）のだから。

そんななか、相沢幸悦（経済学）が例えばの話として示唆するように、介護の世界の底上げだけでも経済の良循環は生まれる、そして社会は明るくなる……。大言壮語だけを得手とし、こうした地味な分野から「経済」という星空を仰ぎ見つつ諸施策を打てないようでは、またまた「失われた三〇年」からほほ笑みかけられても仕方あるまい。

> 介護従事者の実際の年収は二〇〇～三〇〇万円程度。これでは、場合によっては生活保護以下の水準である。ここに、日本復興・再生基金を投入して、せめて年収四〇〇万円くらいにすれば、介護従事者は、情熱をもって介護の現場で活躍してくれる。そのことによって、はじめて「強い社会保障」が実現する。しかも、多くの若者がはいってくるようになれば、雇用問題もある程度解決される。失業率の低下に大いに貢献するし、その分の個人消費は確実に増加するので、経済がかなり成長していくことになる。（相沢 二〇一一）

いくら低収益産業とはいえ、平日の昼間、町中を介護施設関係のワンボックスカーが走り回っているシーンに出会ったことのない人はまずいなかろう。この「産業」を世間並みの収益体へと転換させることこそ焦眉《しょうび》の急だが、少なくとも「産業」のマッス（大きな塊としての量感）だけは、はや一人前になってきているという実態がある。

ハイパー高齢社会を真っ先に暗くしているのは、日々変転する社会に対し具体的な検証もせず、ただ観念だけで「少子高齢化」を嘆いてみせる非行動派の「政治家」や「官僚」、そしてテレビで〈世風《よかぜ》〉を巧みに操る「オピニオンリーダー」たちであって、彼らには「少子高齢化」を逆手に取る一発逆転の社会的構想力やダイナミズムは微塵《みじん》も窺《うかが》えない。もちろん、公共事業とは違い、社会保障分野は利権のにおいが薄いのでより一層魅力なし、という面があるのも否定はできないが。

しかし「二〇二五年問題」を見るだけでも、社会保障分野はもはや喫緊の公共事業。押し寄せることの迫力を無視できる人が果たしてどれだけいるだろうか。タワークレーンが林立し、地上では巨大なパワーショベルと無数のダンプカーにコンクリートミキサー、これがなければ「経済」のダイナミズムを体感できない、こうした時代錯誤のピンズレオヤジには、政官学からリタイアしてもらうのがいちばんといった状況が目前まで来ている。もう、待ったなしの段階に入っているのだ。

「失われた二〇年」をさらなる延長戦へと導かないためにも、社会保障分野は内需の根幹からはずしてはならないキーポイント。次章以降、介護・医療と見ていくなかで、それが追い追い明らかになっていくはずである。

第六章　認知症高齢者介護を問題の中心からはずす政治的意図

一　認知症ケアがなぜメインテーマとされるべきか

最大リスクの認知症高齢者介護から逃げまくる厚労省

最近では「高齢者介護」と聞いて、「何それ?」と言うような人はほとんどいなくなった。親戚や知人、同僚の家族等、誰某《たれがし》かは介護に携わっているケースが多いため、若い人でもお年寄りのケアはそんなに遠い話ではなくなっているし、町のそこここに高齢者介護施設ができ、トヨタのワンボックスカー・ハイエース[1]が活動しまくる絵を頭に描くと、やはり二〇〇〇年ちょうどから始まった介護保険の「効用」は想像以上に大きかったと思われる。この「ハイエース現象」こそ厚労省が当初声高に主張してきた「介護の社会化」の象徴ですね、と言ったりすれば、厚労省からはおちょくるなといやな顔をされそうな気がするが。

だがここはやはり、「ハイエースこそ介護保険の第一次的体現者」という観点から話を始めたい。「ハイエース現象」は、それまで家に逼塞《ひっそく》していた、もしくは隠されていた〈介護〉を堂々と社会へ引っ張り出した、しかもビジネスライクな関係性として。ハイエースの対象がデイサービスやショートステイという、介護保険アイテムとしてはメインとはいえないものであっても、その意義は歴史的。私は本気でそう思っている。政治家も厚労省の高級官僚も有識者も、実感の伴わない正論（形式論）ばかりぶっていないで、町場《まちば》の「ハイエース現象」を起点に発想し、高齢者介護問題を一から考え直してみたらどうかと問いたくなる。

既成概念に軽い肉付けをしただけの施策で一丁上がり、あとはそれを笠に着て社会をハンドリングするのが日本的知識支配層の通弊だが、残念ながら、こと高齢者介護という分野に限ってはそうは問屋が卸さない。なぜなら、それはひとえに、「認知症高齢者」の本質に対する無知に由来するからで、このことだけは受験秀才がいくら論理を整序し尽くそうが、掌握しきれるものではない。

介護業界を政策面・財政面から取り仕切る厚労省の官僚たち。彼らは東京帝国大学法学部流シャープネスと霞が関流唯我独尊形式論理を武器に、一時凌ぎの美文を「霞が関文学」でささっとまとめ上げては自治体と介護現場へ通達一本、その先は問答無用とばかり従わせにかかるが、「霞が関天動説」を信じて疑わない厚労省が、介護保険制度発足（二〇〇〇年）以降、情けないほど不首尾な対応を見せ続けたのも、やはりその多くが「認知症高齢者」への本質的無理解に淵源、現場からの大ブーイングに晒《さら》されたためと私には見える。

そういう私は〇四年、義母への介護の手伝いを契機に『団塊世代の高齢者介護―お年寄りも家族も不幸にならないために―』を公刊したが、その狙いとするところは、認知症（当時は痴呆症。〇五年春から「認知症」と呼ばれることに）とは何か、その本質を踏まえ、認知症高齢者（同・痴呆性高齢者）をどう介護すべきか、あるいはどう介護してはならないか、さらには実例紹介と現場のスタッフへのロングインタビューに拠《よ》りつつ、優れた特養ホームの介護とはどういうものかを具体例に即して探り、最後は、介護政策で隠しようもないほど右往左往しながら、持ち前のプライドと権限だけで事態を強引に収束させようとする厚労省のどうしようもなさを明らかにするというものだった。

このままでは、要支援・要介護のお年寄りと介護家族、それに介護施設の行く末はますます悲観的にならざるを得ない、それを突破するにはどうすべきかという点にまで当然のこと踏み込んだ。

余談だが、拙著を読まれた介護中の女性から、「何冊もの介護本を読んだが、どれ一つすとんと落ちるものがなかった。我が意を得たりはこの本が初めて」とのお便りをいただき、介護アマチュアの本なのにと痛く感激したのを憶《おぼ》えている。それは恐らく、認知症高齢者への私自身の誤解と失敗、そして気づきを織り交ぜつつ、拙《つたな》いながらも彼ら・彼女らの内面へ入っていった点が、介護実践者に共感いただけたためではと勝手に想像しているが、今回は紙幅の関係で、介護各論にまでは踏み込むことができない（関心のある方は図書館等で拙著をご覧いただきたい）。

ただ、前著を支えた通奏低音が、高齢者介護の大本は認知症高齢者介護、それを大前提にしないキレイゴトのケア論はすべてまゆつば物、というより、認知症高齢者と介護家族を逆に苦しめるだけ、ひとたびその本質と過酷さとを知れば、「在宅介護は日本の美風」や、元気なお年寄りに言わせる「わが家で逝きたい」のワガママなど為にする露骨な世論操作、背景には財政再建をタテマエにした現状無視の「社会保障費カット」マインドがデンと座っている等にあったことだけは、改めて伝えておきたい。

認知症高齢者介護への軽視がいかに悲惨な社会を作り上げるかという約一〇年年前の警告は、今もそっくり当てはまるどころか、事態はむしろ悪化の一途をたどっているのが現状だし、団塊世代の「全員後期高齢者化」がめでたく完遂する「二〇二五年問題」をいったいどう迎えるべきか、その緊急課題も眼前に迫っている。

にもかかわらず、「（「隠蔽」「保身」「欺瞞」が＝引用者註）他人に簡単にはバレないように、正当化の屁理屈を並べつつ、うまくやってのけるには、高度のバランス感覚と記号処理能力とが必要」という「東大話法」準拠の芸当に官僚は汲々とし、東大卒は「まさかそんなことはやっていないだろう」（以上、

安冨 二〇一二）の社会的信用を逆利用することで、事態の核心に飛び込む「損な役回り」からはひょいと逃げまくる。火の粉が降ってくること自体、出世や天下りの妨げとなるからだ。あの「原子力ムラ」の対応と原理的には同一地平にあるといっていい。

なお、「東大話法」というユニークで本質を衝《つ》く概念、いちいち指摘せずとも、この厚労省の言い方・考え方こそまさにそれだなという場面が頻出するはずなので、事前に少々解説を加えておきたい。

これは高級官僚の培養器（インキュベーター）で長年培われ、磨き抜かれてきた帝国大学出自の東大的文化、そこから発せられる特有な「東大話法」を、現職の東大教授（出身は京大）の安冨歩が完膚なきまでに引っ張り出し世に問うたもので、福島第一原発大爆発の際、テレビに出まくった例の御用学者たちにも見事なまでに当てはまるものだった。

安冨の発想を東大コンプレックスの裏返しと見る向きも多かろうが、それこそがコンプレックス。この話法は、記憶力抜群なるも「自分の考えというものがない」、感覚に裏打ちされた「芋づる式の思考方法」がない知識層の産物というもので、この点が最重要ポイントとなる。私は、化石のような東京帝国大学法学部の話法が日本社会の中枢にはいまだ健在、と理解している。安冨歩・自作の「東大話法規則・全20」(2)から、その一部を紹介するとこうなる。

①自分の信念ではなく、自分の立場に合わせた思考を採用する。②都合の悪いことは無視し、都合のよいことだけ返事をする。③どんなにいい加減でつじつまの合わないことでも自信満々で話す。④スケープゴートを侮蔑することで、読者・聞き手を恫喝し、迎合的な態度を取らせる。⑤自分の議論を「公平」だと無根拠に断言する。⑤「もし〇〇であるとしたら、お詫びします」と言って謝罪したフリで切り抜ける……等々。

では話を認知症高齢者問題へ戻そう。厚労省お抱えの研究会が殊勝にも、「要介護高齢者のほぼ半数は痴呆（これは〇三年の報告書＝引用者註）の影響が認められる者であることから、これからの高齢者介護は痴呆性高齢者対応でなければならない」(3)といくら正論をぶってはみても、実行当局自身が腰を入れなければ何にもならない。というのも、厚労省は認知症高齢者介護という一番シビアな原点からあえて目をそらし、それ以外に高齢者介護の中核課題があるかのように錯覚させて（ここに「東大話法」活躍の場がある）、逼迫《ひっぱく》する高齢者介護問題をますます隘路《あいろ》へと追い込んでいく、それが常套《じょうとう》手段になっているからである。彼らの本音に即して言えば、認知症高齢者介護は手間とカネがかかりすぎる、だから「介護の含み資産」である家族介護（在宅介護）へどんな策を弄してでも押し付けるべし、それに尽きるのだ。

「家庭内介護」を日本的な美風として刷り込む

他の動物とは違い人間だけに固有の現象が、①乳幼児期が異常に長い、②老年期も異常に長い、に集約されるのは既述のとおりだが、これが人間の生き方を複雑かつ難しくしている反面、生活・情操・文化などを豊かにしてくれているのもまた周知の点であろう。

人間以外の動物のように、ポンと生まれてすぐに歩き出すことが我々にできないのは、そこまで胎内にいると頭が大きくなりすぎて出られなくなるからで、だから「未熟な状態で生まれなければならなくなった。親の保育なしには生きられない状態で生まれ出て、生活が始まるのである」と医師で僧侶の奈倉道隆に言われると、人間特有の乳幼児期の長さにも得心がいく。

そして、青壮年期を挟むもう一方の端がこれまた人間に特有の老年期、以下の奈倉説が傾聴に値する。

（前略）老年期に至ると、再びひとの援助を必要とするようになる。この時期も、動物にはほとんどない。動物は歯が抜けるころ、老衰して死んでいく。（中略）人間は歯が抜けても死なない。野生のままでなく、調理して食物をとるので、たとえ歯がなくても消化不良を起こさない。しかしこのころから、大なり小なり他人の援助を必要とするようになる。（中略）自立する青壮年期には、乳幼児期や老年期の人々を援助することが求められる。（以上、奈倉　一九七八）

胃ろうを必要とするようなお年寄りの家族を前に、動物社会のシビアな現実をしたり顔で援用する無神経な半知識人風おっさんがたまにいるものだが（「人間だって動物なんだから、自分で食べられなくなったらそれきりよ」と）、そんな連中は別にし、人間にだけ与えられた「両端の特権」を最大限活《い》かさない方がよほど歪《ゆが》んでいるとだけはまず言っておきたい。この人間特有の優位性を、日本は高度経済成長がくれた宝物（生活水準のアップ）をベースに、公衆衛生・栄養管理・健康管理・ハイレベルな医療と介護、そして世界も注目する国民皆保険制度によって見事守りきったため、乳幼児と後期高齢者の死亡率が大幅に低下、どこの国にも自慢できる画期的な平均寿命（正確にはゼロ歳における平均余命）を獲得するに至ったのだった。

ただこの吉事を介護に限って振り返ってみると、一九五〇年（昭和二五年）の平均寿命は男性五八、女性六一・五、五五年（昭和三〇年）ですら男性六三・六、女性六七・八と現在との差は歴然で、今社会が抱える過酷な「介護」などほとんど存在する余地すらなかったという歴史的事実にたどり着く。そう、女性でも平均寿命が七〇歳以下では、ついこの間まで「介護」が社会問題としてノミネートされるはずもなかった。

にもかかわらず、「家族介護（在宅介護）は日本社会伝統の温《ぬく》もり」といった封建オヤジお好みの日本文化論が堂々と市民権を得、現代日本社会を陰に陽に縛ってきた社会病理。その辺を岡本祐三（老年医学）が淡々と書く。

（前略）この当時（昭和二〇年代＝筆者註）は高齢者の「最後を看取る介護」はあったが、重い障害のある高齢者を何年も介護するようなものではなかった。

人生の最終段階で「寝たきり」になり、誰に介護をしてもらえばよいのか、などという心配は誰もしていなかった。（岡本　一九九六）

当然のことながら、男女とも六〇歳前後では、認知症発症などまずなかったことだろう。しかし計算ずくの政治家と官僚は「家庭内介護の美しさ」を日本古来のものであるかのように宣伝・称揚しまくり、家族に社会保障の肩替わりをさせようとあからさまな恣意性を発揮し続けた。しかもこれが女性（配偶者やお嫁さん）の全面犠牲による無償の介護を前提としているだけに、なおのことタチが悪い。だから、勝手に「美風」を吹かせるのは男だけということになる。

だが社会保障費カットにまなじりを決して臨む行政サイドは嘘八百などお構いなしで、日本人の弱点である「世間体」を巧みに利用、「家庭内介護〈絶対善〉論」＝「おじいちゃん、おばあちゃん、やっぱり家が一番でしょ」の刷り込みに成功していくのだった。

ただそれが当初の思惑に反し、八〇年代に顕在化した「社会的入院」という名の老人病院「寝かせきり問題」へ一気に発展しようとは、生活の機微に疎い「東大話法」の官僚たちには想定外のことだったに相違ない。お年寄りを「家でみないのか、施設へ入れるなんて冷たいんじゃないか」との指弾そんな庶民のしたたかな打算が老人病院への大きなニーズとして存在していたからである。を恐れるあまり、病気を理由にして老人病院へ入れてしまえばそれこそ世間に対しても格好がつく、

要介護度が高い高齢者を在宅で介護しろだって？

では、なぜそれほどまでに、私は家族介護への政府誘導に対し批判を加えるのだろうか。社会保障費削減のための意図的誘導、大半は女性が背負わされる「介護地獄」という両面が極めて重要な要素だが、その前に、「要介護度の高い高齢者を家庭でどうやって介護するのか、それはムリでしょう、ましてや認知症高齢者では」の、自身の体験からする断定が厳としてあるからにほかならない。

大金持ちでヘルパーさんを二四時間雇える、いやそうでなくとも、私はどうしてもお父さんお母さんを住み慣れた家で介護したい、家族介護の人手は余るほどあるから。もちろんそれならそれで勝手にどうぞの世界だが、私がモデルとして想定しているのは、経済的には平均的な家庭、家族介護者は女性一人という極めて一般的なケースである。

その場合、要介護者が認知症でなくとも、トイレへは自分で行けない、食事は一人ではムリといった寝たきり状態に近いお年寄りなら、妻もしくはお嫁さん一人での介護はまず不可能と私は断言する。それが認知症高齢者であるならなおのこと、という点は、もう少し後で論じよう。

私自身、ささいな体験を即普遍化するほど短絡的ではないが、もう五年以上も前、突然降りかかってきた介助は驚きの連続だった。年老いた父母だけの家で、母親が足を痛め緊急入院、残された父親は認知症ではないものの要介護度も高く、自分だけでトイレへ行くのは不可能。そこで早速、親戚の一人と私が交代で泊まり込み、一週間ほど介助をすることになった。

私は父親のベッドの隣に蒲団を敷いて寝たが、しわぶき一つあっても大丈夫かと気になり目を覚ま

すし、夜中のトイレは何回も。首のどこに手を回してどう起こしてあげればいいといった介護テクニックは義母の介護で収得しており、それ自体に戸惑いはなかったものの、足が弱くて自立できない人をトイレまで誘導する大変さは並大抵ではない。そこへ慢性的寝不足も重なって、日を追うごとにこちらが精神的にも肉体的にも参ってくる、それがよくわかった。

しかも昼間は昼間で、近くのスーパーへ買物に行くのすら（家をちょっとでもあけること自体が心配で落ち着かない。もしこれにおむつ替えや痰《たん》の吸引が加わったりすれば、介護者はほとんど外出不可、食材は生協等の宅配で調達するしかなく、精神的リフレッシュどころの騒ぎではない。

「介護労働」と寝不足とから心身ともに疲労が蓄積し、ヘタをすれば言葉の暴力に始まり大きな虐待をも誘発しかねない。臨時雇いの私ですら、こりゃどうやっても一週間が限度だなと悲鳴を上げたくらいであった。こんな状況なのに、最近では「一年、二年、あるいは一〇年以上に及ぶこともある」（竹中 二〇〇五）長期間の介護は、聖人君子以外まず難しかろう（それでもやっていける人はそれでいい）。要介護者よりも先に、介護者の生活が破綻してしまう。「介護地獄」「家庭崩壊」という表現も決して大げさとは思えない。

だが外野からは、深夜の訪問介護（24時間地域巡回型訪問サービス）を使えば何とかなるだろうの声が聞こえてきそうだ。しかし考えてもみてほしい、深夜に何度もヘルパーさんが来宅、そりゃ物理的には助かるが、おむつを替えてくれるといってもリアルタイムであるわけもなし、来宅されればその都度起きなければならないし、どこまで現実的効用性があるかとなると疑問符だらけで、ないよりはまし、もしくはいっそ自分でやった方がにもなりかねない。

いやその前に、「24時間地域巡回型訪問サービス」なんて、人員の確保と採算性とから事業者が参入したがらないという冷厳な事実が横たわる。二〇一三年五月現在、一〇県では実施さえしていない。例によって、「病院等から在宅への誘導」のため一二年度から厚労省が導入したお得意の脇道誘導策だが、これまた早々に破綻している。

ところで、「世帯主が六五歳以上の夫婦のみの世帯数」が二〇三五年には全世帯数の四〇・八％（一〇年は三一・二％）となり、この高齢世帯のうち独居の割合は三七・七％（同三〇・七％）にも及ぶとなると、高齢夫婦で住んでいる世帯さえ厳しいシミュレーションが成り立つのに、高齢独居世帯の主《あるじ》が要介護状態になったらどうするのか、現にその状況下で介護を必要としている人たちはどうしているのか。しかも借家住まいの単独高齢者が急増している。当事者から申し出があったら考えましょうで済む話ではなかろう。何しろ、高齢独居世帯が最多の東京都は、山梨県や徳島県の人口よりも多い百万世帯を超えてしまっているのだから。

厚労省幹部は認知症の親を在宅で介護しているのか

厚労省老健局長の私的研究会「高齢者介護研究会」が発表した「二〇一五年の高齢者介護」（〇三年）というその筋では有名な報告書、冒頭近くに「可能な限り在宅で暮らすことを目指す」の項目をでんと置き、高らかにこう宣言している。

〇介護のために生活や自由を犠牲にすることなく、自分らしい生活を続けることができる点が自宅の良さである。

〇一方、施設には、「365日・24時間の安心感」という長所があるが、それまでの生活の継続性が絶たれてしまう場合も多い。

〇これからの高齢者介護は、**施設入所は最後の選択肢**と考え、可能な限り住み慣れた環境の中でそれまでと変わらない生活を送ることができるようにすることを目指すべきである。
○また、施設での生活を限りなく自宅に近いものとすべく、施設におけるケアのあり方を見直していくことも必要である。（傍点・太字＝引用者）(3)

こういうものこそ「な〜んちゃって東大話法」の典型というべきで、どうしたらここまで厚労省のご意向に沿った露骨な文章が書けるものかと深く感じ入る出来栄えになっている。その本意を私が代弁してみれば、「施設介護は金食い虫だから極力不可の方向でいけ。嘘でも本当でもいい、衆人がうなずくもっともらしい理由を付け、家族の無償労働（樋口の言う「無視労働」）という宝の山（家族介護）へしっかりと誘導せよ！」に尽きるではないか。何も持って回った言い方などしなくとも、最大の関心事はカネ・カネなのだから。

ここでは、「自宅」で介護する、あるいは「させられる」側の人間については何の言及もない。誰がどうやって、どれくらいの自己犠牲のもと、正真正銘「365日・24時間」介護に従事するのか、何ら考究されていない。もちろん、「介護のために生活や自由を犠牲」にせざるを得ない事情も考慮の外に置かれてしまっている。

しかもご丁寧に、「施設入所は最後の選択肢と考え（るべきである）」という語るに落ちる駄文を掲げ、逆に良識派を気取ってみせるのだから救いようがない。彼らとしては、自宅から離れる施設入所を「最後の選択肢と考え（てあげるべき）」と要介護者に優しく寄り添う姿勢を強調したつもりだろうが、「最後の選択肢」が「費用の面から極力施設介護を使わせない」を含意することくらい、誰しも容易に気づくであろう。よくもまあヌケヌケとといったところだ。

高級官僚や政治家やこの研究会の委員のお歴々、皆さんは美談に包まれたご自宅でしっとりと介護をされているのでしょうね、まさか高級有料老人ホームではないでしょうねと問うてみたくなる。

それはそうと、言うに事欠いて、「私たち自身が主人公である世界」の自宅なら、「自分自身で立てたスケジュールに沿って日常生活を営む」「朝何時に起きるかは自分の自由である」「家族や友人たちとおしゃべりをし、夜更かしすることもできる」「日常生活における自由な自己決定の積み重ねこそが『尊厳ある生活』の基本」（以上3）……。

これってそもそも、要介護のお年寄りのことを言っているのか、もしそうだとしても三交替制のヘルパーさんを雇える大金持ちの家の話か、ましてや認知症高齢者にスケジューリングや自己決定を持ち出すなど逆に不埒《ふらち》な所業ではないのか等々、我々品なき人間なら、「おちょくってんのか」と思わず口走ること請け合いの逆なででしかない。

こんな空疎なことばかり言い放ち、結局は肝心な事態を先送りとくるのが通例だから、現実の介護体制はますます泥沼にはまっていく。この報告書がそのいい見本になっている。

認知症高齢者ケアは在宅介護にはなじまない

まずこんなタイトルを付けると、姥捨山伝説の体現者と言われかねないことぐらいは十分承知のうえだが、それを恐れほとんどの人が本当のところをぼかすため、介護が内にこもり、不健全なラインへと入り込んでいってしまう。それではお年寄りにとっても介護者にとっても幸せであるはずがない。

二〇一三年八月、名古屋地裁でものすごい判決が出た。愛知県に在住の、認知症で要介護4の男性（九一歳）が徘徊して電車にはねられ死亡するという事故があったが、ＪＲ東海は損害賠償約七二〇万円を求めて提訴。名古屋地裁は「監督義務を怠らなかったと認められない」と男性の妻（要介護1で事故当時八五歳）と「事実上の監督者」（以上4）の長男に全額の支払いを命じたというものである（なおその後の控訴審判決で名古屋高裁は一審判決を変更して妻にだけ約三六〇万円の賠償を命じている)。

この痛ましい出来事には、先に私が述べた問題点が凝縮されていて、やりきれない気持ちにさせられる。事実関係をまず箇条書きにしてみると、①「身の回りの世話や就寝後の見守り」は同居の妻が。いわゆる典型的な老老介護だが、当然のこと、お年寄りの妻だけでの介護は難しかったようだ。②そこで横浜市に住む長男は、自分の妻に愛知県にいる両親の家の近くへ移り住んでもらい、妻は「朝から男性の就寝まで介護や家事」を、夫は月三回ほど帰郷して面倒を見ていた。これぞ典型的な、嫁による介護である。③「長男は、家族会議を開いて介護方針を決め、自分の妻に男性の介護を担わせていたことから、(裁判所は=引用者註)『事実上の監督者』と認定」、長男に賠償責任ありとした。次女、三女、次男とも別居だったが、うち二人は「家族会議に参加せず」「賠償責任なし」(以上4)。長男とその嫁の苦しさがダイレクトに伝わってくるが、往々にして体を張った者が責任を負わされるという理不尽さはここでも例外ではない。

私は、樋口恵子の醒めた目、リアリスティックな指摘を思い出す。「今も在宅で主たる介護者である『嫁』の恐怖は、『目を放した間に死なれることだ』という。こじゅうとたちにどう責められるか」(樋口 二〇一二)。

そうしたなか、不幸にも事件は起きてしまった。①「午後4時半ごろ、男性はデイサービスから帰宅」し、「妻や長男の嫁と茶を飲むなど」する。②しかし「その後、嫁が玄関先で片づけをし、妻がまどろむ間に男性は(他の出入口から=引用者註)外出」、事故に遭ってしまった。③裁判所は、「妻も目を離すなど注意義務を怠った」(以上5)として、当時八五歳で要介護1のお年寄りにまで支払いを求めるといった、六法全書ガリ勉秀才ぶりを遺憾なく発揮、もはや何とかに付ける薬はないという状態に。④他方マスコミは、大スポンサーであるJR東海への非難を控えているようだが、さすがは安倍晋三シンパで保守論客の葛西敬之を名誉会長に戴《いただ》く企業、こんなことまでやるのかと私は驚きあきれた。

これでは一緒に住むおばあさん、まどろむこともできない。朝から晩まで介護漬けのお嫁さんはマンツーマンで見張りをし、水も漏らさぬ包囲網を敷かなければならない。端的に言えば、家中に鍵を掛けるか、おじいさんを「拘束」（介護用語では「抑制」）するか、いやその前に、「何度言ったらわかるんだ」とマイナス以外何も生まない怒鳴りつけをしてしまうか。

お世辞にも成熟社会的とはいえないJR東海やトンデモ裁判官のこの対応、それに家族介護（在宅介護）を美談に仕立てあげる復古調分子と施設介護費削減を大命題とする官僚や同伴知識人たち、こういう形で起こる家族介護の悲惨をいったいどう説明しようというのか、ぜひ聞かせてもらいたいものだ。この愛知県の家庭、家族介護（在宅介護）の形態としてはアブノーマルどころかまさに厚労省御用達の模範型であり、そこで起きた綻びだからこそ、認知症高齢者の家族介護（在宅介護）が内包する問題点を象徴的にあぶり出していると私には思えてならないのだ。

それはそうと、大マスコミの側は、亡くなったおじいさん自身の悲劇と深い心の闇にはほとんど目を向けていない。この偏りもまた尋常ではない。おばあさんとお嫁さんが一生懸命介護してくれるのはありがたくとも、彼には何らかの想念が浮かび、見当識障害《けんとうしき》（失見当識＝時間・場所・人そして関係性・状況についての認識障害）のもと、脇目も振らず東海道線の駅まで歩き切った、恐らくは老年期の深い孤独を抱えながら……。

特養ホームや有料老人ホームには、長い廊下を行きつ戻りつし、階段に通ずる扉の鍵を右に左にと力任せに回すお年寄りが必ずといっていいほど何人かはいる。彼ら・彼女らの目は真剣であり、知らない人はそこから「エスケープ」という露骨なコトバを思い浮かべがちだが、認知症高齢者の心はそんな筋道立ったものではなく、最寄り駅へ一直線で向かったおじいさんの不安な心と同質のものにほかならない。今は昼か夜か、ここはどこか、私は何のためにこの人たちとこの場にいるのか、もし我々が突然、こうした認識を一括して喪失してしまった場合の恐怖感を想像してみれば、認知症高齢者の徘徊、その深い意味を少しは理解できるようになるのではなかろうか。

そこをよく知っている介護のプロは、徘徊のような認知症の随伴症状を時間をかけて優しくほぐしていき、心落ち着く状態へと誘《いざな》う。後述のように徘徊は認知症の大本となる「中核症状」ではなくそれを取り巻く「周辺症状」の一つだから、優れた介護によって軽減もしくは消滅させていくことができるのだ。私は特養ホームでこうした実例をいくつも見てきた。

しかしどんなに心の広い「自宅の介護者」であっても、そこまではまずムリだろうと断言してもいい。なぜなら、家庭の介護者は施設のように赤の他人ではないだけに通常は客観性を保つのが難しく、「何でこんなことになっちゃうの」「どうしてわかってくれないの」「ああ情けない」といったぼやきに陥りやすい。しかも二四時間、狭い空間での同じ顔ぶれでは息抜きもできないからだ。

一方施設では、専門知識のあるスタッフが対応するだけでなく、堂々と報酬をもらう「職業」として行っている、夜勤が明ければさっさとスタッフがかわってしまうという、いい意味での乾いた空気が流れている。そのビジネスライクな関係性こそが高齢者を大きく包み込むという逆説がここには成立している。他人の方が温かくゆとりをもって接してくれる、なぜならそれは仕事（ビジネス）だから……。多分、厚労省官僚の「東大話法」では、こうした機微への理解はまず不可能であろう。

「営利は悪」（社会福祉法人でも利益なしにはやっていけない）という固定観念から抜け切れない市民主義的思考の皆さんは、この逆接的現実をいったいどう解釈するのだろう。そんなこと言ったって、特養ホームにも虐待はあるじゃないかと、人手不足からくる非適合者採用という苦しい台所事情を無視してまで、それを反論材料に使おうというのだろうか。施設介護嫌悪の市民主義的「良識派」が、結果として専業主婦兼二四時間無償介護という現代版「野麦峠」に手を貸す。そして「在宅介護は福祉の含み資産」と高をくくる行政にヨイショするという連関に、彼らはどれほど自覚的だろうか。「このころ（一九八〇年直前＝引用者註）厚生省内部では『日本の嫁』は北欧諸国ヘルパーの何人分に相当する、との研究があったようだ」（樋口 二〇一二）の樋口レポートすらあるというのに。

愛知県での悲しい事故と六法全書を人間の心で解凍できないトンデモ裁判官が白日の下にさらした、日本社会のどこにでもある標準的な家族介護観（在宅介護観）の闇。それでも厚労省の研究会は、「自分らしい生活を続けることができる点が自宅の良さ」を白々しく掲げ続けるだろうから、救いがない。

多くの介護家族は、連日連夜で疲労困憊《こんぱい》のなか、タテマエとホンネの狭間《はざま》で懊悩《おうのう》しているに違いない。そのことは、認知症の行方不明者が一三年に届け出のあっただけで一万三二二人（警察庁調べ）に達している点からも逆に証明される。

二　追い込まれる介護現場を政治がメタメタにする

認知症の本質を知らずには始められない介護

厚労省研究班による調査では、二〇一二年時点で認知症の人は、既述のように高齢者（六五歳以上）で約四六二万人（高齢者の一五％）と推定される。厚労省は「昨年、介護保険の利用データを基に、介護サービスを受けている認知症高齢者を約305万人と推計した。研究班との差の157万人は、介護サービスを利用していない軽度者とみられている」(6)と言うが、「介護サービス非利用者＝軽度者」という認識は、毎度のごとく、厚労省流「希望的観測」の疑いが濃い。

というのも、介護保険は医療保険とは違って自ら「申請」したうえで介護認定（要支援1～2または要介護1～5）を受けない限り介護サービスは利用できないが、それを知らないお年寄りや家族は結構多い、また介護保険料の一割自己負担が家庭の経済状況によっては殊のほか重く、利用しない（できない）、という二点が、介護サービス未利用の背景に横たわるためである。

さて、社会に深く潜行する過酷な実情へ入っていく前に、そもそも認知症の原因とは何か、その症状とはいかなるものかを見ておく必要がある。なぜなら、それをよく把握しないで認知症のお年寄りに接するマイナスを、私は経験則で熟知しているからだ。

私の言う認知症の「危険」予知とは、「お年寄りの認知症的な変化を早めにキャッチし、すぐ診察を受けるのが肝要」といった、新聞などによくある無難すぎる診療「定説」を指してのことではなく、思い詰めた介護でお年寄りを苦しめないためには何が必要かという、通常ではあまり論じられることのない「危険回避」、それを念頭に置いてのこと。

というのも、認知症高齢者介護の必要最低条件であるイロハのイに無知だったため、介護初心者時代に義母を苦しめてしまったという、今思い出しても汗の出る苦い体験を私自身がしてしまっているためだ。ものを知らないというのは実に恐ろしい。人生経験からする直感だけで動くと間々間違えるとは、その時に痛感させられた。

認知症高齢者関連でいちばん大切なのは、先ほど述べた「時間・空間・社会的な関係性が段々わからなくなっていく」という見当識《けんとうしき》（オリエンテーション）障害である。この見当識、当分野の第一人者・竹中星郎によれば、「自分が『いま』『ここ』でどのような状況におかれているか、まわりにいる人々とどのような関係にあるのかなどについて認知する知的な作業であり、ほとんど無意識に、そしてつねになされているのです」（竹中　一九九六）となるが、それが障害されている当の認知症高齢者にあっては、今まで体験したこともない「時・空・関係性の希薄な場所」へある日突然連れ出されるわけだから、パニックに陥って当然である。しかもこれこそが否も応もない日常、だがその違和を言葉では表現できず、結果、誰にもわかってもらえぬ不安と恐怖の世界へ留め置かれることに。

だから彼ら（彼女ら）はその恐怖を振り払おうと、ひたすら「一直線」に歩いたりもする。時間・場所・関係性の認識が障害されているので、たとえ夜中であっても知らない場所であっても、健常者のようなチェック・アンド・ゴーをかけての歩行は不可能。これを世間では「徘徊」（実際は、見当識障害の結果としての「周辺症状」）と称するのだと私は理解している。この見当識障害、小澤勲（臨床精神医学）は、「時間、場所、人の順番に侵される」と言う（小澤 二〇〇三）。

改めて考えれば気づくように、人間の思考力や判断力はそのすべてが「記憶」に依存するものであり、「脳の損傷によって神経細胞が死んでしまった結果、記憶などの知的な機能が全体的に障害された状態」すなわち「脳の病気」（竹中 一九九六）を認知症と定義するなら（「中核症状」は記憶の障害）、お年寄りが見当識障害に陥るのは、病気に起因するということがわかってこよう。家族がよく嘆く「情けないネ」はまったく科学的でないということになる。

たとえば典型的な「着衣失行」（「セーターの上にYシャツを着たり、ズボンに腕を通して頭からかぶろうとして四苦八苦する行為」）も、「衣類の空間的な配置の認識が障害されている」「着ることの時間的な序列化ができない」（以上、竹中 一九九六）に帰着し、家族が「何やってるのよ、いったい」など大声を上げるにはまったくそぐわぬ事態であることが、論理のうえからも理解されよう。

竹中と並んで私が尊敬する横内正利（循環器・老年医学）が、だから家族による責めを強くたしなめる。

ところで、痴呆性高齢者の「家族や介護者の中にも忘れっぽい人が少なくない。何を忘れるのかといえば、もちろん、「痴呆とは記憶が苦手な病気なのだ」ということである。そのことをすぐに忘れて、「いくら言ってもわからないんです」、「何度教えてもすぐに忘れるんです」と、同じ小言や愚痴を繰り返す。（二〇〇一　横内）

記憶は記銘（経験から導入されたものを定着）・保持・想起・再認のプロセスを経て初めて活かされるのだが、障害があってそもそもインプットがされにくい状態なのに、「すぐ忘れる」もあったものではなかろう。当該のお年寄りにあっては、認知症を「治さなくちゃ」などより、その原因に対する家族の理解の方がどれだけ有益なことかしれない。

認知症への医学的理解が介護を深める

認知症のうち八〇％近くを占めるといわれるアルツハイマー病。その原因を素人なりにまとめてみれば、①まず「小さな切れ端が集まって特殊な形になると神経毒性をもつことがわかった」（黒田　一九九八）とされるアミロイドβ蛋白の存在。②これがニューロン（神経細胞）どうしのジョイント部でありネットワーク展開に重要な役目を果たすシナプスを脱落させ、ニューロンを変性させる。③認知症高齢者でも玄関の鍵を開けて町へ出てしまう能力を保持するのは、「ニューロンがよく残っているところと、多く死んでいるところがある」（黒田　一九九二）からだ。④この症状は不可逆性であり、現状では上記メカニズムへの有効な対応策は見つかっていないが、医者の中には怪しげな誇大宣伝（「治すぞ・治るぞ」）を公然と行う者が散見される。

ニューロンは電気信号にかかわる特殊な情報処理細胞であり、これが数百億個で脳のネットワークを形成する。だからここの一部が障害されると、見当識障害に代表される「中核症状」が生じ、現在の先端医療でもほとんど手に負えないとなるが、逆に「特定の病態や状況によって生じる症状であり、痴呆性疾患に常に見られるものではない」（小澤　一九九八）ところの「周辺症状」（小澤に従えば、せん妄・妄想・幻覚・不安・焦燥・不眠・攻撃性・失禁・弄便・異色・過食・蒐集癖・盗癖・徘徊等々）は、医療もしくは介護によって十分に事前・事後の対応と改善が可能となる。

まずは家族による「中核症状」と「周辺症状」の切り分け、その醒《さ》めた認識が極めて重要ということがこれで理解できよう。認知症というと「物忘れ」や「徘徊」といった表面的現象に基づくアプローチをしてしまうが、お年寄りには百害あって一利なしである点をまず押さえておく必要がある。認知症に対する家族の不勉強ほど大変な事態を招くものはない。

私もそうだったが、介護初心者はそこをごっちゃにし、努力ではどうにもならない「中核症状」部分、お年寄りが背負わされているもっとも重い部分を標的に「説教」してみたり、「学習・教育」で治そうとしたりで、穏やかに介護すれば緩和されていく「周辺症状」（奈倉道隆の言葉では「随伴症状」）までをもその副作用でがたがたにしてしまう。そしてついには収拾のつかぬ泥沼へと、お年寄りと自分自身を連れ出してしまうことが多い。これこそ、認知症高齢者の介護家族、特にきまじめな「前向き介護」の家族が陥りやすい弱点かつ悲劇だといっていい。

痴呆老人は、相手がだれかを忘れてしまっていても、その人が安心できる人か、怖い人かはいち早く見分けられます。

痴呆老人には病感があり、相手が自分にどのような態度をとるか、自分をどのようにみているのだろうといつも気にしている。（後略）（竹中　一九九六）

認知症高齢者にリカバリーを求めてさらに苦しめるのではなく、残存能力をこそ慈しみ、「今」をいっしょに楽しむ、介護する側が力を抜き、スタンスをこう変えるだけでお年寄りの「周辺症状」が見違えるほど改善されていく。すると介護家族もまたうれしくなっての良循環が芽生える。今までのどうにもならない悪循環が少しずついい方へ向かい始めるとしたら、こんな素晴らしいことはないだろう。認知症のお年寄りにあっては「論理より雰囲気、情報より情動」（大井玄 二〇〇八）、そのイロハを身につけるだけで、家の中に張り詰めたストレスが見違えるほど和らいでいくのが実感できるはずだ。

認知症高齢者の介護に初めて携わる家族は、「認知症は病気なり」の基本認識からスタートするのが鉄則と私は考える。「原因は病気、結果は障害」、その認識さえきっちりしていれば、「中核症状」を目の敵《かたき》にしてお年寄りへシビアに向き合う家族も激減することだろう。「病気」であるのを認識しつつ、たるんでいるとか向上心がないとか、あげつらう家族がそうそういるとは思えない。

我が竹中星郎は、認知症における病気の面だけを強調すると生活面でのサポート（介護）がなおざりにされるとして「認知症は病気」を一面的に強調することに異を唱えるが、そのことが私の上記主張と基底部で背馳《はいち》しないのは明らか。「認知症は病気」キャンペーンが、お年寄りと介護家族の緊張しきった関係を逆にリリースしてくれる、私はそう信じて疑わない。

大井玄は、「認知能力の落ちた高齢者にとっての『うまいつながり』」として、臨床医体験から以下の五点をあげる。「(1)周囲が年長者への敬意を常に示すこと(2)ゆったりとした時間を共有すること(3)彼らの認知機能を試したりしないこと(4)好きなあるいはできる仕事をしてもらうこと(5)言語的コミュニケーションではなく情動的コミュニケーションを活用すること」（大井 二〇〇八）。

忍耐とか倫理の助けを借り、努力してお年寄りに優しくなるより、医学的知見のイロハをきっちり装備してから認知症高齢者に恬淡《てんたん》と接する、そして両者間のハイテンションに風穴を開ける、空気を通す。この方がお互いずっと健康的であるとはいえないだろうか。

いずれにせよ、高齢者の本質を語らせたら右に出る者がない竹中星郎の以下のコトバをかみしめるのがいちばん、私は経験的にそう断言できる。

> 痴呆性高齢者は「できていたこと」が「できなくなった」のであり、それに必要なのは訓練ではなく援助なのです。(中略)(しかし世の中には=引用者註)「訓練」がまかりとおっています。そこには、援助すると痴呆が進むのではないかという考えが根底にあります。
>
> 痴呆ケアの目的は、上昇でなく広がりです。痴呆の人が「今」をいきいきと生活できるようにすることです。(傍点引用者)(以上、竹中 二〇〇四)

家族介護への「政治的」誘導は悪質そのもの

認知症のお年寄りにあっては、環境を変えるのがいちばんよくないとしばしば言われ、これはもう定説の域に達している。私の経験からしても、前後短期間での比較では一面的に正しい指摘だし、頻繁になどはもちろんご法度だが、それを普遍的法則のように掲げ、いかなる場合も好ましくないとなると、常軌を逸した話になってしまう。

お年寄りの精神的な負担になる、よって施設に入ってもらうのはよほどの時だけ(「二〇一五年の高齢者介護」にあった「施設入所は最後の選択肢」という押しつけがましい官製フレーズを思い起こされたい)、住み慣れた「我が家」での介護こそ本来の姿、介護の原点といった具合に、「環境変化害悪説」と「家族の美風説」を巧みにミックスさせるや、急に生臭い世界がせり出し、鼻白むことこのうえない。介護のフィールドにまで「美しい国へ」の政治が割り込み、肝心のお年寄りはどこかへ吹き飛ばされてしまうから参るのだ。

カネの問題をカモフラージュするため、各論の場へも復古調イデオロギーが出動、最後は「経済成長至上主義」がいいように仕切っていく。社会保障分野だからと〈絶対善〉（「家族の美風」や「我が家の温もり」）のカマトトに安住し、施設へ入ってもらうことにまで罪悪感を抱いていると、気が付いた時には大変な所へ連れ出されていることになる。

私の見方は既述のように、認知症高齢者介護は専門施設でなければまず難しいというものだが、お年寄りへの環境の影響も含めて、信頼する二人の専門家、竹中星郎と横内正利に意見を求めてみよう。

（前略）（アルツハイマー病の高齢者も＝引用者註）そこ（老人ホーム＝引用者註）が安心できる場とわかると、数日しないうちに自分の家はここだと言うようになります。それを見当識障害とみなすこともできますが、今を生きる彼らにとっては安心できる場が自分の家と認知されるのです。（中略）彼らにとっては安心できるところが自宅であり、場所が変わってもそこが安心できるところならば自宅になるのです。（傍点引用者）（竹中 二〇〇四）

（前略）要介護の程度が増すに従って、在宅あるいは家族へのこだわりが軽減するのが普通である。つまり、本人は必ずしも在宅に固執していないことが多い。それよりも、自分のケアをきちんとやってくれる環境を求めるようになるからである。（横内 二〇〇一）

一時的な環境変化のマイナスより、お年寄りが安心できる毎日のケアの質の方がずっと大事、いわんや認知症高齢者においてをや。竹中・横内とも、医療・介護現場で高齢者に密着して仕事をしてきている医師たちだけに、リアリスティックな見方には定評があり、アタマだけでなく心にもすとんと落ちるものがある。

「誰も得をしない在宅介護」（横内 二〇〇一）に固執する（もしくは「固執させられる」）悲劇は全国を覆っているはずだが、介護殺人とか例の認知症高齢者の鉄道事故のようなショッキングな事例以外はなかなか表に出てこない。じっと耐えている老老介護の妻（または夫）、そして最も多いケースのお嫁さん、その張り詰めた空間のふたを積極的に開けて回るのが「政治」の役割ではないのか。

「大介護時代」の到来が「家族介護」を無効にする

だが以上のような、お年寄りと家族の内面に分け入る地道なアプローチ以前の問題として、それらを取り巻く客観情勢そのものが、「家族介護」はもはや限界とのシグナルを発信しだしている。我々はそれを直視する必要があろう。

というのも、これからは「介護の第二幕」（以下、樋口 二〇一二）と樋口恵子が声を大にして言う、現今の介護状況とは下部構造を異にする「大介護時代」の到来がまさに目前だからである。すなわち、少子化の先兵たち（現在五四歳の人が生まれた一九六〇年、合計特殊出生率が戦後初めて二・〇〇に。以後は二・一三がピーク）がそろそろ介護する側に立たされる時代、「少子」が長寿の親を支える史上初の時代、その幕が間もなく開くというわけだ。

我々大集団の団塊世代（合計特殊出生率は大半が四以上）でさえ親の介護で難渋をきわめ、社会問題になっているというのに、それより半分以下にもなってしまった「少子」が担当するのでは、樋口の「大介護時代」も決して大げさでないのがわかろう。「子のない人はいるが、親のない人はいない」（笑）

くる。

の樋口による秀逸なる惹句《じゃっく》、年金における「インチキ肩車論」とは根本的に違う危機感が伝わって

老老介護とは、今や連れ合いに対するケアの謂《いい》だけでなく、高齢の子（またはその配偶者）による超高齢の親へのそれをも指す時代に突入してしまった。また今後は、国がひたすら頼りにするお嫁さん自体も激減傾向で、社会保障制度が体よく利用してきた「介護嫁」（樋口はこれこそ本当の「責任転嫁」だとシャレのめす）も望めないし、親を支える子供がひとりっ子だったりすれば、夫の親どころか自分の親への介護でお嫁さんは手一杯となる。いやそれを知っているから、昔とは逆転、これからの親は女の子を産みたがるのだろう。

さらに言えば、前述のように非正規雇用の増大で結婚自体が減っている、経済的にもとてもじゃないが親の介護は不可能、なかには中年パラサイトも見られる、数え上げたらきりがない。新自由主義が作り出した格差社会は、介護の第一次インフラをも破壊してしまったのである。

「家庭（＝女性）、すなわち家族介護は『社会福祉の含み資産』」を前提とした「日本型福祉社会」にいまさら髪の毛を逆立てずとも、現実の方からあれよあれよと崩れていく、そんな皮肉な事態に我々は直面させられているというわけである。

「高齢社会とは子育てが終わったとき、親の介護が控えている時代なのである」（竹中 二〇〇五）という、逃げも隠れもできぬ冷厳な現実。在宅介護（家族介護）か施設介護かなど、世間への見栄も含め悠長なことを言っていられた時代は急速に過去のものとなりつつある。こんな陳腐な二分法など、時代の趨勢《すうせい》が笑い飛ばし始めている。日本の介護需要が激増するのに反比例し、家庭を取り巻く「総介護力」は既述の事情で激減。日本の「政治」が得意としてきたもっともらしい先送りを今すぐお蔵入りさせ、フットワークよく先回りを敢行してみても相当に困難なこのプロジェクト、いったいどう

立ち向かうべきなのだろうか。

再三言うように、財政（カネ）など二の次、三の次。我々団塊世代が後期高齢者にすっぽり入るあの「二〇二五年問題」を無視するわけにはいくまい。その時にはこれだけボリュームのあるマッスをどの空間（場所）で介護すべきか、介護スタッフ（人財）は確保できるか、破局に近い社会的混乱が目に浮かんでくる。

「二〇二五年問題」が間近に迫っているというのに

二〇二五年の高齢者は三七〇〇万人弱（一四年は三三〇〇万人弱）と大幅な伸びを示すため、認知症のお年寄りも激増するはず。有病率を一二年と同じ一五％と控え目に仮定してみても、認知症のお年寄りは五六〇万人弱、日本第三・第四の都市である大阪・名古屋の合計人口を上回る数字になる。あと一〇年少々でほぼ間違いなく出来《しゅったい》する社会的パニックをよそに論点を逸《そ》らし続け、「お年寄りが安心する家庭介護が一番」と今もって浪花節に逃げ込む政治家や厚労官僚を、我々は許しておいていいはずがない。知れば知るほど誰しもが怒りに震えておかしくない「大政治問題」なのである。

それなのに行政はいつもの「問題すり替え・政策先送り・『現在』万能の利那主義」に終始し、「政治」の根底では「経済成長至上主義」と「復古的・好戦的保守（ネオコン）」が大きな支配力を形成、難問山積の社会的諸課題など公開討論マターとしてさえ浮上させない政治システムが確立されつつある。

二一世紀の社会保障は、かつての救貧的な部分対応とは性格を異にし、「社会的規模の崩壊を防ぐ安全保障（生活保障）」へ大きく姿を変えてきている。戦後の疲弊した時代を諸先輩の頑張りでくぐり抜け、ようやく手にした高度成熟社会を、一夜にしてガタガタ、ボロボロにさせてしまうのか。それを防ぐには、問題点を政治的にではなく社会学的に明らかにしつつ、いくらしんどかろうがその解決へ正面から向かっていく、それしか方法はない。

世の中に蔓延する美辞麗句や、政治が耳元でささやき大マスコミが増幅する甘言、ありもしないオオカミ少年的悲観論から我が身を自由にし、社会における問題点の剔抉《てっけつ》を大至急始める、それも自分の見聞をもとにして。遠回りのようでありながら、これぐらいの近道はないと思われる。

いまだ家族介護（在宅介護）へのただ乗りというか、そこへの押しつけを旨とする厚労省には、絵空事をいつまで並べているんだと厳しい自己批判を迫り、当の団塊世代もまた、どこか他人事のようなスタンスを放擲《ほうてき》して渦中へ飛び込まなければ、「介護の社会化」どころか「介護の空中分解化」がそれこそ絵空事ではなくなってくる。

「結局はカネの問題だろう、財源をどこに求めるかだろう、全体最適がポイントだ」の反論が、どこからか聞こえてきそうな気がする。またぞろ、あの橋下徹流「算術」も出張《でば》ってくることだろう。しかし冗談はよしてもらいたい。次章以降で詳述するように、各論に踏み込まぬ印象批評で深刻な課題（部分最適）をさらっと流されたのではたまらない。

安冨歩「東大話法」の規則19は「全体のバランスを常に考えて発言せよ」。「二〇二五年問題」が間近に迫った今、この命令に「ハハッ！ごもっとも」でいいのか。最も大事な部分＝生々しい現実から引っかき回さなくていいのか。あの原発大爆発も、事故以前は、「地震だって？　全体（本質）に影響しないミクロの言いがかりだからゴミ！」「電源喪失？　あり得ないからゴミ！」「津波？　荒唐無稽すぎてゴミ！」のように、「全体」という名の原発稼働がアプリオリ（先験的）にふんぞり返っていながら、瞬時にして前記すべての「部分」（ゴミ）にやられまくり、破滅へと至らせてしまった。

真実は部分に宿る。全体はその積み重ねと相乗効果があってのことで、決して逆ではない。官僚政治とは、「全体大好き」の総論逃げ込み政治のことをいう。

第七章　せっかくの介護保険制度を漂流させる厚労省

一　介護保険制度がなかったら今ごろは

動機不純ながらともかく立ち上がった介護保険制度

ある意味で画期的な日本の介護保険制度は、紆余曲折の末、一九九七年の年末ぎりぎりに介護保険法として成立、二〇〇〇年四月から施行されることとなった。〇一年四月に新自由主義の権化、社会保障最大の難敵となる小泉純一郎政権が発足したのを見れば、曲がりなりにも二〇〇〇年度からスタートできたのが奇跡のように思えてならない。もしこれが小泉＝竹中ラインの船出後であったら、どのように改変させられていたものかと。

それだけでなくこの介護保険制度、医療・年金に始まる第五の社会保険という極めてエポックメーキングなものであるにもかかわらず、世間では何となく影の薄い「小舟」であったからこそ、結構小回りをきかせ、橋本龍太郎（厚生族の代表的存在）・小渕恵三という好対照のくせ者の足下をも巧みにかいくぐってそこまで来られたのではないかとも考える。

ところでこのように書くと、お前は介護保険など評価するのか、厚労省の回し者かの刃を向けてくる進歩的知識人が必ず現れる。「実利」よりもイデオロギーを優先する人間にその手が多い。しかし私自身は、国の底意（「介護の社会化」どころか、支出の削減と医療保険の救済が介護保険の主目的）を十分承知のうえで、利用できるものは利用し尽くし、介護の現場が求める方向へその都度モデルチェンジさせていく方がより効率的という実践路線派だから、介護保険制度発足はもっけの幸いのウエルカムで、進歩的識者たちが大好きな「カマトト社会保障論」など意に介すつもりはない。

その典型例の伊藤周平（社会保障法）、政党色が露骨にすぎる彼は、介護保険を批判というよりむしろ嫌悪してこうまで言う（伊藤 二〇〇一）。

①「（介護保険の発足で＝引用者註）日本中の六十五歳以上二、〇〇〇万人の怒りが行政をゆさぶっている」。②「介護保険法を徳川時代の『生類憐れみの令』に匹敵する悪法と評した施設職員もいる」。③「介護保険で、老後や介護の不安は解消されるどころか、むしろ増幅され、多くの人に新たな苦しみをもたらしているのが現実だ」。（傍点引用者）。

伊藤の発言が介護保険制度発足後一年以内のものであるのを割り引いても、社会科学者にあるまじきドグマティズムというか、社会保障はあくまでも「救貧」が基本！に凝り固まった前時代的イデオロギーの持ち主としか私には見えない。おそらくこういうタイプの人間は、介護保険成立以前に行われていた「措置制度」という、いかにも官庁用語丸出しの「救貧」方式に戻させたくて仕方がないのだと思われる。「措置制度」、特養ホームを例に取れば以下のようなものだった。

特別養護老人ホームでの介護サービスは、措置制度によって給付されていた。（中略）市町村が利用者の心身の状況や家族の状況、所得の状況などを調査して、特別養護老人ホームに入所させるかどうか、入所させるとしたらどこのホームかを決めて「措置」を行っていた。つまり、利用者が自分で施設を選ぶことはできなかったのだ。また、利用者の負担額は、利用者や家族の所得の状況によって異なる応能負担であり、介護保険が始まる直前の一九九九年度ではまったくの無料から月額24万円まであった。（椋野・田中 二〇一三）

この例で、満額の二四万円を払っていた人は、介護保険になると一割の二万四〇〇〇円で済んでしまうのに、所得の関係で無料だった人は逆に二万四〇〇〇円も払わなければならない、それっていったい何なんだと伊藤は言いたいのだろう。だが問題の本質は、要介護者の大多数がどこにあるかであり、「措置」時代に無料と認定されていた人が大部分を占めるならその理屈も成り立つ。そうでないなら、当時「無料」とされた人々をどのようにして救っていくかは別次元の重要な論点のはず。だから介護保険自体がダメ、措置時代へ戻せとは到底なり得ない。

ここまでひどくなくとも、厚労省御用達の介護保険なんて！と斜に構え、そんな姿勢ゆえ厚労省と互角に渡り合えない「遠吠え良識派知識人」が、湿潤の地・日本にはなぜか多くて困るのだ。

と同時に、この「措置制度」懐旧談が回り回って当時は自民党だった亀井静香とリンクしてしまうという笑い話にも、注意を払っておく必要がある。介護保険スタートまであと半年というところで、「亀井静香自民党政調会長が『子が親の面倒を見る美風を大事にしたい。親子の関係を老人と社会という関係に置き換えるのはいかがなものか』と言いだした」（岡本 二〇〇〇）という、有名な伝説的事実があるのだ。

亀井の政治的な真意は、巷間《こうかん》伝えられた復古調よりむしろ、迫りくる総選挙対策に重点があったものと思われるが、高齢者からの介護保険料徴収を延期する＋介護家族に「慰労金」を払うというバラマキ、もっと広く言えば、介護保険による現金給付、実は樋口恵子たちがもっとも警戒するところのものであった。なぜなら、これを主張する「家族介護至上主義者」たちは介護対価としてまったく見合わぬお涙給付金を家族に渡して一件落着にするだろうことくらい、十分予見できたからである（実際、「慰労金」は条件付で何と年額一〇万円也）。

介護保険制度という、中身は濃くとも地味な「小舟」は、こうした左右からの挟撃に遭いつつも、「大介護時代」へ向けた二一世紀新システムとして何とか船出したといえる。

正攻法で育て上げていくべき介護保険制度

動機不純だろうが官製だろうが、欠点がいくつもあろうが、行き詰まった高齢者介護を突破する力を備えた装置であるなら、それに食いつき活用していかない手はない。及ばずながら義母と実父の介護に側面から携わった私の体験に照らしても、もし介護保険なかりせば、恐らくは絶望的状況に追い込まれていたに違いないとだけは確言できる。

実際問題、介護保険に対しては女性からの反対意見がほとんど聞かれない。官によるソロバンずくの本来的意図は別として、女性の多くは国民の潜在的ニーズに適《かな》うもの、介護がようやく「家庭」というどろどろとした場から「社会」へ顔を出すきっかけになるものと見ていたのである。

当然ながら介護する側の「家族」は大方が女性であったゆえ、「私的領域から公的領域へ」（上野二〇一一）というリリース（解放&開放）は、まさにジェンダーフリーの問題をも含意していた。それもあってか、一部の封建オヤジは介護保険に本能的な忌避感を示すし、女性はおおむね歓迎という、極めて自然な流れが生まれることになる。

ところで介護とは、長寿に由来するつい最近の概念であり、『介護』という言葉は、30年前には『悔悟』としか出てこなかった」(樋口 二〇一二)、『広辞苑』に『介護』という語が採録されたのは一九八三年の第三版からである」(上野 二〇一一)というエピソードまで披露されるほどの新参者。だが一方では、「『介護地獄』『介護心中』『寝たきり老人』『劣悪病院問題』といった事態が頻発した」(岡本二〇〇〇)一九七〇年代から、既に歴史的な現実であったことも忘れてはならない。ちなみに、有吉佐和子の一四〇万部大ベストセラー『恍惚の人』が出版されたのは、七二年であった。

七〇年代からのこの状況こそ、「家庭」で強いられる隠微な介護を端的に示すものだし、それに耐えられなくなると、「中流を自負する層にとって人聞きよい場所」であり「10万円前後ですむ」(樋口 二〇一二)老人病院へ要介護高齢者を体よく入院させてしまうケースが多々見られたのも、このころからだ。その結果は、ご存じのように老人病院の大繁盛。公然の秘密である「抑制」(身体拘束)や薬漬け、寝たきり老人(寝かせきり老人)の大量「再生産」(岡本 二〇〇〇)という悲劇的で犯罪的なパターンの横行、つまりは介護施設が脆弱なためお年寄りには劣悪な医療施設へ「入院」してもらう、これをして「社会的入院」と称するのは、悲しい現実を凝視する用語として案外適切だったと言い得よう。

こうした背景のもと、ついに老人病院が社会問題と化す。これでは医療保険財政の方が侵食されてもたないとさすがの厚生省も腰を上げ、八九年のゴールドプラン(高齢者保健福祉推進十か年戦略)、九四年の新ゴールドプラン(高齢者保健福祉推進五か年計画)、そして高齢社会対策基本法、ゴールドプラン21を経て介護保険制度へとたどり着くのだった。

「介護においても、なんとしても新しい財源を、しかも医療保険のように国家予算から独立した独自財源を持とう、ということになった」(岡本 二〇〇〇)という官のニーズと、介護を社会へ開いてほしいという女性たちからの切実な要望。介護保険制度誕生にまつわるこの二面性を、我々は冷静に認識しておく必要がある。

こうした清濁併せのむの観点から何とかこれを守り育てていくべきというのが私の基本スタンスであるのに、我が厚労省はと見れば、財務省に突っつかれるのを恐れ、「東大話法」的レトリックで介護保険成立当初の原理原則を次々と蔑《ないがし》ろにし、狭い道を縫うように立ち上がった介護保険制度を「介護の社会化」からぐんぐん遠ざけていく。彼ら厚労省もまた、財政健全化の番人（財務省厚労省部）へと自ら墜《お》ちていくのだった。

まだ介護ニーズに直面していない人にとっては小難しい用語に聞こえるはずの「介護の社会化」。しかし介護経験者にとってはこれほど実感に合う言い回しはないと思われる。「社会化」を真っ先に希求するほどに介護というものは苦しい。「社会」から空気を入れてもらわなければ、介護者が先につぶれてしまう。それなのに、国のベクトルは正反対である「介護の家族化」の方へと一直線で向けられる。もうすぐ当事者になる五〇代・四〇代の人たちにも、今から問題意識を持って闘ってもらわなければならないゆえんである。

二　「理念先行型」進歩的知識人が現場を大混乱させる

特養ホームのユニットケア化という世紀の大幻想

介護保険は医療保険とは違って非常にわかりにくい。風邪がひどいから健康保険証を持って医院へというような、日ごろからなじみあるものではないだけに、介護はまだ先という人にはちんぷんかんぷんがむしろ当たり前になっている。大型書店へ行けば親切な介護保険解説本が山ほど出ているので、制度の概要はそちらに譲るとして、ここでは厚労省による幾多の許されざる「介護保険骨抜き化」策謀、その中でも影響の大きい数点に絞って見ていくとしたい。

「今、家族介護者の中心年齢は男女ともに60~69歳がもっとも多い（一二年時点=引用者註）」（樋口二〇一二）と言われる。とすれば、一〇年前に出版した拙著のタイトル『団塊世代の高齢者介護』（阿部二〇〇四）もあとちょっとで「団塊次世代の高齢者介護」に変えるべきが妥当ということ。そこでお年寄りの介護に関する国からの甘い誘いを叩《たた》き台に、そのトンデモナイ事情を今から知っておくのも益なきことではないと思われる。またこの種の巧言令色は止むことなく今後も延々展開されるだろうから、官僚の手の内を知れば以後の闘いにも活かせることとなろう。

厚労省手だれのカイカク・プロパガンダ、それが思惑どおりにうまくいき、かなりの追随者が出た段階で今や恒例ともいっていいお得意の「ハシゴ外し」。これについては多くの良心的研究者や実践者がつとに指摘しているところで業界ではもはや定説の部類だが、厚労省のご機嫌を損じても得《とく》はないと、多くは「これまずいです、現場が困っています」の控え目な哀願調クレームにとどめ、怒りの表出にまでは至らない。また一歩踏み込んではみても、財源不足で袋小路の厚労省を揶揄《やゆ》してみるくらいがせいぜいで、からきし頼りにならない。

それに反し、当の厚労省はいつもの詭弁を振り回し、むしろ堂々と「介護保険骨抜き化」へひた走るといった好対照ぶりで、勝負は始めからアリなのだ。しかも、政権奪取以前の野党・民主党ががんばっていた時代とは違い、今の民主党は単なる安倍政権補完政党、この違いも相当に大きい。逆に言うと、現在では財務省・厚労省とも、何も怖いものはない。

さて、二〇〇〇年の四月に発足し、はや十数年の歴史を持つ介護保険、法的な制度改正は当初六年ごととされたが、一度目の〇六年度改正実施以降は実質三年ごとへと切り替わり、〇九年度、一二年度と施行されてきた。しかし、その度ごとに介護費用激増を理由とする実質的バージョン・ダウンになったのは容易に想像できよう。

そこでまずは、三種類ある施設介護（施設サービス）の代表格、特別養護老人ホーム（介護老人福祉施設）関連の大問題から取り上げていくとしたい。

先ほど介護保険の制度改正は当初六年ごとだったと書いたが、スタートから間もない〇一年、奇妙な「指示」が厚労省から出された。中身はユニットケア型の特養ホーム（小規模生活単位型特養ホーム）、つまりは新型特養へ大転換する（させる）とのご託宣。先述の厚労省ＨＰ「二〇一五年の高齢者介護」（1）に掲載の「補論2　ユニットケアについて」から引けば、その正体はこうなっている。

> 二〇〇二（平成14）年度から、ユニットケア型の特別養護老人ホーム（小規模生活単位型特別養護老人ホーム）に対応した**施設整備費補助金**が設けられた。（中略）今年度（〇三年度＝引用者註）はこれまでに166施設がユニットケア型の**国庫補助対象**とされており、これは定員数では全体の約九割に相当する。（中略）また今年度から、ユニットケア型の特別養護老人ホームについて、**従来型よりも高い介護報酬が設定**された。
>
> 更に、国は本年4月、ユニットケアの運営基準を**省令と通知**で示した。そこには、上述の実践と研究の成果が端的に表現されている。（太字引用者）

国会を通す法的制度改正ではなく、「省令と通知」でチョロッとやってしまうところが陰険というか官僚本来の「技」だが、中央官庁による省令と通知は半端ではなく、業界にとってはビビリまくりの「水戸黄門の印籠《いんろう》」と同じだからたまらない。厚労省医系技官だった村重直子が、医療分野での「通知」の威力を以下のように証言しているが、介護分野でも変わりのあろうはずがない。

厚労省の通知は、法律と違って国会審議を経ずに出せるため、医系技官の思うがままである。極論すれば、通知は、彼らがこの国の医療を支配する独裁者として振る舞うためのツールとなっているのだ。（村重 二〇一〇）

そうした背景を知ったうえで振り返ってみると、ある日突然、特養ホームはユニットケア型（小規模生活単位型）しか認めない！と厚労省独自の権限だけで言い渡したに等しいのだということ。右記引用文中の太字部分、ユニットケアへのインセンティブ（誘引剤であり、同時に従わない者への排除剤でもある）が厚労省の意力と威力をあからさまに示している。相手がお上でなければ、従来型特養ホームの経営者はそれこそ「威力」業務妨害で訴えたいぐらいではなかったろうか。

その辺の業界事情を、高口光子（理学療法士）と三好春樹（同）(2)が対談で明らかにしてくれる。

三好　ユニットでないと許可しないと言うから、みんな仕方なくやってるわけですよ。どこに法的根拠があるんだという話でしょ？　国会で決めたわけでもないのに、ユニットでなければ許可しないというのは行政指導としてまったくやりすぎですよ。

高口　えっ、法律で決まってるんじゃないの？　法律で決まってるわけでもないのに、どうしてあんなに強気で言えるの？（高口 二〇〇四）

では厚労省ご執心のユニットケアというご大層な代物、それはいったいどんな具合のものなのか。そこに至るプロセスはひとまず棚上げとし、外形的な特徴から説明すると概略こうなる。

①全室個室で一〇人前後をユニット（生活の単位）とし、個室に取り囲まれるように台所つきの共

用リビングを配置する。

②どうやらここを長屋の井戸端のごとく見立てているらしい。これぞ人間的な場だと。

③新型特養の先駆者の一つ、「風の村」（千葉県八街市）が書いた本によれば、『風の村』の建物は4つの住み分けになっている。（中略）それぞれを「パブリックゾーン」「セミパブリックゾーン」「セミプライベートゾーン」「プライベートゾーン」と呼んでいる」（特養・風の村 二〇〇二）。

④職員は各ユニットごとの担当となる。

この新型特養の誕生に教祖ともいえる伝道師がいたのは、介護関係者なら公知の事実。五二歳で夭折《ようせつ》した外山 義《ただし》（建築学）がその人で、著書『自宅でない在宅』（外山 二〇〇三）は信奉者たちのバイブルにもなっている。私も出版後すぐに読んでいるが、改めてページを繰っても、ドロドロの現実からは隔絶した理念優先の人だなとの思いを禁じ得ない。だからこそ、多くの進歩的知識人っぽい人々が惹かれたのだろうとも想像する。後述するが、あの上野千鶴子もぞっこんで、結局のところ、施設に自宅を！と純粋自我への信奉が共感を生むようだ。と同時に、彼らには一様に、「認知症高齢者」への皮膚感覚的な認識が不足している点も見逃せない。

まずは外山によるつぶやきの一端をピックアップすることで（外山 二〇〇三）、読者にユニットケア発生のベースを伝えたいと思う。

①「（前略）施設における規則は、（中略）管理者側、介護者側が一方的に定め、遵守を求めてくるものが主である。（中略）長年、地域で暮らしてきた高齢者は施設に入ったとたんに、これまで自己判断のもとにおこなっていたさまざまな行為について、一方的に『規則』の遵守を求められる」。

②「分別も経験も豊かな高齢者、また地域においてそれなりの扱いを受けてきた高齢者が、施設に

入った途端に自分の孫のような年代の、しかもアカの他人から一方的に指示される」。

③「（前略）たとえ居室が個室化されても、私物の持ち込みが大きく制限されたり、そもそも私物を持ち込むべきスペースがなかったりする場合、そこは『身の置き所』とはならないのである」。

④「個室化の進んだ特養では、家族の訪問が目に見えて多い」。

⑤「施設では、入居者にとっての玄関が、一般的には存在しない。（中略）とくに、頭のなかで置き換えたり、想定したりすることがきわめて困難な痴呆性高齢者にとっては、空間の消滅が直接的に生活行為の消滅に帰着しがちである」。

⑥「（前略）従来の『介護』や『管理』といった職員側からの垂直的なかかわりに支配された場ではない『生活の場』をつくりだそうというのが、ユニットケアのねらいなのであった」。

⑦「（前略）食堂に連れていかれた高齢者は、最後の人がそろい配膳が終わるまで、ただただ待たされることになる」。

外山の本のタイトル「自宅でない在宅」、そして文中にある「住宅と施設の二重性」に、彼がユニットケアへ執心する根拠がいきなり露出している。しかしそんなに「在宅」が理想なら、一足飛びに「在宅的な施設」ではなく、なぜ「在宅介護」をとことん煮詰めようとしないのか。またどうしてなのだろう、「風の村」が書いた論考（特養・風の村 二〇〇二）には、「在宅」の問題点がほとんど出てこない。なぜ入居者が「在宅」から「風の村」へ来ているのかの検証も見られない。

だがそれより何より、「風の村」での「食事・排泄・入浴」ケア、そうした高齢者介護施設で最も大事なソフトへの言及が介護者側からほとんどないのも不思議なところ。さらに認知症高齢者となると、外山本も「風の村」本もまるであさっての方のような感じで、私がいちばん関心のある「ユニットケアと認知症高齢者との関係性」は考慮の外といった案配だ。

それはそうだろう、自我信奉者と認知症のお年寄りほどクロスしにくいものもないのだから。

私が拙著で東京都北区立特別養護老人ホーム「清水坂あじさい荘」（いわゆる旧型特養）の鳥海房枝副施設長（当時）にロングインタビューを試み、氏がそれに対して今までの経験と知見と研鑽を総動員して「食事・入浴・排泄ケア＋認知症高齢者ケア」の深さにつき熱っぽく語ってくれたのに比べ、ハードに偏した新型特養の何とあっさりしていることよ、が正直なところである。

秋葉郁子（「風の村」施設長（当時））による以下の文章は、「な〜んちゃって新型特養」という楽園の背景を期せずして示してくれている。まるで何かの宗教的境地から活写した産物というべきか、それとも、ユニットケアの効用を謳《うた》うべく義務づけられた人間の催眠状態を悲しいまでに暗示していると見るべきか、いずれにせよ尋常ならざるものを感じさせる筆致からご賞味いただければと思う。

> 居室には廊下側から入るドアと居室から外に出るドアの両方があり、いつでも自由に各居室から外に出ることが出来る。当然電子錠はない。施設経験者の方は、「とんでもない。外に行かれてしまう」と思うだろう。人間「これを見てはいけない。あそこに行ってはいけない」といわれると見てみたくなるし、どうにか抜け道を見つけ行ってみたいと思うのは当然であろう。いつでも行っていいのであればまあいいかと思うのではないだろうか。

ここには認知症高齢者のリアルな姿がすっぽりと抜け落ちている。〈かくあるべし〉という理念しかない。彼女の理想とする在宅であっても、あの愛知県でのやりきれぬ鉄道事故、秋葉はああした悲劇をどう説明するというのだろう。

最後に、不幸にして亡くなった人への批判は控えたいが、先ほどの外山流決めつけでは施設の職員があまりに気の毒なので、その問題点だけは率直に指摘させてもらうこととする。

①介護スタッフが規則を強要、そして高齢者に一方的指示を下す?→長い間、現場に滞在してきた体験を持つ私からしても、それはまずあり得ない。②私物を持ちこむと落ち着く?→こういう要介護者ばかりなら、施設は苦労しない。認知症ではない裕福な有料老人ホーム入居者でも想定しているのだろうか。③個室化で家族の訪問が増える?→何を根拠にと言わせてもらおう。来ない人はまったく来ない、来る人は毎日でも来る、それだけのこと。また我々家族も特養ホームでの面会時、部屋になどはほとんどいたことがなかった（寝たきりの要介護者の場合は別にして）。④施設には入居者の玄関がない?→入居者自身、外山が何を言っているのかわからないだろうし、この私もまた、理解不能。⑤施設介護は「職員側からの垂直的なかかわり」?→創意工夫を重ね懸命に努力しているスタッフに対し失礼千万な発言で、私はそんなものは見たことがない。これこそ進歩的知識人からの「垂直的」な弾劾。また、新型特養ホームの職員も理想の国からやって来るわけではなく、所内での配置換えで配属されるだけ。⑥食堂では配膳が終わるまで食べさせてもらえない?→そんなシーンには、特養でも有料老人ホームでも出会ったことがない。⑦なおここで私は、一部に存在するであろう劣悪な施設は念頭においていない。

こうなると、新型特養って、元気なお年寄り向けの単なるサロンを想定しているのかと言いたくなる。これでは、現在急速に増えてきた「サ高住」（サービス付き高齢者向け住宅）の先取りではないかと半畳を入れたくもなる。

知識人が毛嫌いする「施設の集団ケア」こそ推進を

外山義が「ユニットケアとは、個室が確保されていることが前提です」（外山 二〇〇三）と釘《くぎ》を刺すように、個室とユニットは最初からパッケージングされている。上野千鶴子にはそのパッケージこそが絶対条件らしく、個室で育ってきた団塊以降の世代、老後も個室でなくていられるものかとまず主張する。なるほど、それには私も限定付きで賛意を表しよう。友人との旅行でも相部屋は勘弁だし、今の状態で施設に入るとすれば、費用の問題は別として断然個室を希望する。しかし私自身が認知症の状態にあるなら、それはどちらでもいい。これは認知症高齢者を侮ってのことではなく、彼ら（彼女ら）に対してはもっと大切なことがいくらでもあるからで、「個室」など優先順位としては極めて低いからだ。理念ではなく現実から入る私の結論はこのように簡単である。

なぜか上野の大著（上野 二〇一一）では認知症のスペースが不当なほど小さいので、彼女における個室執着と認知症との関係がどうなっているのかは理解の外。いずれにせよ「高齢者介護とは認知症高齢者介護のこと」という私のテーゼとは大きく懸け離れている。

ただ、この個室問題、どう転ぼうがそれほど大したことではなく、ここでポイントとされるべきはあくまでユニットケアの方だ。外山の主張に対する私の批判だけからも、無理筋ともいえる彼の発想に多少の疑問を抱かれたことだろうが、以下の諸点は施設介護の本質にもかかわる重大な事柄なので、さらに深掘りを試みたい。

だがその前段には、上野がプライオリティ・ワンとして書き連ねる「個別ケア」という概念が、厳として立ちはだかっている。どうやら、「個別ケア」への執着こそがユニットケアを強く呼び寄せる、そんな気味が読み取れる。

（前略）「よいケア」の基準は以下のようになる。集団ケアに対して個別ケア、施設ケアに対して在宅ケア、雑居ケアに対して個室ケア——総じて当事者の個別性に応じたカスタム・メイドのケアとなろ

う。（上野 二〇一一）（そう言いながら別の個所では「住宅か施設か、は二者択一ではない」とも＝引用者註）

この件《くだり》を読み、上野って介護現場のことをほとんど知らないのだな、と私はまず感じた。一度でいいから優れた介護をしている大規模特養ホームに頼み込んで二四時間現場へ張り付き、定点観測を試みたらどうだろう。多分、相当に考えが変わるのではなかろうか。

では上野千鶴子批判を兼ねる形で、私が要介護者となった場合の考えからまず先に述べておこう。

①私は在宅介護などもってのほか。女房に頼むなど考えたこともない。では上野が「よいケア」という「在宅ケア」ではいったい誰にみてもらおうというのか。「おひとりさま」だし、「家族介護が望ましいという根拠のない信念」として身内による介護を批判している以上、いったいどの他人に？本書で何度も述べたように、私は認知症状態のことを常に想定するゆえ、畢竟《ひっきょう》二四時間対応のケアワーカーさんが必要になってくる。財界首脳クラスなら複数の交代制でも雇用可能だろうが、私としては（万々一そんな恵まれた経済状況にあった場合でさえ）それだけはご免蒙りたいと思う。そうした固定メンバーに狭い空間の「在宅」で介護されたら、逃げ場がない。だいいち、まったくフィットしない人だったら、解雇に次ぐ解雇でいくとでもいうのか。リタイア後もムラの論理を逃れ都市に定着したのが今の膨大な首都圏住民であり、その後継者が団塊の世代。そこには心的な必然性がある。湿潤な在宅介護などイヤという心性も、この原理とまったく変わらないと思える。

②魅力的に響く「個別ケア」はその実、大変な重荷で気色も悪いし、不自然な「当事者の個別性に応じたカスタム・メイドのケア」などやってもらわない方が精神衛生上よほどいい。だいいち「カスタム・メイドのケア」って、「介護の鉄人」にでも依頼するつもりなのだろうか。

③私が長い間見てきた特養ホームと介護付有料老人ホーム、いずれも上野が忌避する「集団介護」

だが、個々の入居者事情に合わせたきめ細かい介護をしている。「集団介護」という名辞が持つマスプロ・イメージに寄り掛かっていると、大変な間違いをおかす。それに、入居者ごと、一応担当者が決まってはいても、シフト勤務だから結局のところスタッフは取っ替え引っ替えに。これが入居者には適度な風通しのよさとなる。見落としも修正されるし、スタッフ同士のいい意味でのチェック機能も働く（病院でも同じで、入院体験のある人なら、三交代による看護師さんの入れ替わりがかなりプラスに作用するのを実感するはず）。「今日の夜勤は誰だろうか」と楽しみにしているお年寄りも結構いる。

④「集団介護→入居者は将棋の駒→一人ひとりの個性には目配りせず、記号としてしか扱わない」などという施設は時代錯誤も甚だしく、いずれ自然淘汰されよう。現代の「施設介護」を見くびってもらっては困るのだ。

⑤隠微になりがちな「在宅介護」より、「施設介護」の方がよほど健全というか、すっきりしている。特に認知症高齢者介護にあっては、「お父さん、こんなこともわからないで、しっかりしてよ」とか、かつての家族体験を思い出し「情けない」等は施設介護の場では絶無だし、スタッフも勤務が終わればさようならとあっさり自分の世界へ戻っていく。入居者もいろいろな性格、年齢、それに男女両性のスタッフに接し、ミニチュアな「社会」を十分楽しむことができる。あのスタッフはここがダメだと勝手に採点したりもしながら。

⑥上野は、「理想の介護とは、個別ケアです」「よい介護とは、その方に合った個別ケア、これしかありません」「究極の個別ケアは一対一である」「当事者の個別性に見合った、『個別ケア』」と宣言するだけで、いったいどういう介護を受けたいのか、そして認知症になったらどうなると想定しているのか、具体的イメージは大著でもついぞ開陳されることがない。

⑦上野の場合、要介護者のプライドと尊厳を満足させる介護にばかり目がいっているようだ。しか

し、たとえ上野の願望を優先させたにしても、素人の在宅・個別介護よりは、施設でのプロによる集団ケアの方が適していると私には思える。施設介護をぞんざいなものととらえたら大間違いだ。⑧最後に、常に根底を成すべき三大介護（食事・入浴・排泄）、この〈生理〉に関する基本的なものをインフラに置かない自我信仰はやはりどこか浮ついていて、介護そのものを毀損《きそん》する、介護が荒れるとだけは言っておこう。上野には理解不能であっても。

以上のごとき素人の「直感＝直観」を現場に精通したプロの意見とクロスさせてみると、現実はより立体的に浮き上がってくるはず。岡田耕一郎（経営組織論）・岡田浩子（介護福祉士・社会福祉士）の意見に耳を傾ける価値がそこにある（岡田 二〇〇八）。

（前略）個別ケアと呼ばれている介護の基礎的な部分（食事・入浴・排泄という三大介護部分＝引用者註）は、介護職員が自由な発想で、臨機応変に対応するというよりも、むしろ個々の利用者の状態をしっかりと把握した結果に基づいて、決められたやり方で提供するような介護である。

（前略）残念ながら介護現場では「自称個別ケア」が溢れ、しかも三大介護に関する最も基本的で重要な個別ケアがそれほど重要視されていない。

岡田の言う「個別ケア」と上野のイメージするそれとの懸隔、前提からして既にずれまくっているのが見て取れよう。

ここでようやく我々は、ユニットケア（新型特養）を語る一歩手前の地点まで来ることができた。岡田の言う、三大介護を中心とした語本来の意味での地道な「個別ケア」ではなく、上野たちがイメージする「個別ケア」—私の意図するようにケアしてちょうだい！—の延長線上に「ユニットケア」なるものが見えてくる、というより、「個別ケア」信奉者（近代的自我信奉者）たちが外山主唱の「ユニットケア」構想にパクッと飛びついたといった方が正しいのかもしれない。

〈在宅介護不可の場合は仕方なく施設へ→個室必携→ユニットケア化必須→それらを支える大前提は「個別ケア」〉。これを上野の言いぶりに直せば、「施設ケアを少しでも個別ケアに近づける試み」（上野二〇一一）ということになる。これぞ市民主義的良識派に特有の、自意識過剰な香り漂う古典的ありようで、まさに進歩派知識人のデジャ・ビュ（既視感）そのものといえる。「介護の場は生活の場」という当たり前の深い意味が、ここでは見事にすっ飛んでいる。

では次に、この上野流「個別ケア」から一歩進め、厚労省までもが本命と位置づけるユニットケア（新型特養）問題へ入っていくとしよう。ここでもまた、私の見方から整理しておきたい。

①ワンフロアに三〇人ほどの入居者がいて長い廊下がダーッ、そのスタイルはそもそも病院由来だからダメという人がいるが、それは単なる机上の空論で、実際に優れた介護施設を見れば、いったいそのどこに問題が、と感じるに違いない。

②例えばこの三〇人を、三つのブロック（ユニット）に「配置換え」したとしよう。まあ、オープンユニット型なる逃げはあっても、実際問題、面積は三分の一になってしまう。お年寄りはこの狭い空間でしか移動できなくなる。息の詰まるような空間になる。認知症高齢者がこれでどうなるか、考えたことがあるのだろうか。だが推進派は逆に、これぞ「施設」から「集合住宅」への一歩だと胸を張るのだが。

③そして昨日までランダムに顔を合わせていた入居者も一挙に三分の一へと激減。気の合う仲間を求め、フレキシブルに行われてきた交流がいつもの一〇人に固定され、そこでの付き合いを強要され

る。さらには、夜勤のスタッフが一人になると、ある意味、入居者にとって怖さが生じる。何しろ密室なのだから。
④相互乗り入れで仕事をしてきた職員も分断され、先輩からのOJT（仕事をしながら技能を身につけていく方式）もままならず、一人夜勤ではまだ経験の浅い職員は重圧に押しつぶされる。新型特養だと「カリスマ介護士」が専属につくなどというのは大間違い。そんなことはあるはずもない。旧型特養からの単なる配置転換にすぎないのだから。
⑤また、一人職場や二人職場では、スタッフの個性が影響し合っての仕事の平準化、相互牽制機能、そしてスキルへの刺激も極めて弱くなる。
⑥推進派の人たち、マンションに例えれば恐らく、大規模マンションはイヤ、こじんまりとしたものがいいと考えるのだろうが、大規模マンションの計り知れぬスケールメリットなど彼らにあってはまさに想定外だろう。日本社会に蔓延《まんえん》する、いわれなき「小さいことはいいことだ」信仰。そのマイナスは相当に大きい。岡田の言う『理想の介護』の背後に潜む、ある種の傲慢さ」（岡田 二〇〇八）がいつ負の影響を噴出させてもおかしくはない。
ここまで来て、先の岡田がすごいことを言うのに出会い、正直、私も少々驚かされた。

全室個室・ユニットケアは、このままいくと、我が国の介護の歴史の中で悪名高い天井走行式リフト、回廊式廊下(3)と並んで三大駄作になるといって良い。他の2つよりも、より介護現場に踏み込んでいるので、介護職員からは最悪の呼び声も高い。（中略）（岡田 二〇〇八）

上野千鶴子熱望の「個別ケア」へ到達するよりずっと前に、ユニットケアというハードがバリアとなってマイナスが出来《しゅったい》することぐらい、なぜ事前に気づかないのだろう。それとも「傲慢な理想」や「理想の傲慢」が、我々のような常識的見方を妨げるのだろうか。

私が書いた「一人夜勤」の怖さ、先述の対談で三好春樹が興味深い話を紹介している。

あるヘルパーさんが一人夜勤をしていて、「家族がどんなに大変かがよくわかった」と言われた。「家族会に行くと家族は涙して『介護は大変だ』と言うけれど、『たった一人をみているだけじゃない、こっちは何人みてると思ってるの』と思っていた。でも、あの苦しさは体力的なことではなくて、今目の前のことを共有してくれる人がいないという孤独感のことだったんだ。自分は一人夜勤をやってそれが初めてわかった」と。(高口 二〇〇四)

対する上野は、二段組み五〇〇ページに近い大著(上野 二〇一一)の中のユニットケアを論じた部分で、高口や三好、それに春日キスヨらからの現場立脚的なユニットケア批判にかなりの戸惑いを示し、こう書くに至る。

だが、もしユニットケアがハードだけでなくソフトのコストアップを要求することがわかっていたら、厚労省はユニットケアを推進しただろうか。外山のデータはユニットケアの制度化を推進することに貢献したが、その結果としてケアワーカーたちの労働強化を招いた。

あまりに率直な書きぶりには敬意を表するしかないが、「実証データを積み重ねることで、ひとつひとつ反論していく」という外山義の「徹底的に経験的な実証研究」を評価してきたはずだったのに今ごろなぜ、との思いは消えない。

ユニットケアを見学したことのない私でも、計画を聞いただけで「労働強化」になることくらい容易に想像がついた。後ほど詳述するが、そんなイロハを厚労省が知らなかったはずはない。知らぬはユニットケア推進派の良識派知識人ばかりなり、そこへ悪乗りしたのが厚労省、そんな図式が既にチラチラしているのだ。「ユニットケアを最初にやろうとした人たちは、いいケアをしたいという思いだけだったのだと思うけど、あっという間に権力とくっついて上からやらせようということになちゃった」（三好春樹）（高口 二〇〇四）というのが、現実だろう。

「あるべき論」偏愛の知識人のように、理念を弄《もてあそ》んでいる暇《いとま》はない。打算から彼らとの連携を試みる厚労省もまたしかり。厚労省が本来全面的に後押しすべき基点は「三大介護（食事・入浴・排泄）＋認知症高齢者介護」の部分以外あり得ないのに、入居者・家族・介護職員を追い込む頭でっかち施策「ユニットケア桃源郷」論へとひたすら猛進していく。しかしあの経費節減一辺倒の厚労省が、進歩的知識人と理想論で共闘など考えられるものか。裏のないはずはあるまい。

三　厚労省は底の浅い論理を駆使しカイカクの煙に巻く

知識人の「新型特養」幻想を巧みに利用した厚労省

東京都西東京市の特養ホーム「めぐみ園」が、何と一九八八年という時期に全室個室の特養ホームを申請したところ、国は、①整備協議書の受け取りを拒否、②もし強行するなら（介護保険スタート以前だったゆえ）「措置施設」として認めず、の反応を示したという。施設長の蓮見進は、二〇〇一年の時点でこう怒っている。

結局、最終的に一九九五（平成七）年一月にようやく完全個室化ができたのですが、そのために六〇〇〇万円余計にかかってしまっています。今（二〇〇一（平成一三）年）になって掌を返したように、完全個室・ユニット化ですから、矛盾を感じないわけにはいきませんよね。（傍点引用者）

（大森 二〇〇二）

あの厚労省が個室なぞとんでもないと強硬に立ちはだかっていた様がここには描かれている。しかも都を経由して国は、以下の四点への回答を求めてきたという。これがなかなかに示唆的でおもしろい。①なぜ「全室個室」なのか。②それに伴う維持費増をどうするのか。③人手が不足になるのをどうするのか。④部屋の間仕切りは取り外せるか。(4)

この特養ホームは全室個室化を申請したといっても桃源郷のユニットケアではなく、単なる従来型廊下一直線施設にすぎない。それでも厚労省は至極まっとうな感覚で、「維持費増」「人手不足」を心配していたのだ。

その厚労省が、ユニットケア（新型特養）の運営費・労務費の増大すら予測できずにそれを推進したなどということは、あり得るはずもない。彼らは叙情的進歩的知識人などより一枚も二枚も上手でしたたかであり、侮ると大けがをする相手といっていい。

とはいえどうして、経費増大は百も承知であれほど唐突に、しかも強権的にユニットケアへかじを切ったのだろうか。高口光子と三好春樹の対談にこんな注目すべき発言がある。それは私の関心事とかなりシンクロする。「経済的動機が先にあるのは確かです」（三好）。「厚労省はユニットケアが本気でいいと思ってるんだろうか？　本当は全室個室のほうが大事なんだけど全室個室だと批判がくるから、ユニットケアで『家族的で温かい介護ができるよ』ととってつけたようにいってるんじゃないのかな」（高口）（高口 二〇〇四）。

結論を先に言ってしまえば、厚労省の最終的な狙いはやはり高口の指摘する「全室個室化」。それが進歩的知識人のような「人権」に重きをおいたものでないのは明らかで、特養ホームの個室化により、①収容能力をぐんと絞る、②種々の条件付けから特養ホームの経営状況を厳しくする――社会福祉法人等による投資意欲減退を狙う、③個室では高すぎてとてもという具合に、入居断念を導く、④結果、特養ホーム自体を魅力のないものに変身させ、特養ホームをあきらめさせて家族介護（在宅介護）へと誘《いざな》う……。だからユニットケアなる甘ちゃん知識人幻想に悪乗りし、本心を隠しながら目標を貫徹。これぞ役人には珍しい持続的かつ相当高度な戦略なのであった。

ここで巧みに活用されたものもまた、「ユニットケア化」「個室化」なる利いた風な〈絶対善〉だったことを我々は決して忘れるべきでない。

そしてあの「ユニットケア化」「個室化」を経て、「政治」は一気に動きだした。〇五年一〇月から実施された介護保険三施設における居住費・食費（これまでは食材費のみ徴収）のいわゆる「ホテルコスト」を入居者持ちにして介護保険からはずすというのがそれで、特養多床室（相部屋）の平均的な負担月額は五万六千円から八万一千円へと二万五千円（年間で三〇万円）も跳ね上がったのだが（小竹二〇〇六）、厚労省は、施設入居者と在宅での介護保険利用者の格差を平準化するためというその場当たり論理で押し切った。施設への入所希望者を少しでも抑制したいという本意を隠しつつ。

厚労省が施設介護にかくもびびり、「抑制」へと走るのには、それ相当の理由がある。特養ホームへの入所希望待機者が一四年時点で約五二万人（厚労省発表）という想像を絶する数字、しかもたった五年間（〇九年比）で一〇万人も増加という深刻な事態があるためで、葛飾区のある特養は、定員八〇人に申込者千五百人、「区の基準で線引きしても、入所候補は四百人を超す」「年間に入れ替わるのはわずか二十人ほど」、よって「空く前に死んでしまう」（以上5）が世の中の生の現実だからである。

本来なら「にもかかわらず厚労省が特養を抑制」と批判されるべきが、「だからこそユニットケアで」という厚労省自作自演の特養ホーム「高品質化」策、誰が見てものこの倒錯に理屈を付けるとしたら、あの「東大話法」にお出ましを願うしかあるまい。

しかしここまで来てしまうと、介護保険成立時の実務担当で老健局長もつとめた大物厚労ＯＢの堤修三さえもが、「従来のように施設抑制一本やりの方針のままでいいか」と率直に語り始めざるを得ない状況に。だが彼の古巣の厚労省は、「現実」ごときに動揺したりはしない。「施設へ」という流れに急ブレーキをかける取っておきのツール、「ホテルコスト」という名の「大幅値上げ」をぶちかまそうというのだから。

ダメモト登録が含まれると言われながら五二万人もが特養待機をする非常時、普通の感覚なら、特養ホームのキャパを低下させるだけの「個室化」なんぞに踏み切るものか。いや、その悲惨な現実をほったらかしにしてまで、厚労省は「個室化」実現で人権に格段の配慮しているとでも言うのか。そもそも、五二万人に及ぶ特養待機者の存在の方がよほど「人権」問題ではないのか。冗談ヨシコさんとはこのことだろう。

使えるものは何でもの厚労省、自身の思想とは対極にあったはずの「宅老所」という小さな施設を絶賛するポーズまで示し、外山義や進歩的知識人たちの「夢工房」にうまく乗っかっては、いちばん醒めていたのが彼ら官僚だったということになる。小手調べとしての、ユニット化とリンクする個室化→そしてホテルコストの導入。これらが入居者にとっては大変な災難になったのは言うまでもない。

小竹雅子《おだけ》（市民福祉情報オフィス主宰）の試算では（小竹 二〇〇六）、ホテルコスト発足時の厚労省想定平均的負担月額、食費は共通で四万二千円なるも、居住費は多床室一万円、従来型個室三万五千円、ユニット型個室六万円で、これにおのおの介護保険一割負担分の約三万円が乗るから、ユニット型個室では一三万円を超えてしまうという（ただし、大都市部ではユニット型が上記六万円で収まるはずもなく、さらにプラスαが必要）。これぞ厚労省の究極の狙い目と感じなければどうかしている。

福祉社会学の泰斗・副田義也《そえだ》が一喝する、「社会福祉学者たちの『現場の荒廃、諸悪の根源は厚生省』などの発言」（副田 二〇〇八）は肝に銘じておくが、個室ユニットケアからホテルコスト導入に至る四年間、下心ありありの「厚労省いい子ちゃん劇」を非難しないわけにはいかない。冷徹なる算術を隠した羊の皮、いずれオオカミに変身しなければしまらないというものだろう。

厚労省とは呉越同舟と思い込んでいた進歩的知識人たち、その「政治性」の無さもまた弾劾に値する。「ユニットケアやグループホームが気持ち悪いのは、（中略）先に共同体でなければならないといってスタートした共同体」（高口 二〇〇四）だからという高口光子的な鋭い生活者感性を身に付けていなければ、高級官僚からは利用された揚げ句ポイ捨ての憂き目に。これはその典型例といっていい。まずは完全個室化（同時にユニットケア化）へと強権発動で誘導し、そろそろというところで相応の「料金」をふっかける。そんななか、上野千鶴子が厚労省には裏切られたという感じでこう書いているのが印象に残る。

結果としてホテルコストの負担に耐えうる経済力を持った利用者のみがユニットケアの受益者となり、費用負担に耐えられない低所得階層の利用者は従来型の多床室を利用せざるをえないという二極化をともなう利用者格差が拡大し、それを厚労省は制度上容認した。（中略）

厚労省の場当たり的な制度変更に、現場はふりまわされ、ユニットケア推進策に乗った事業者のうちには、「二階に昇ったあとに、梯子をはずされた」と怒りの声も聞かれた。（上野 二〇一一）

本当にのんきと言うしかない。貧しい者が多床室へ追いやられるといっても、もう一〇年近く個室ユニット以外ご法度できたのだから、多床室は相対的に減る一方。しかも特養ホーム建設自体にブレーキがかけられている。五二万人の皆さん、ムリだとわかったでしょ、もういい加減あきらめて在宅介護でお願いしますよ、目いっぱい支援しますから、の甘いささやきが聞こえてくるではないか。

そして厚労省最後の締めは、「特養の入所基準厳しく、厚労省方針　要介護3以上に」(6)なのだった。これで彼らの一〇年にわたる謀略プロジェクト「金食い虫・特養の放逐作戦」はほぼ所期の目標を達成した。実質はとうに要介護4以上でなければ入居は難しくなっているが、厚労省が公式にハードルのアップを表明することには、「介護給付費の抑制」という重いアナウンス効果が含まれる。

そして結局のところ、理念の美しすぎる「個室ユニットケア」は五二万人もの「特養待機老人」のバリアになる方向へと作用した。国にとっては断トツにコストが安い家族介護（在宅介護）への回帰誘導、これで機は熟したというところなのだろう。

キレイゴトを吹聴しまくってきた高給取りの高級官僚・政治家・進歩的知識人は、親をさっさとベネッセやニチイ等の、居心地いい介護付き有料老人ホームへご案内。いやもっとグレードアップし、世田谷などにある「億ション」クラスのホームにでも、資金さえあればいつでも入れることができる。理念の風呂敷を目いっぱい広げて良心とやらを満足させられれば、あとは「厚労省よ、五二万人をどうしてくれる」と吠《ほ》えまくることで知識人のアリバイ証明も完結する仕組みになっている。

政・官・学の関係者たち、何しろ自身は上記五二万人の埒外《らちがい》なのだから、内心では特養などどうでもいいこと。これは病院に関する話だが、本田宏（外科医）が怒りを込めて綴っている。

医療行政を指揮する役人たちは、自分や身内が入院するときは事前に電話一本でベッドを空けさせることができる。だから、自分たちは困らない。元総理大臣の母親が、都内の国立病院に二年間も入院していたのは有名な話である。（本田　二〇〇七）

実際問題、厚労省幹部が小此木潔（ジャーナリスト）に向かってこう述べたという。

「特別養護老人ホームなんて、収容所みたいなところですよ」「あんなところに行きたいですか」。そう語る幹部に「どうするのがいいと言うのですか」と尋ねたところ、「有料老人ホームに入ればいいんですよ」「在宅で、畳の上で最期を迎えるのが理想でしょう」（後略）（小此木　二〇〇九）

なお、要介護度4以上どころか、それよりずっと低い介護度の認知症高齢者はたくさんいるし、またその段階のお年寄りの方が介護者から見ればより大変というのは、経験者にあっては常識の部類に属する。元気で動き回れる認知症高齢者ほど、プロによる専門ケアが必要になるという現実に、家族介護しかアタマにない机上の空論の官僚はシカトを決め込んでいる。先述の愛知県での悲惨な事故が我々に何を訴えているのかさえ聞かないようにしている。

進歩的知識人と厚労省とが織り成してきた同床異夢の新型特養という「個室ユニットケア」コラボ、あまりに罪深い所業とは言えまいか。岡田耕一郎・岡田浩子が「天井走行式リフト、回廊式廊下と並んで三大駄作になるといって良い」（岡田　二〇〇八）と個室ユニットケアに過激な断定を下したのも、ここでようやく納得がいくことだろう。

そしてついに〇八年、「全室個室『理想の介護』のはずが…新型特養軒並み経営難　低所得者対策　重荷」と読売新聞がぶち上げるに至る(7)。やはりというべきで、私にすれば「深謀遠慮の相手（厚労省）を信じた施設が悪いのよ」と思わず揶揄《やゆ》したくなるところだが、相手が通達一本で権力を振り回すお上ではそれも厳しすぎる。しかし厚労省はしてやったりの高笑い。ユニットケアなど求めていない大半の入居者と待機者、家族、施設職員へのとんでもないとばっちりを考える時、世間ではいまだまったく話題の外とはいえ、これほど深刻な問題もそうざらにはないのではと思えてならないのだ。

思わせぶりな「介護予防」で費用削減を狙う厚労省

優秀な官僚が大まじめな顔で次々投げてくる魔球、私に言わせればトリッキーな類《たぐい》が多いのだが、彼《か》の有名な「介護予防」などはさしずめ「ユニットケア」と並ぶ双璧といえよう。これまたコイズミ時代の二〇〇六年介護保険改正時、ためらいすらなく提示された逸品であった。「予防重視型システムへの転換」なる〈絶対善〉満載のそれ風《ふう》文言で潤色された「政策」は、さながら官庁作文の真骨頂であり、まさに花マルものといっていい。

マスコミも難なく乗せられたその佳作、最初から「な〜んちゃって介護予防」の世界なのだが、まずはその概要から見ていくとしよう。

①従来の要介護認定は軽い方より「要支援、要介護1〜5」の六段階だったが、「要支援1」と「要支援2」を新設。合計七段階に振り分ける。

②注目される「要支援1・2」の対象者は従来型「介護サービス（介護給付）」から荒業ではずし、恣意的に登場させた「介護予防サービス（予防給付）」へとメニュー変更。その心は、当然ながら介

護費用の軽減。

③体よくはずされた「要支援1・2」の人々は、「市区町村が新設する地域包括支援センター（これにも多額の費用が＝引用者註）で『介護予防ケアプラン』」（小竹 二〇〇六）をつくってもらいなさいと。

④〈**介護予防サービス**〉＝「要支援1・2」の人々が利用できるのは、一部見直しの従来型介護予防サービスに加え、「『運動器の機能向上』（筋力トレーニング）や『栄養指導』、『口腔《こうくう》機能の向上』（口腔ケア）など」（小竹 二〇〇六）。

⑤〈**介護予防事業**〉＝従来、「要介護認定で自立と判定された人たちは、介護保険のサービスは利用できなかった」（小竹 二〇〇六）が、今回の改正で非認定の自立者や認定すら受けていないお年寄りも「介護予防事業」へどうぞの超法規的門戸開放へ。

⑥なお厚労省は、④と⑤による「効果」をまじめな顔で数値化しているが、動機不純の度が過ぎ、ばかばかしくてシャレにもならないため、ここでは割愛する。

厚労省定番のようにまたまた突拍子もなく、「介護予防事業で『活動的な八五歳』をめざす」ときたからすごい。当時より、お年寄りに筋トレかよとせせら笑われていた典型的な「東大話法」の産物が、介護保険業界全体を巻き込み、暴走を促していった。

たまたまその時期、私は衆院の厚生労働委員会を傍聴していたが、やはりどこか後ろめたいのか、わざとらしさを悟られまいと「科学的調査」を持ち出し、必死で防戦する厚労官僚のマンガチックな姿には心底ぶったまげたものだ。コイズミ・竹中路線全盛の時代とはいえ、少しでも生活感覚を持ち合わせた人間なら、あんな介護予防なんて成功するわけないよと直感できる程度のまがい物が、国会で延々議論される。おまけに与党の委員席はガラガラで、委員会の成立まで危ぶまれるありさま。

私の手元には、既に色が褪《あ》せ始めた三〇ページ近くの、目が痛くなるような超カラフル資料が残っている。題して「介護予防についてのQ&A」（厚生労働省老健局・平成一七年一月）。改めて今眺めてみると、これがなかなかにおもしろい。

まずはQ&AのうちQの一例から。「1．今回の制度見直しは、要支援者や軽度の要介護者の給付を制限するもので、介護保険の理念に反するものではないか」「2．現場の実態を無視しているのではないか」「7．介護予防の効果は疑わしいのではないか」「8．利用者本人がいやがる筋トレを強制することは問題ではないか」等々、合計一一の自虐的質問をあえて掲げ、それをことごとく否定してみせるという逆張り路線を、官僚に似合わず果敢に採用している。我々は自信満々ですぞとばかり、「介護予防」ならぬ予防線を張る作戦が逆に自信の無さを表してどこか痛々しいが、そこはそれ、世間知らずの達人たち、庶民や業界人などこれ一発で陥落くらいに高をくくってのことだったと考えられる。

「（我々厚労省が今回提示する＝引用者註）介護予防の考え方は、もともと、介護保険法に明確に示されて」いるものであって、「今回の見直しは介護保険制度の理念を徹底するものです」と初っぱなに一発かます（開き直る）ことで(8)、理念に反する改悪と言われることへの先制攻撃を仕掛けたつもりにもなっている。しかしすぐさま、「理念を徹底する」も何もない低次元のホンネをさらけ出すところが厚労省流の底の浅さである。

いわく、「要支援や要介護1といった軽度の方々」は、「自立できる可能性が高い方々」であるにもかかわらず、「何らかの支援により可能となる生活行為」を「ヘルパーが代わりにサービスを提供してしまう**『家事代行』型の訪問サービス**」で行ってしまうため、「改善可能性が多く残されている利用者の機能を**かえって低下させてしまう**」という弊害が相当に報告されている、しかも、「軽度者が増加している一つの要因として、要介護認定の申請の代行や市町村から要介護認定のための調査の委託を受けた場合において、**事業者が過度の『掘り起こし』を行っている**ことが指摘されて」いる……とまで平然と書くに及び、「介護予防」構想での厚労省の狙い、それがどこにあるかを無意識のうちに吐露していることに彼らは気づかない。まさに「衣の袖から鎧《よろい》が見える」を地でいく所業であった。

これらを平たく言えば、家事代行サービスで手を貸しすぎるため、お年寄りに怠け癖がついて要介護者が増える、また要介護認定では業者がお客さんを増やしたいため、まったく問題のないお年寄りを「掘り起こし」ては介護費用をいたずらに増加させる、だから増加が顕著なこの層は何としても叩《たた》く必要がある、よってこの層は「介護サービス」からはずし、新設の「介護予防サービス」へくら替えさせる、結果、介護費用の大幅軽減を図るというものであった。

「もう費用的に限界だから軽度の認定者は介護保険の対象からはずす!」、もちろんトンデモないことではあっても、国民からの十字砲火を覚悟で厚労省がそう打ち出すのなら、こちらサイドも闘えばいいだけのこと、それはそれで話としてはすっきりする。しかし火の粉を極端に恐れる彼らはそのような方策は決してとらず、〈絶対善〉にのっとった壮大な仕掛け(当て馬)を他方で構築しながら目標達成を目指す。介護費用削減のために、他アイテム(介護予防事業)で大金を使うなどのトンチンカンな所業は、企業とは違って朝飯前である。

またそれだけではなく、軽度者のみを露骨にいじると不自然さが目立つので、この際まったく関係のない自立の人をも巻き込み、〈絶対善〉的な「介護予防事業」として組んでしまえば、ますます本来の胡散《うさん》臭い意図が薄まって好都合、「東大話法」的思考はそこまでするのだった。

いったい何なのだろう、この持って回った詐術は。軽度者の要介護認定に際し、事業者サイドに「過度の掘り起こし」(何ともイヤな表現ではないか)があるというなら、お手のものの行政指導なり取り締まりなりを強化すればいいだけのこと。そこへは正面から切り込まず、「介護予防」なる神話を突如考案して莫大《ばくだい》な予算を投じる神経がものすごい。

また〇四年〜〇五年にかけては、合計七一の自治体を「介護予防市町村モデル事業」に指定し、壮大な実験まで試みている。突っ込まれないよう形だけは徹底的につけておこうとの官僚的潔癖さ（保身術）が、莫大《ばくだい》な出費を招く好例にもなっている。

使われずほこりをかぶった筋トレマシンが全国にいったいどれほどあるのか、鈴木厚（内科医）があきれ果ててこう書く。

国は介護抑制政策から国民の目をそらすように、介護予防と称して筋力トレーニング機器を導入しましたが、もちろん筋力トレーニング機器などは誰も利用せず閑古鳥の鳴く状態になっています。（鈴木 二〇一〇）

怪しげな「科学的根拠」に基づき、現場からの依頼もないのに、体を動かせ、なまくらになるな、（八〇〜九〇歳のお年寄りに）自立せよの「介護予防事業」を無手勝流で「掘り起こ」し（ちなみに笑い物の筋トレマシン、「一台一〇〇万円もする」のだという〈ＮＨＫ 二〇〇八〉、勝手にこけたのは誰あろう厚労省ではなかったたか。

竹中星郎も私同様、厚労省のレベルの低さに怒りを抑えられないでいる。

アルツハイマー病の基礎的な研究に予算が十分につぎ込まれずに、ボケ予防活動や筋力トレーニングに国や自治体の多くの予算が費やされている現状は、施策にきちんとした理念がないといかに税金をムダに使うかを如実に示している。

「死ぬまで元気な健康老人」という標語や〝ピンピンコロリ〟というおぞましい言葉が恥ずかしげもなく語られている。この国の高齢者医療福祉行政のレベルとはこの程度なのである。（以上、竹中 二〇〇五）

廃用症候群を認知症へと直結させ不安を煽る

なお上記の厚労省「介護予防についてのQ＆A」に関連し、どうしても再確認しておかなければならないことが一点ある。彼らが無意識に書いていた「廃用症候群」と「認知症」との関係についてだ。

これは極めて重要なため、既刊の拙著でも、廃用症候群に相当のページ数を割いた。テニスの練習からしばらく遠ざかっていれば実戦で足がもつれる、英会話の機会が減れば咄嗟《とっさ》に単語が出てこない。人間の肉体や精神も機械と同じで、使わなければ錆《さ》びついてしまうというのが廃用症候群。これが高齢者介護で使われだすと、弊害は相当なものになる。その象徴的な例は、「おじいちゃん、ボヤッとしているとボケちゃうよ（認知症高齢者になっちゃうよ）」だろうか。

前にも述べたように、認知症の原因はまったく別のところにあるのだから、廃用症候群で認知症になるわけはないのに、知ってか知らずかそれを多用し恐怖を煽《あお》るやり口が散見される。世間がわかっていないのをいいことに、怪しげな医者はその「誤解」をむしろ活用、廃用症候群のお年寄りにいろいろなことをさせては、「ハイ、がんばったおかげで認知症かなり改善しましたネ」のひと言でいい商売をする。名医におさまり、地方からの患者が引きも切らずの例まである。

私は前著でこう指摘した。

廃用症候群がアルツハイマー病の原因と錯覚することで、お年寄りを「ボケ予防運動」に駆り立

てたり、痴呆性高齢者に回復のためのアクションを強《し》いて混乱と不安に追い込む、「廃用症候群」の過剰重視。（阿部　二〇〇四）

以上のポイントを踏まえながら、例の厚労省「介護予防についてのQ＆A」へ戻ると、彼らの論理展開そのものに相当おかしな部分のあることが見えてくる。

①「ヘルパーが過保護だからお年寄の廃用症候群が進みます」→＊独居老人で手がおぼつかなくなり、買い物・料理・ゴミ捨て・洗濯・掃除が自在にはできないから訪問介護を依頼しているのに、楽をしたいばかりの介護サービス利用だと厚労省は決めつける。＊そんなことばかりしていると廃用症候群になって歩けなくなるぞと、論理の飛躍など顧みず脅かす。＊だから今度の改正で、サボらせないようにさせるのだ、お年寄りのためを思ってと。

②「『寝たきり』『閉じこもり』だけでなく、『認知症』にまで進みます」→＊先の廃用症候群の説明からも明らかなように、家事を主体的にこなさず、ヘルパーさんに頼ってしまうとなぜ認知症になるのか、私にはその脈絡がさっぱり理解できない。＊素人を欺くのも大概にしてもらいたい。

なぜこういうことになるかは簡単で、廃用症候群でも認知症でも、使えるものは何でも総動員して制度改悪を正当化し、お年寄りから訪問介護サービスを引っぱがすのを最優先する、それに尽きる。しかも単に引っぱがすだけでなく、誤った知識を強制注入してまでお年寄りを脅しまくり、また、やるだけムダの「介護予防」という壮大なるゼロ事業すら他人のカネ（国民のカネ）で立ち上げてしまう。そもそも「介護保険のサービスごとの支出でいったら、たいした金額にならない」（小竹雅子）（ＮＨＫ　二〇〇八）在宅介護サービス関連の費用削減を、なぜだかやたらとむきになって。

しかし世の中、エピゴーネン（権力ヨイショ派）が現れるのもまた通例で、「国が介護予防をスローガンに高齢者の自立を提唱すると、医師やナース、理学療法士、ケアスタッフらがこぞってそれを合唱する」（竹中 二〇〇五）といった「介護ムラ」の存在も否定はできない。

だが実際問題、厚労省による思い付きの独り相撲でどれだけの人々が被害を被っているか、その罪はあまりにも重い。現場を支えるＮＰＯ法人代表理事のリアリスティックな訴えに反論できる人がいるなら、ぜひ名乗り出てもらいたい。

だいたい、なんで買い物の付き添いがよくて散歩がいけないのか、わからない。目的のないことをやっちゃいけないって言うけれど、高齢者を閉じこもらないようにするのが目的でしょう？　じっと暗い部屋の中で過ごしている人が、週に1時間ぐらいヘルパーと散歩して、何が悪いんですか！

身体介護は、よほどこの職業に向かない人でない限り、ある程度のスキルを身につければできます。ところが生活援助は非常に複雑で難しい。（中略）高い観察力が必要なのです。それなのに厚労省は勝手に低く金額設定をしている。小バエがぶんぶん飛んでいるようなところで、身体介護と往診をしてどうなるんですか？（小島美里）（ＮＨＫ 二〇〇八）

安倍政権下でついにホンネを表出し始めた厚労省

厚労省の言うように、「配偶者に先立たれた一人暮らしの高齢者」の中には、ヘルパーさんを家政婦さん代わりに使う勘違いオヤジがいるだろうことは想像がつく。しかしそうした不届き者をベースに（というより、そうしたケースを利用して）奇異なる介護予防制度を組み立てることで、罪もない孤独でひ弱な高齢者を切り捨てる愚策、そんなものを正当化できるとでも思っているのだろうか。しかもそこには、認知症予備軍のお年寄りが相当数含まれているにもかかわらず。

「介護予防」をからませた突如の制度変更、巻き込まれた「旧要介護1」と「旧要支援」のお年寄りは、さぞかしパニクったことだろう。卑近な例では、特殊レンタルベッドは保険給付の対象からはずすので返却せよまであった。自身もケアマネジャーの結城康博（社会保障論・社会福祉学）がこう訴える。

（前略）それまで数年間レンタルベッドで生活していた高齢者でも、改正以降、保険が利かなくなり自費で利用せざるを得なくなり、経済的にその余裕がない人からはベッドが引き上げられてしまった。（結城 二〇〇八）

軽度者は「自立」できる以上、（中略）布団で寝る生活のほうが望ましいという意見も出された。そのほうが、毎日、布団の上げ下ろしをすることで、身体の衰えを防ぐことができるというのだ。（結城 二〇一一）

いやがらせはこれにとどまらず、結城によれば、「ヘルパー派遣が約九〇分に短縮された（現在はさらに短縮＝引用者註）」「デイサービスに通う回数が減らされた」「ヘルパーやケアマネジャーから自立と頻繁に言われるようになった」に始まり、メニューを細分化しては締め上げにかかっている。しかも「新予防給付」は年齢に無関係だから、原理的には百歳でも「介護予防」の対象とされ得る。

また訪問介護サービスに制限をかけられた現場の状況は、こんな風になってしまっている。

ようやく歩ける身体を支えられて、よろよろと物干し場に行く。なんとか包丁を握り、その上にホームヘルパーの手を置いて、野菜を切る。生活の不活発による「廃用症候群」を防ぐというのが改定の理屈だが、八〇代も半ばの人間に、これは温情なのか非情なのか。（沖藤典子＝ノンフィクション作家 二〇一〇）

しかも、鈴木厚が言うように、「改定により生活援助の時間を1時間30分に制限」されたからたまらない。無駄話はダメ、時間が来たら規則だからと途中でも帰る。これはヘルパーさんの意地悪でも何でもなく、「機械的介護」（以上、鈴木 二〇一〇）を推奨するお国の命令だから、これ以上はただ働きになってしまう。

こうなると、もはやいじめではないか。また、足腰が弱くなるからベッドはダメというなら、トイレも和式にせよと言いかねない。旧日本軍の世界に入ってしまったのかと思わせられる。その結果、厚労省の狙いどおり、在宅介護サービスの利用は減り、通所介護がそれを上回るまでになった。在宅での暮らしにくさが倍加しているのだ。

また、生活援助時間制限のあおりで、ヘルパーさんの収入は激減、企業も利益の出ない在宅介護に見切りをつけ、有料老人ホーム、ケアハウス、サ高住（サービス付き高齢者向け住宅）等へシフトし始めるという事態まで起きた。

さらには、先に触れた「介護予防事業」が目を付けていた「要介護状態になる可能性が高い『特定高齢者』」という対象自体がなかなか見つからず、探すのに「苦慮している」と聞けば、これはもう笑い話にもならない。このどうしようもない顚末《てんまつ》は今や彼らとて追認するしかなかろうが、何の責任もとらないのが官僚の通弊。介護現場はますます荒れ地のような状態になるばかりである。

そしてついにというか、それも堂々たる姿勢で、今度は「要支援」の人々を文字どおり切り捨てる方向性が打ち出された。論理的必然性からしていずれそうくるだろうとは思っていたが、予想に違《たが》わずだったといえる。一連の介護予防で厚労省にお追従《ついしょう》をささげていた皆さん、ご苦労さんと言うしかない。まあそうではあっても、厚労省・財務省連合軍のえげつなさはさすがに一頭地を抜いている。

民主党最後の首相・野田佳彦が、消費税を上げるために打ち出した「税と社会保障の一体改革」、その言い訳のため民主・自民・公明三党の談合で設けた「社会保障制度国民会議」が、一三年八月六日、安倍首相に報告書を提出、政府はその後、「社会保障制度改革のプログラム法案骨子」を閣議決定した。

本項との関係からする注目点は、「介護の必要度が比較的低い『要支援者』(約一五〇万人)を段階的に市町村事業に移すとし、今の家事援助などのサービス対象から外すとした」(9)というもの。要は「要支援者」を「予防給付」どころか、介護保険制度そのものから切り離して市町村へ丸投げするということに等しい。あれだけコテコテに塗り固めた「廃用症候群」「介護予防」のもっともらしい理屈はいったいどこへとブーイングしたくなる関係者は多いだろうが、そんな偽装工作を真に受けた方が悪いのよ、厚労省の常套《じょうとう》手段はご存じだったでしょうで片付けられても仕方がない。その魂胆たるや、最初からあからさまだったのだから。

しかしスタンスの一貫性を誇る東京新聞はさすがで、「介護保険見直し 進む『軽度切り』『予防重視』看板倒れ」(10)と相当のスペースを割き、厚労省批判を展開している。ただひと言茶々を入れれば、「看板倒れ」(見かけ倒し)どころか最初から「引っかけの看板」、しかもそれが官製とくるのだ。

その東京新聞、例の〇六年改正がいかに改悪であったかをいくつかの実例で紹介している。要支援1・2と要介護1の人に対して、①電動車いすが原則使用不可に。②上体部分が起き上がる介護ベッド(特殊寝台)、二十万人以上がサービス打ち切りに直面。③歩き回れる認知症高齢者にこそ必要な徘徊検知器、自力で立つのが難しくなるレベルの要介護2以上でなければ原則使えなくなった。④生活援助も、二〇一二年から時間区分が六十分から四十五分に短縮され、利用限度額も要支援は二～三割削減された。

そしてあれだけ騒いだ「介護予防政策」自体から国は撤退、市町村へ移して素人に担当させるというから驚く。どのみち「介護予防」など信用していない私にとっては、どう転んでも大差なしとはいえ、今度もまた得意の理由づけを披露とあっては聞き捨てならない。『「自治体の方が地域ニーズに応えられる」』(11)とか「地域の実情に合ったきめ細かいサービスを提供できる」(12)とうそぶいているらしい。タチの悪さには一層磨きがかかったようだ。

「施設介護」では新型特養（ユニットケア）なる進歩的知識人好みのまき餌をもって特養ホーム建設に強烈なブレーキをかけ、それはそれでまんまと大成功。一方の「在宅介護」では要支援高齢者（この中には認知症初期段階の人も多く含まれる）の切り捨てをはかるという趣旨から、要介護者と介護家族、そしてがんばっているヘルパーさんと介護事業者、いわば介護を取り巻く現場全員への兵糧攻め。

「施設介護」「在宅介護」両分野に対する封じ込めで財務・厚労両省はにんまりだろうが、社会はその根底において確実にガタガタとなり、団塊世代のすべてが後期高齢者へ突入する二〇二五年以前に、はや介護崩壊・介護地獄が再来するのは避けられなくなっている。

以上詳しく見てきたように、厚労省による三百代言、そんなものに唯々諾々と従っていた日には社会がもたない。現実を直視し、それに裏打ちされた危機感を行動に変換できるのは、いくら後ろをキョロキョロ見回しても我々一人びとり以外、どこにもいるわけがない。財源がどうのと良識派を気取る前に、社会にとって最低限必要なものは何かをシビアにリストアップし、それだけは必達を目指す。そのためには「政治」にも果敢に手を突っ込み行動する。我々に求められているのは、その覚悟にほかならない。そうでなければ上記の厚労省流立ち回りを今後も次々と許すだけに終わる。

四　無思想でふらつきまくる厚労省はそれでも居丈高

介護療養病床の廃止など厚労省のピンズレ政策は続く

厚労省の場当たり的な猫の目行政を数え出したらきりがないが、さらにもう一点、介護療養病床の廃止という重大問題が残っていた。それは、介護老人福祉施設（特養ホーム）・介護老人保健施設（老健）と並ぶ介護保険三施設の一つ、介護療養型医療施設（介護療養病床）に関するものである。

介護保険の施設サービス受給者数は約九〇万人（以下、一四年一月現在）で、内訳は特養約四九万人、老健約三四万人、そして、ここでポイントとなる介護療養病床は約七万人と、数の上では他二施設に比して圧倒的に少ないものの、二〇〇五年末、問題はまたまた厚労省お得意の唐突なる方針表明から始まった。もちろん、背後に財務省、もっと言えばコイズミ配下の経済財政諮問会議「骨太の方針二〇〇五」があったのは間違いない。

療養病床には「療養型医療施設」（医療療養病床二五万床＝医療保険適用）と前述の「介護療養型医療施設」（介護療養病床一三万床＝介護保険適用）の二種類があるが、前者は一二年度までに一五万床へ削減、後者は一一年度末までに全廃で合計二三万床削減というドラスティックなものだった（医療療養病床はその後、二二万床へと修正）。本意は費用の削減に決まっているが、そこはそれ、もっともらしい理由だけはしっかりと用意されていた。

この間の生々しい経緯と厚労省へのぶち切れについては、吉岡充（病院理事長）による医療介護現場からの克明なるドキュメンタリーを、また「決定の舞台裏」については、キャリア官僚としてこの計画作成に従事した村上正泰（医療政策学）の手になる解明を読んでいただくのがいちばんである（『高齢者医療難民』（吉岡・村上 二〇〇三））。ここでは紙幅の関係もあり、私の関心事をベースに、ポイントのみ記述してみる（以下、引用は吉岡の執筆部分）。

①一九八〇年代初頭、告発により悪徳老人病院問題が急浮上。一気に社会問題化→それを契機に、ケアを加味した「介護力強化病院」や「療養型病床群」が→その結果、元気になって特養・老健、そして自宅へ移るお年寄りも出てきたが、そのまま施設にとどまる人も。これぞ厚労省の言う「社会的入院」である。

②介護保険成立とともに、これらの病院は介護療養型医療施設へ転換。まさに日本独自の「医療付きナーシングホーム」である。

③その後、厚労省が目の敵《かたき》にしたのが介護療養病床で、「社会的入院」の完全撲滅《ぼくめつ》を狙ってその廃止を打ち出す。

④吉岡は、そろばん勘定最優先で現場を知ろうともしない厚労省の医系技官（医師免許あり）に対し激しく怒る。『『医療の必要のない社会的入院』とされた『医療区分1』であっても重介護の患者は、入院治療が適当とされた患者（医療区分2や3）で介護の必要性が低い患者よりも、医療処置量、ケア量とも必要としていることは明らかです」（傍点引用者）。

ここから推論できるのは、厚労省がまたいつものキーワード作戦に打って出た、今回はダーティーイメージのある「社会的入院」なる語をフル活用してという点だ。重病でもないのにそこを老人施設のように利用する、これを「社会的入院」と言わずして何と呼ぶ。介護素人をだますには格好の概念、これなら国民もすぐさま納得だろうと、机上の達人たちは考えた。

彼らが巧妙なのは、トンデモ病院・トンデモ入院という「イメージの流布」だけで、その実態というかニーズ、つまり各論には決して踏み込まないというところ。吉岡によれば、「入院患者の六〇％を社会的入院だと決めつけた」というから荒っぽい。

老人医療ほど歴史が浅く、まだ不明な点だらけといった分野もそうはない。医学部にも講座が少ない。それをいいことに、かつてのダーティーイメージに悪乗りした「社会的入院」バッシングで介護療養病床の意義を抹殺しようなど、なかなかやるものと妙に関心させられる。いや、自分に害が及ばないことはツラッと、かつスパッとやり抜く、これこそ彼らの特技といっていい。

私は、義母と実父が介護施設と病院を行きつ戻りつし、亡くなるまでをつぶさに実体験してきている。それからすると、吉岡が同書で強調する「医療がケアを支え、ケアが医療を支え、これがあいまって利用者を支えている」という主張ほど真実を衝《つ》いたものはなく、この医・介のオーバーラップこそが慢性期のお年寄りには絶対に必要、また時として急性期へ急転換する高齢者特有の症状にも必須、こんなことは介護のプロの世界ではイロハなのである。それを知らないのは、老人を診たことのない医師の方かもしれない。ましてや、権力だけが売りの厚労省医系技官では、現場などとてもとても。

それゆえ私は前著の中に、「『治療』だけでは完結できない高齢者医療」「医療＝看護＝介護と高齢者の日常生活動作能力（ＡＤＬ）」「『医療』か『介護』かの二分法に惑わされるな」の項をあえて設けたほどであった。私の願いは、「高齢者医療難民」を大量に発生させ、ひいては死にも至らしめる介護療養病床廃止を押しとどめるだけでなく、この施設をさらに質の高いものへとブラッシュアップする、そうすれば、介護だけ、医療だけの仕切りで悩む多くの介護家族に対してどれだけ光明をもたらすかしれないというものである。

この介護療養病床廃止の暴挙に加え、特養ホームを要介護度の高い入居者だけに制限するという前述の厚労省案、そんなことをすれば特養ホームは医療対応の頻度が高い寝たきりのお年寄りが中心を成すことになってしまう。はっきり言って、寝たきりの入居者は手がかからないし、手がかからないのになぜか介護報酬の方は高いが、練達の〈ケア〉を売りとする特養ホームの本来的な入居者ではない。在宅介護ではとてもという元気のいい認知症高齢者こそ特養ホームの守備範囲に合致するというのが、厚労省の官僚にはどうにも理解できないようなのだ。

一般的には誤解を呼ぶかもしれないが、特養ホーム職員による的確な批判、「特養で寝たきりや車いすなど重度化した人だけが増えることは、いびつな構造だ」(傍点引用者)(13)ほど的を射ているものはないと私は考える。誤嚥《ごえん》・肺炎・救急車・退院というサイクルをなかなか免れ得ない虚弱な寝たきり老人こそ、本来ならば特養ホームより介護療養病床がいちばんふさわしいのである。

特養における天文学的数字の入所希望待機者(約五二万人)と厚労省による底意地の悪い逆ベクトル(建設抑制)、そして根拠がまったく希薄な介護療養病床の廃止、そこからにじみ出るようにして盛況なのが精神科病院と聞けば、高齢者介護の事情に詳しくない人でもブーイングを噛《か》ましたくなろう。毎日新聞が「老いてさまよう　閉鎖病棟から」の特集で報じている。

厚生労働省によると、認知症による精神科病院への入院者は1996年の約2万8000人から2011年には約5万3000人と2倍近くに増えた。入院者の半数は1年以上の長期に及ぶ。(中略)ある精神科医は「(かつて多数を占めた統合失調症の＝引用者註)入院者の減少は病院にとって死活問題。空きベッドを埋めるため認知症患者を入院させている病院もある」と指摘する。(傍点引用者)(14)

全国に精神科病床は約三四万床もあり、人口換算するとフランスの三倍、米国の九倍という説もある。良質なケアのもとでなら落ち着いた生活ができる認知症高齢者を「閉鎖病棟」へ追い込むという悲劇、これこそがすぐに解消されるべき「非社会的入院」「犯罪的入院」ではないのか。

特に最近は財務省のブランチに成り果てふらつきまくる厚労省、もうそろそろ「厚生」本来の意味である「生活を健康で豊かなものにすること（古くは為政者が人民の生活を豊かにする意）」（『大辞林』）の原点に立ち返るべき時であるのに、とても期待は持てない。「国は（介護療養病床を＝引用者註）平成23年度にゼロにする方針を6年間延長しました」（服部 二〇一二）は、厚労省さん、ようやく気づきました？の良識の証しであるどころか、思想性ゼロ、現状把握力・分析力ゼロ、保身力フルを逆に際立たせただけのことである。

ところで、厚労省によって突然表明された先述の介護療養病床廃止。村上正泰（元財務官僚で厚労省への出向経験あり）の以下のような真相暴露にも、そうだったのか、やはりネ程度でさして驚かなくなってしまった自分自身に逆に驚く。

（前略）一方的に社会的入院だと決めつけた患者をめぐって、医療保険制度を所管する保険局と介護保険制度を所管する老健局のあいだで押しつけあいが始まった。つまり、保険局は医療費抑制のために医療療養病床を削減し、入院患者を介護保険に移そうとした一方、それに危機感を抱いた老健局は費用の高い介護療養病床の廃止を突然決めたのだ。（村上 二〇〇九）

なおここで、毎日新聞の歴史的な恥かき社説の存在を紹介しておきたい。恐らくは社会的現実を知らないアタマでっかち論説委員が資料だけから作り上げたのだろうが、題して「療養病床、削減計画を実行せよ」(2009. 11. 23)。その前後には現場の記者たちが危機感あふれる記事を書いているというのにである。内容は割愛するが、惨憺たる独善のオンパレード、興味ある方はインターネットでご覧いただきたい。マスコミが役所をヨイショする好例として。

厚労省の責任だけではない介護スタッフの低賃金

介護関係諸問題のうちもっとも深刻なものの一つといえる、介護職場の労働問題へ歩を進めよう。

介護現場には「3つの○○」が二種類あるのだと岡田耕一郎・岡田浩子は言う。「きつい」「汚い」「給料が低い」の3Kと、「専門性が低い」「ストレスがたまる」「すぐ辞める」の3S。この合計6つのK・Sがリンクし、負の相乗効果をあげるため大変なことになるわけだが、長期間にわたり現場を観察してきた身としては、その肉体的過酷さと精神的負担は並大抵のものではないと明言できる。

食事と入浴は、誤嚥《ごえん》や転倒という大変リスキーな要素を含むケアとして神経を使うし、肉体的には職業病としての腰痛に絶えず直面させられている。そして腰を痛めたらまず現業職としては無理だから、どうぞ退職をという非情ぶり。そんな環境下であっても、彼ら・彼女らは、いやな顔をせずどころか、お年寄りに温かい声をかけつつ淡々と業務をこなしていくのだが、排せつ介助やおむつ交換などは頻繁で、偉そうな顔をして「理想の介護」を語る外野の知識人など一日たりとももたないだろう。そのうえ、お年寄りとの軽妙洒脱《しゃだつ》な会話力とフレキシブルな応対は必須だし、「昭和」への知識もそれなりに身につけなければ、お年寄りとのスムーズなコミュニケーションは望めない。

高度なスキルが必要な認知症高齢者への対応では、必要以上にのめりこまず、しかし突き放さずのえも言われぬ間合い、機転、想像力、大前提としてのKY(危険予知)能力等々、数え上げたらきりがない。まだ二十代、三十代の若者だというのに、介護士というのは、人間的総合力、忍耐力、優しい心と強健な肉体とが同時に要求される専門職である。ここまでの能力を要求されながらの低賃金（正規職の平均基本月額は二一万円弱といわれ、全産業平均より約九万円も低い＝毎日新聞）という不条理はもとより、横並びの現業職ゆえ、ベテランになってもなかなか昇格するポストがなく、昇給を望みにくいという悩みも抱える。この業界での「寿《ことぶき》退社」とは、家族を食べさせられない男性職員の転職のことは、よく知られた苦い逸話である。

「利用者がその人らしい、当たり前の生活を送るのであれば、職員だって当たり前の人生を送る権利くらい保証されてもばちはあたらないだろう」（岡田 二〇〇八）の皮肉は冴《さ》え渡っている。こんな状況下では、介護職を希望する人が多いはずもなく、また離職率も高い。結果、必然的に慢性的な人手不足が続く。しかもちょっと景気が上向けば、その傾向は倍加する。だが一般に介護問題といえばお年寄りと家族のことが中心で、介護をしてくれる肝心の「労働者」には、関連書物の大半も目を向けたがらない。介護の土台を成す労働問題が軽視されていることの反映である。

入居者にとっては、ユニットケアに起因するバカ高い料金を割り振られるくらいなら、少々の労務費サーチャージ（割増料）を負担しあい、ケアワーカーの労働環境改善につなげた方がお互いどれだけ助かるかしれない。間違いなくケアの質向上に直結する。進路指導の高校の先生が、ケアワーカーはあまりに低賃金・重労働なので介護専門学校への進学を勧めない、これではケア云々以前の問題だろう。

そうした時、本箱の奥から探し出した『「愛」なき国 介護の人材が逃げていく』（ＮＨＫ 二〇〇八）を久しぶりに手にし、そこいらの学者では到底及びもつかぬ名著ぶりに再度心を動かされた。現場スタッフからの鋭い声に加え、理念倒れとは無縁な現実一辺倒の記述、感動的ですらある本書をぜひ一読いただければと思う。その中から、労働環境に関する現場の声を少し紹介してみたい。

「(手取り18万円前後では=引用者註)赤字ですね。(中略)僕は養っているのが猫ぐらいだからいいですけど、この給料で家族を養うのは、普通に考えたら無理です」(グループホーム介護職)

「(厚労省には=引用者註)せめて全産業平均並みの給与が出せるくらいの報酬水準にほしいと思います。(中略)そして、そこまで介護報酬を上げたときに、国民の負担がいくらなのか、という計算を出してほしいと思っているんです」(NPO法人理事長)

「少なくとも、高給を要求してこの業界に入ってくる人はいないんだから、普通に食べていける職種にしてほしい。公的な介護保険でワーキングプアを作っているなんて、ひどいじゃないですか」(NPO法人・代表理事)

「お金で来た人は、お金でまたよそへ行きます。給料なんて、上はいっぱいあるから。みんな下はイヤだけれど、中の上ぐらいならいいんです。寿司屋に行って松竹梅とあったら、たいていの人は真ん中を頼むでしょう」(社会福祉法人事務長)

反論の余地もないこの程度の謙虚すぎる要求すら、このままいけば絶対に実現しないと私は言い切ることができる。というのも、年寄りの介護、そんな非生産的なものにカネをかけるくらいなら、もっとすべきことはいくらでもあるだろうという、例の「経済成長至上主義」が社会の中枢に鎮座しているからだ。つまりは、日本の介護、旧来型社会主義国家でない以上、既に十分なレベルではないか、さらにと言うなら、要介護者のなじんできた家で面倒を見てあげるのが最高の幸せというもの、「自助」を極める姿勢さえ示せば国として援助を惜しまないからと。

自民党の「国土強靭化」で舞い上がり、「どんどん族議員になってください」(町村信孝・元官房長官)(15)の高度成長期発想が完全復活、そんな土建国家再興より、高齢者介護や幼保の充実と高度化の方がどれだけ恒常的に雇用を生み経済を活性化させることか、この国はいつまでたってもそんなイロハすら理解できないように思える。

巨額の建設費・設計費・解体費・土地取得代等と膨大なる維持管理費を合わせれば、築後数年で一兆円近くいってしまうのではとも言われる五輪用の奇妙奇天烈《キテレツ》な新国立競技場に、何のためらいもなくカネを注《つ》ぎ込む(16)。また今話題のリニア中央新幹線においては、建設コストが九兆円（しかも昨今の建設ラッシュで今後も大幅コストアップは確実）、トンネルと地下が全行程の八六%、新東京駅（品川）の建設だけで一〇年超、電力使用量は約三倍（乗客一人あたり換算・東海道新幹線比）、当面は名古屋までしかなく、乗り換えを考えると大阪へは東海道新幹線の方が圧倒的に便利、JR東海は第二の国鉄になると種々指摘されまくっても、ハードの話になれば当事者だけでなく周辺まで力《りき》が入り、がぜん活き活きしてしまうという相変わらずの国民体質。

どうしても「大国」にこだわりたいのなら、世界最先端の超高齢社会を見事ハンドリングする「ソフトウェア大国」へ、そして同時に、世界に先駆ける「ポスト原発社会」の構築と「原発廃炉の技術立国」化を目指す真の先進国へ、そんな発想が脳裏をかすめさえしないのだから情けない。

池内了（宇宙物理学）がリニア中央新幹線を評し、「相変わらず高度成長時代の夢を追いかけようという『リニアな（単純な発想の）』プロジェクトであることに唖然《あぜん》とする」(17)と概嘆したように、世界を震撼させた原発大爆発を体験しても何ら変えようとしない硬直精神と嗜好《しこう》性を顧みる時、現代日本社会の諸悪の根源ここにありとの思いを深くする。

外国に向かっては「おもてなし」などウェットな精神性でウケを狙うくせに、国内でのホンネはガチガチのハード志向、この二面性の使い分けはまさにギネスものである。

外国人介護士採用に底意地の悪さ全開の厚労省

そこで今度は、介護の雇用問題と密接に関係する外国人介護士の受け入れ問題に視点を移してみると、ここでもまた、厚労省流主体性なきパッチワーク手法を見せつけられることになる。出井康博（フリージャーナリスト）が独自の労作（出井 二〇〇九）でインドネシア・フィリピンからの介護士見習い受け入れを詳細に描いているが、その総括部分（あとがき）には、なるほど厚労省ヨと素直に得心させられる記述があった。

政治家に代わって、政策立案を一手に握ってきたのが中央官僚たちである。だが、官僚には長期的なビジョンを描き、大胆な政策転換を実行することは不可能だ。しかも、彼らは霞が関に張りついているため、余りにも現場を知らない。現場の利益とは遊離した政策が次々と机上でつくられ、結果として税金の無駄遣いを招き続けている。（出井 二〇〇九）

この部分、私が本書で繰り返し述べてきたものと大筋でシンクロするのは明らかだが、「税金の無駄遣い」にとどまるならまだしも、これによって困り果て、絶望の境地に陥らざるを得ない弱者のことを思う時、行政機構の反国民性と立法府の無能、マスメディアにおける監視と批判精神の欠如、そして本来なら積極的にコミットすべき元気な市民たちの根深い政治的無気力、それら各パートが寄り合って負のシンフォニーを奏で、タテマエばかりで未来へは届かぬやせた音色を響かせ続ける様に苛立ちを覚えるのは私だけだろうか。

さて、出井がなぜそれほどまでにネガティブなあとがきを書かなければならなかったのかが、ここでのポイントとなる。

時々新聞に載ることがあるからご存知の人も多かろうが、フィリピンとインドネシアから来日し、日本での「介護福祉士」資格取得を夢に介護施設で働く彼ら・彼女らに、必要以上の高いハードルを設け、事実上、資格を取らせず帰国してもらうというとんでもない政策を彼《か》の厚労省がまじめな顔で敢行してきた。そのことに出井は怒っているのだった。紙幅の関係上、詳細な紹介は不可能だが、出井からの引用を含めて問題点を抽出すれば、こんな風になる。

①二〇〇六年、小泉・アロヨ（フィリピン大統領）間で合意した経済連携協定（EPA）により、二年間で千人に上る介護士・看護師の受け入れが決定→当初はフィリピンからの要望だったが、日本の思惑は、「フィリピンへの産業廃棄物の持ち込みなど他のEPA案件を有利に進めることもできる」という点にのみあり、その心は介護士受け入れどころか、「ゴミの持ち込みとバーター」というぶったまげるようなもの。そこで年間百人程度を、コイズミが五倍へとひっくり返す。

②日本側は就労条件として、「日本語で国家試験に合格することを課した」→フィリピン上院がそれに反発し延期に→〇七年、第一次安倍政権はインドネシアとEPAを締結。先にインドネシアから介護士らが来日→その後はフィリピンからも。

③しかしそこには意図的なハードルが仕掛けられた。半年間の日本語研修、介護施設で三年間就労、来日後四年以内に日本人と同じ国家試験（介護福祉士）を日本語で受けるべし。日本人ですら合格率五割の難関を、受かれば日本で就労可能、失敗すれば即帰国、チャンスは一回しか与えないというすさまじさ→だいたい、日本でも「有資格者は全国の介護職員の四人に一人に過ぎない」のに。

④インドネシアからの受け入れ（フィリピン人と違って英語をほとんど話せないので、なかなか通じにくい）では「厚生労働省傘下の社団法人『国際厚生事業団』（JICWELS）」が唯一の斡旋機関として出張ってきて、受け入れ施設側にはとても承服しがたい条件を出してくる。

⑤担当者いわく、『『ＥＰＡによる受け入れでは、研修、就労、資格取得の三つが柱になります』これでは、彼らが労働者なのか研修生なのかわからない』。

日本を嫌いになってもらいたくてやっているような底意地の悪さ、何よりも、相手がアジア諸国と見れば途端に舐《な》めきった態度を示す差別意識。私としてはこの際、連中の心根の方へ切り込みたい衝動に駆られるが、こうした陰湿な所業、厚労省の真意が奈辺《なへん》にあるかの見当はおおよそつこう。

この外国人介護士スキームは「人手不足対策でもなく、国際貢献でもない」、そしてその後、批判をかわすためにいくつかの修正でより現実的対応へとシフトしているかに見せてはいるが、要は、最初から外国人介護士を受け入れたくないのだから、「靴に足を合わせろ」の論法で数々の障壁を設け、排除してきただけのこと。そのおかげで、フィリピン、インドネシアの若者はもとより、日本の受け入れ先施設等もどれだけ損害を被ったかしれない。

厚労省、当スキームがいやならいやで堂々と論陣を張ればいいものを、それは反発という波をかぶるからはばかられる。いちばん傷つかない手が大義名分によるカムフラージュでうまく逃げ切ること。しかし、受け入れ団体に対しては、「国際厚生事業団」という厚労省外郭団体（天下り団体）へ候補者仲介手数料を払わせるというちゃっかりぶりだけは抜かりがない。いつしか「介護士らの受け入れが日本の官僚機構の利権になっている」とは、さすが見上げたものではないか。

特養待機者五二万人にも動じない厚労省流逃げの一手

既述のとおり、特養の入所申込者は約五二万人（一四年・厚労省発表）、誰が見ても深刻なこの事態を前に、当の厚労省はまったく慌てない。カネのかかる特養建設は極力抑制、しかも原則個室ユニットケアしか認めず、その挙げ句に編み出したのが「小規模多機能」型居宅介護という悪乗りマジックだった。だがそんなネタ割れ手品でも、業界にはそれを平気で信じる人間は結構いるし、逆に、醒めていて「またか」と相手にしない人もそこそこはいる。また、醒めながら乗る人も少数ながらいる。その前に、厚労省のやり方とそれへの業界対応、見事な証言があるので紹介しておこう。

「厚労省と喧嘩してもかなわないので、いかに厚労省のこれからの流れを早く読むか、ということです。ほかもやったからうちもやるじゃダメなんです。梯子をかけて外すのはいつもの手段なので、梯子をかけられているな、とわかりながら上る。でも、最初に上らなきゃだめなんです、回収できないから」。（社会福祉法人事務長・諸橋泰夫）（ＮＨＫ　二〇〇八）

ではマジックの典型ともいえる「小規模多機能」とは何なのだろうか。

小規模多機能は、（中略）デイサービス（通所介護＝引用者註）に訪問介護と宿泊（短期入所生活介護＝同）が加わって（だから多機能＝同）、24時間365日サービスを提供する。利用登録者は最大25人まで、1日に利用できる通いの定員は15人まで、宿泊は9人までと決められている。（ＮＨＫ　二〇〇八）

二〇〇六年の改正だからコイズミカイカクで社会保障がめった切りにされた年で、「**小規模多機能型居宅介護**」が「金食い虫特養」の手軽かつ固定的なピンチヒッターとして起用されたであろうことは容易に想像がつく。なぜ手軽かと言えば、厚労省サイドはかけ声だけで自分の懐はほとんど痛まないからで、厚労省が勝手に「小規模多機能」のモデルにしたと言われる「宅老所」、その先駆者（何と一九九一年から）として著名な「宅老所よりあい」（福岡市）の下村恵美子が、「小規模多機能の指定を受けると、年間で500万円ほど減収になってしまうと考え」（ＮＨＫ 二〇〇八）、指定は受けなかったというシビアな現象を見てもそれはよくわかる。

「小さいことはいいことだ」「大きいことは悪いことだ」の、非実践型進歩的知識人幻想とうまく同調したふりをしつつ、実際はカネがかからないからという、ただそれだけのハイパー実利主義。下村のようなギリギリの現場を何とか切り盛りしてきたマネジメントの苦労人が、そんな怪しげな仕掛けにおいそれと乗るはずもなかろう。特養ホームのような大規模施設に過激なくらい批判的だった下村が、最近では「宅老所よりあい」のＨＰに「力を貸してください」(18)のコーナーを設け、「地域密着型・特別養護老人ホーム」の建設申請を福岡市へ提出中と書いているほどなのだ。

厚労省は、苦悩の果てに特養ホームをも取り込もうとする下村のこの現実的な方向性をどう思っているのか。「小さい＝家庭的＝人間的」のシンボリックなイメージだけを、彼女のような生活的実践者からつまみ食いをして利用しまくり、本意は社会保障費の削減、こうした古い手をいつまで使えば気が済むのか、本当に懲りない鉄面皮ぶりである。

厚労省が大好きなフリをしている「小さいことはいいことだ」の代表格には**グループホーム**（認知症対応型共同生活介護）もある。これは「1ユニット9人、1施設に2ユニットまでという少人数で、認知症高齢者が介護を受けながら共同生活を送る」（ＮＨＫ 二〇〇八）ものだが、特養ホームのユニットケア同様、私個人としては入居は絶対に御免蒙りたい。というのも、二四時間三六五日、民家やアパートのような狭い空間で同じ九人が顔を合わせる、もちろん食事も同一メンバー、スタッフもほぼ固定、私ならすぐさま逃げ出したい気持ちになると思われる。

高度経済成長の中核を成した世代以降は、濃密な共同体ではない都市型コミュニティーのさっぱりした空気に慣れ親しんでいるというのに、人生の最終段階、またもや押しつけがましい人工的ゲマインシャフト（共同体）へ帰還せよだって？　学校のような無味乾燥な建物で真ん中に廊下がでんと通っていようが、入居者とも介護スタッフとも付かず離れずの関係が保てる従来型特養の方が精神衛生上どれだけいいかしれない。

美しい理念に彩られたこのグループホーム、施設側からも厚労省へのブーイングがとまらない。

しかし問題は、入院されたときです。一人入院されたとすると、1か月24～25万円ぐらいの介護報酬が入りません。1ユニットのグループホームであれば、9分の1報酬が減るということです。厚労省はその空いた部屋を使ってショートステイ（短期間の入所）をしてもいいと言っていますが、入院先からいつ帰ってくるかもしれない人の部屋に、ほかの人を泊めるんですか？　入居者の荷物はどうするんですか？　グループホームというのは暮らしの場所ですよ。生活するようにケアしなさいといって始めたケアなのに、ショートステイしてもいいって、いったいどういうことなんですか。（小島美里）（NHK 二〇〇八）

小島は重箱の隅をつつく視点で厚労省の非をあげつらっているのではない。まずは「東大話法」でトンデモ政策をぶち上げ、当然のように矛盾が露呈するや、「ああしろ、こうするな、一部修正して臨機応変に」と例の通知で上から目線の指示を出しまくる、そのひどすぎる実態と本質とを一例から明らかにしているにすぎない。

しかも最たる零細事業であるグループホームにスプリンクラーの義務づけを。もちろん安全面からして必須ではあるが、そうなるとグループホームという「ビジネスモデル」自体に最初から無理があるという点にまで行き着いてしまう。木造であること自体も、夜勤が一人であることも、セキュリティー上は大問題であるわけだし。

ここでもう一つ、厚労省が使い勝手のいい器として温存している、**老健（介護老人福祉施設）**というファジーな存在についても触れておこう。これは三大施設介護の一翼を担うものであるが、特養ホームなどと違って性格がつかみにくい。その理由は、またも厚労省の思い付き、何とも不可思議な形で作られたという経緯に起因する。

タテマエ上の老健は、「入院や入所から在宅に戻るため、在宅者が一時入所して自宅に戻るためのリハビリテーション」（服部 二〇一二）を目的にするとなっている。だがどこか白々しいなとは、普通の生活感覚を持つ人ならすぐに察しがつこう。さらには、ここにもまたあの個室ユニット型の導入をとくれば、短期入所施設なのにどうして、ともなろう。

もう一〇年近く前、私の義母も特養ホーム入居待ちの間にお世話になったので実情はよく把握しているが、老健というものは驚くほどタテマエで塗り固められた存在だった。大半の人にとって、老健は病院（施設）から自宅へのリハビリ中継地点どころか、空き待ち等でいる所がないから便宜的に使わせてもらう、しかし「短期」という看板だけは厳存するので、原則三カ月で出てはまた入り直すの繰り返しをもって何とかしのぐ、ある意味ありがたい施設としてそれはあったのだった。

「『次の受け入れ先を探さないと、また、在宅介護が始まる』と、精神的なプレッシャーに耐えながら老健施設を利用している人は少なくない」（結城 二〇〇八）は、その点を指している。私の義母の時も、八王子（東京都）なら施設はたくさんありますよと、何度ささやかれたことだろう。しかし厚労省も実情に押し切られたのか、時とともに「短期の看板」を延ばしていったようだ（大都市部では「半年間まで」、「地方では1年間程度可能」〈結城 二〇〇九〉）。

老健入所者のうち、「要介護4もしくは要介護5が43%を占めている」（結城 二〇〇九）」というからには、寝たきりに近い状態のお年寄りが四割も入っているということであり、「病院（施設）から在宅への中間施設」が聞いてあきれる。特養ホームの身代わり施設化はもう明らかで、厚労省のタテマエはここでも完全に破綻している。一部では「みとりの場」にもなっているというからびっくりする。

ただ、今でも厚労省の便利な持ち駒であることに変わりはないため、そのバッファーというか便利屋としての機能をフルに利用したのが、先述の介護療養病床トンデモ廃止案に伴う老健の転用策だった。彼らは「従来型老健」とは違う「転換型老健」を標榜《ひょうぼう》し始め、それを促すため「次々と、『設置基準の緩和』を打ち出してきた」。その結果できたのが「**介護療養型老人保健施設**」という、いかにも「東大話法」的でミステリアスな施設の存在である。

事実、佐藤幹夫（フリージャーナリスト）は、この転換型老健という「老健もどき、病院もどき」、どちらも中途半端で「私らに、社会の何を担わせたいのか。それがまったく見えてこない」（傍点引用者）（以上、佐藤 二〇〇九）と悲憤慷慨する現場の理事長の話を紹介している。

いつもの場当たり継ぎはぎ政策でその時々を泳いでいくスタイルがここにも象徴的にあらわれているが、最後にもう一件、一一年一〇月に施行された「高齢者住まい法」に基づく国交省・厚労省共管の「**サ高住**」（**サービス付き高齢者向け住宅**）についても簡単に触れておきたい。

詳しくは両省共同発行のパンフレット[19]をご覧いただくのがいいが、まず驚くのは登録戸数の異常なる伸び。何せ、スタート直後の一二年一月に八千二〇〇戸だったものが、一四年四月には一四万七五二六戸と二年二カ月で約一八倍の驚異的な右肩上がりを見せている[20]。毎度のことながら補助金（一戸当たり上限百万円）・税制優遇・融資等が大きな魅力で、建設業者・不動産業者が殺到したからとはいえ、国の無定見な大盤振る舞い、本当に大丈夫なのかと私にはまず感じられる。

というのも、特養ホーム等を増やしたくないという、本筋をはずすのが目的のいつもの脇道誘導、しかも今回は国交省の裏方におさまっていれば済む気楽な立場の厚労省は漁夫の利でしてやったりだろうが、片や国交省、高齢者住宅で厚労省に乗り遅れまい、補助金計上（一一年度で三二五億円）も魅力的だし押っ取り刀で乗り出したはよかったが、しょせんハコモノの専門家で高齢者介護のノウハウはゼロに近く、そのツケはいったいどこへどんな形であらわれるのやら、そんな疑問が真っ先に私のアタマをよぎるからだ。

厚労省のグループホームでもそうだったが、高齢化が進むにつれ体力がどっと衰えていくプロセスや、ましてや認知症の兆候が現れ始める時のことなどほとんど考慮に入れずにコトを進めている。サ高住の官製パンフレットが謳《うた》うごとく、「高齢者単身・夫婦世帯が安心して居住できる賃貸等の住まいです」「安否確認サービスと生活相談サービスが必須のサービスです。ケアの専門家が少なくとも日中建物に常駐し、これらのサービスを提供します」「バリアフリー構造、一定の面積、設備（を有します=引用者註）」(19)の表面的キャッチコピーなど、いざという時には何の頼りにもならないのを知らぬはずはあるまい。何しろそこには肝心要《かなめ》の専門的ケアが内蔵されていないのだから。高齢者介護施設を長年見てきた私の経験からすれば、「安否確認サービスと生活相談サービス」は無いよりはまし、だからといってそんな子供だましのセールストークが何のつっかい棒になろうとの思いの方が強い。

厚労省だけでなく国交省からもまた「はしごを外された」と泣きを見る事態は事前に避けてくださいネと、現時点では控え目に言っておく方が、処世術的には得なのかもしれないが。

日本の行政というのはなぜか正面突破の王道を歩まず、チマチマとした「脇道」（「邪道」）を編み出して失敗の山を築き、国民の財産にダメージを与え続ける。正すのは我々現実直視の国民以外になし、それを何度言っても言いすぎということはないであろう。

第八章　医療現場の疲弊を放置すれば日本社会は危険水域へ

問題山積の「医療環境」なのに感度が鈍い日本人

日本には戦前から医者はエリートで金持ちという観念があり、それが災いしてか、医療という「産業」への反感が極めて強い。ただ、ほとんどの人は自分の町の開業医を決めていて、そこそこ信頼も置いているため、勢いブーイングは大病院やそこに勤務の医師・看護師・スタッフ等へと向かうことになる。威張っていて人の話を聞いてくれないとか、三時間待たせてたったの三分間診療だとか、検査漬けのもうけ主義だとか、批判はほぼ決まりきったものばかりだが、ここ十数年、四人の親のことで多くの病院へ通い、また自身も自慢ではないが何度も入院した経験を持つ「病院通」の私からすれば、それら定型句はせいぜい二〇世紀まで有効だった時代物にすぎぬと言うことができる。

というのも、一部の献身的な医師を除いて開業医の方はたしかに相当ペイする職業のようだが（多額の初期投資と診療報酬のダウンとから最近ではかなり衰えも目立つ）、それに引き換え勤務医の過酷ぶりはとうに限界を超えてしまっているからだ。二〇〇六年、虎の門病院部長だった小松秀樹が思い余ったように出版した著書の副題『「立ち去り型サボタージュ」とは何か』が医療の世界やマスコミで一躍注目を浴びたのも、それを反映してのことである。彼はこう書いた。

日本全国で、勤務医が、楽で安全で収入の多い開業医にシフトし始めた。今、日本全国の病院で

医師が不足している。（中略）

最近の開業は激務とストレスから離れて、自分のささやかな生活を大切にしたいということが、動機になっているように思える。（小松　二〇〇六）

じつは、私の勤務する（ブランドの＝引用者註）虎の門病院でも、部長職にある医師がつぎつぎに定年前に辞めるということが続いています。（小松　二〇〇七）

それに、勤務医たちの「残業」ときたら半端ではなく、厚労省調査（〇六年）では、「常勤医師の一週間の平均勤務時間は六十三・三時間」（村上　二〇〇九）にも及ぶという。これには夜勤も含まれるので、過労死を予感させるハードワークぶりは常軌を逸している。

本田宏は自身の病院の外科を例に、「一回の当直で『のべ三五〜三八時間勤務』になることもザラである」と書いている。朝から働いて当直、そして明けの朝から夕方遅くまで勤務、その間に手術まで入る場合も。「当直明けの脳は、多量のお酒を飲んだときと同じ程度に判断能力が低下しているそうだ」（以上、本田二〇〇七）が、そんな医師から手術を受ける可能性などいったい誰が予見し得よう。日本外科学会の〇七年アンケート調査でもやはり、「勤務医の労働時間は平均週六八・八時間」、「当直明けの手術参加」は「いつも」と「しばしば」を合わせて五九％だったという。

また岡井崇（産婦人科医）は、若手医師の当直が月一〇回にもなる理由をこう述べる。

（前略）大学病院は給料が安いので、それだけでは食べていけないのです。だから、当直のアルバイトにいくわけです。大学のなかで週一回当直をして、おまけに外の病院にいってまた当直をする。

それに土曜・日曜が加わると一〇回ぐらいやることになります。(岡井ほか 二〇〇八)

戦前より続く医師への固定観念から、この深刻な事態をやりすごし、「金持ちエリート」に意趣返したつもりになっていてどうする、天に唾《つば》するだけではないかと言いたくなる。第四章で紹介した都立墨東病院事件等の、マスコミが好む「たらい回し」「受け入れ拒否」は、この過酷勤務に起因する病院医師たちの「立ち去り」と無縁なわけがない。特に産科と小児科の「立ち去り」が顕著なのも、その科だけが持つ特性からして故なしとしないが、〇七年には循環器系治療で日本屈指の国立循環器病研究センター(略称・国循=大阪府吹田市)のICU(集中治療室)所属医師五名が一斉退職した例まである。

しかし、医師にだけ目を向けていては見誤る。自身が入院したり、親戚の入院に付き添ったりすれば、誰もがその日から感じるところだろうが、看護師さんたちのマルチな守備範囲と重責、重労働、それはある意味で医師と同等、もしくはそれ以上であるということ。しかも看護師不足は深刻で、資格を持ちながら医療現場に登場しない「潜在看護師」が五〇万人を超えるという現実は、労働環境の劣悪さを逆から証しているといえよう。小さな子どもを抱えたお母さん看護師・元看護師たち、ここにも日本におけるジェンダー視点の貧困さが如実にあらわれている。

そうした一方、医院と病院の間隙《かんげき》を縫うように、「フリーター医師」(永田 二〇〇七)として病院を渡り歩き、びっくりするような時給を手にする医師が存在するのもよく知られた事実で、一二年秋には東京都板橋区の病院でニセ医者が発覚、渡り鳥医が多額のカネを得ている実態が期せずして明らかにされた。「多くの人が受ける健康診断シーズンでは、都市部でも医者が不足する。健康診断だけの医師の『バイト料』は高く『3時間勤務で4万円』と掲げる病院もあった」(1)となると、またぞろ短絡、医者はケシカラン説に加担する国民が出てきてもおかしくはない。

ただ鈴木厚たちが示す次のデータと主張に耳を傾ければ、我々は〈見えざる手〉(実はミエミエの手)でマインドコントロールされ、当然〈民〉対〈官〉となるべき事柄が巧みに〈民〉対〈医〉へすり替えられてきた背景に気づくことであろう。ここでいくつかの〈見えざる手〉の実態をあぶり出してみるとこうなる。

まず第一は、〈日本の国民医療費は突出している〉。鈴木の試算では、OECD諸国における医療費支出の対GDP比(〇七年)で日本は何と二一位。「また国民医療費ではなく、患者1人当たりの医療費で計算すると、日本は先進国のなかでダントツ最下位」(鈴木 二〇一〇)と、通念とは大きく懸け離れているのがよくわかる。

『市場原理が医療を滅ぼす』で、先進国中の論外ともいえるアメリカの惨憺《さんたん》たる状況を日本へ伝えてきた李啓充(医師・作家)が、同時に日本の貧困ぶりをも一刀両断にし、こう書く。

つまり、「豊かな」国ほど、医療に惜しみなく金をかけ、国民の命と健康に高い値段をつけているのが世界の傾向なのである。先進国の中で、この傾向からはずれ、国民の命と健康の値段を値切っている国はわずかに二か国、日本と英国だけである。(李 二〇〇四)

最下位のイギリスはサッチャーのこの失敗を挽回すべく、ブレア首相の大英断で「医療政策の大転換」へと向かったから、「日本の『国民の命と健康の値段』は晴れて先進国一安くなる」(李 二〇〇四)のは間近かもしれない。

それにつけても、医療の世界ではあまねく知られる吉村仁・厚生省(当時)保険局長の「医療費亡国論」(一九八三年)、その亡霊がいまだ行政を支配しているというか、むしろそれに悪乗りする形で日本の医療政策は遂行されてきたという現実を、我々はまず認識する必要がある。またその一方では、〈絶対善〉派の泣き所ともいえる、「お年寄りがサロンとして医院を使っている」「日本人の医者好き」式の妄言を純朴に信じ込む風潮が世を覆い、行政サイドのキャンペーンを後押ししているのも見逃してはならない。このような「思考停止」は、結局いざという時の自分に跳ね返ってくるだけだというのに、良識派気取りはそれに気づかない。

さて上記に次ぐ第二の〈見えざる手〉とは、〈病院はもうけすぎ〉の耳たこフレーズ。〇六年、七％の診療報酬引き下げで、「全病院の7割が赤字、自治体病院の9割が赤字」「支出を減らすには救急や小児科などの赤字部門をやめ、医療従事者を減らし、給料を下げるしかありません」（鈴木 二〇一〇）状態であるというのに。

中小の病院では、リスクだけでもうからない救急病院指定を返上するところも多く、誰が見ても不採算部門でしかあり得ない大病院の救命救急センターに一層の負荷がかかる。また、けた違いの設備投資・高度医療機器投資を必要とする大病院には、以下のような逆張りが平然と行われる。

> それ（大きな投資＝引用者註）にもかかわらず、外来診療の診療報酬は病院に対して不利に設定されています。大病院は慢性的な資金不足なのです。（中略）
> 日本の勤務医は、新古典派経済学が前提にするような自己の利益の拡大をはかる経済主体ではありません。（中略）ハードワーク・ローリターンに耐えて、苦行僧さながらに働いてきたのです。（小松 二〇〇七）

そして第三の〈見えざる手〉は、〈医師はいい生活をしている〉。永田宏（医療情報学）がこう証言する。

確かに金額だけ見れば（給料は＝引用者註）安くない。たとえば医師としての経験10年、年齢35歳くらいで民間病院勤務だと、年収は1000万円前後になる。だがこのくらいの収入は商社や銀行でも得られるし、テレビ局などと比べたらかなり安い。しかも病院勤務の医師は夜間や休日の当直があり、フリーの時間もオンコール（待機）状態で精神的にも肉体的にも拘束され続けている。残業手当はほとんど出ない。（永田 二〇一〇）

さらに勤務医はかなりの頻度で職場を転々とするので、退職金はわずかなものになってしまう。であれば、上野千鶴子による「医師の労働条件がどんなに過酷でも参入者が絶えないのは、医師の社会的地位と報酬とがそれに見合うほど高いからである」（上野 二〇一一）が相当にずれた意見であるのも合点がいこう。彼女の東大文学部教授在任時、東大医学部病院教授の給料（国立大学病院教授で年収一三〇〇万円という）（船曳孝彦〈消化器外科〉）（船曳 二〇一〇）と自身のそれ、そして「労働」としてのコストパフォーマンスを社会学的に対比したことはないのだろうか。ノバルティスファーマのような製薬会社等から「奨学寄付金」という名の何とかをいただきという、一部悪徳医師は別として。

第四の〈見えざる手〉とは、〈医師が多すぎる〉の世論操作。変幻自在、理屈はどうにでもの厚労省のこと、彼らは医師不足どころか逆に「過剰になる」のだと「文字通り、大本営発表」（永田 二〇〇七）スタイルでずっと言い張ってきた実績を持つ。だがＷＨＯ（世界保健機関）の報告では、「日本の人口当たり医師数は一九二カ国中六三位」、「（〇八年ＯＥＣＤ調査で＝引用者註）ＯＥＣＤ加盟国三〇カ国中二六番目の水準」（村上 二〇〇九）で、実態と彼らの言い張りとは大きく乖離《かいり》している。

では、厚労省はなぜ医師を増やしたがらないのか。永田宏は、「医師が増えることによって、新たな医療ニーズが掘り起こされ、その結果として国全体の医療費が増加するという学説」（永田宏 二〇〇七）に依拠したものだと言う。この「掘り起こし」、どこかで聞き覚えあるフレーズよと思えば、「要介護認定での掘り起こし」「ケアマネジャーによる在宅介護需要の掘り起こし」というイヤな使われ方のあれだった。厚労省お手の物の思考パターンなのだろう。

そして〇六年、厚労省はついに、医師は九千人ほど不足していると認めるに至るのだが、二二年には不足が解消と書く往生際の悪さも忘れなかった。しかもそのバックデータには、「年齢無制限」と「実質休業中」の潜在医師が堂々カウントされている。百歳で実務は到底無理な医師でも、免許返上をしなければ医師数に入れるというカラクリになっている。

こんな一時逃れをしていても、団塊世代が後期高齢者に向かう今後は、「人口当たりの患者数は、間違いなく世界一となる」。にもかかわらず、キャリア官僚の在任期間（例えば二年間）さえ切り抜ければそれでよし。今や有名な「東大話法」（医師を増やすと医療費が増大する→これが経済発展の障害になる→だから医師は増やすべきでない）はこの短期間任期の気軽さと相即不離の関係にある。

そして第五は、患者側に関する〈見えざる手〉で、〈高齢者は医療費を使いすぎではないか〉というもの。それに対する答えは、「老人医療に五倍の費用がかかるのは、病気になる老人が若者より五倍多いせいで、患者一人当たりの医療費が五倍高いわけではありません」（鈴木 二〇〇三）でオワリ。長寿自体がけしからんという暴論に与《くみ》しない限り、対策の打ちようもない。〈見えざる手〉とはいつもこのように恣意《しい》的なのである。しかも最近の医療費増、一般に思われがちな高齢化の影響よりも、医療・薬品の高度化（イノベーション）の方が大きく関与とは、厚労省保険局も認めているところである。

そして最後の〈見えざる手〉は、〈救急医療こそ「医」の最重要入口と思わない厚労省と国民〉についてのもの。私自身、救急車で専門病院へ運ばれ、間一髪、心筋梗塞から命を救ってもらった経験を持つだけに、この問題にはナーバスにならざるを得ない。

救急部門はいつ来るかわからない急患のため、検査部門も含め、チームスタッフを常時用意しておく必要があるし、空きベッド（救急も、その後に移る一般病棟も）を相当数確保しておかなければならない。医師は縦割りの知識ではとてもこなせない総合判断を瞬時に求められ、幅広く訓練された優秀な人材を配置する必要がある。そのためには医学部に専門の課程を設け、救急医療の地位も高めなければならない。しかし逆に言えば、これほどペイしにくいセクションも見当たらない。

一九九五年、警察庁の國松孝次長官が東京都荒川区南千住の自宅マンション前で何者かに数発狙撃された際、日本医科大学付属病院高度救命救急センター（同文京区）に搬送され、八時間以上の手術で一命をとりとめたことを、どれだけの人が記憶しているだろうか。後に國松自身、この救命センターから受けた恩を何度も熱く語っている。ことほど左様に、現代では医療の最重要分野なのである。にもかかわらず、救急病院が干上がってしまう方向の政策を厚労省がとるために、「撤退が続いて」いるのだという。

救急医療には、初期救急医療機関、第二次救急医療機関、第三次救急医療機関（救命救急センター、高度救命救急センター）の三段階があるが、初期・第二次に撤退が相次ぎ、第三次にしわ寄せがくるというとんでもない事態が起きてしまっている。救急医療の貧困という問題は、深刻かつ根が深い。

アメリカの大統領がサミットで来日する時には、必ず医師や看護婦、輸血や救急車までアメリカから持ってきます。サミットがドイツやフランスで開かれる時にはこのようなことはしません。（中略）彼らは医療のうちで救急医療が最も大切と思っているのです。一方、日本では救急医療が最も

遅れた分野になっているのです。（傍点引用者）（鈴木　一九九八）

以上、医療に関する六つの〈見えざる手〉を見てきたが、介護と同様、人間の要素が大半を占める医療なる非効率分野にも経済合理主義を、という本末転倒が我が物顔で闊歩《かっぽ》する日本の姿、ここにはそれが如実にあらわれている。

「医療機関を生かさず殺さず程度のカツカツ状態に置けば置くほど、微妙な保険点数の上げ下げや補助金の重みが増し、厚労省に対して頭が上がらなくなる」とは、記者として厚労省関連の審議会を中心に現場ウオッチを続けてきた新井裕充ならではのビビッドな見方といえよう。さらにここへ「どうでもよい情報は山ほど出し、肝心の情報は出さない」（以上、新井　二〇一〇）を加えれば、これこそ厚労省メソッドへの活きた総括ということになろうか。

国民に向かって積極的に資料を開示し、どこを最優先にしてどう突破していくべきかの問題提起をする、それが医療政策の元締めたる厚労省本来の役割であるのに、財務省のパシリとなり果て、財政再建一辺倒から上記のような〈常識のウソ〉をまことしやかに流して回る、そして批判精神を失ったテレビを中心とするマスコミがそれを背後で補強する、国民は「お任せ民主主義」で手もなくそのプロパガンダにのせられる、という悪循環が社会保障制度をますます骨抜きにしていくのであった。

天下の愚策「メタボ健診」、笑い事では済まされない

ところでこれ以降は、医療分野での厚労省版トンデモ政策の象徴的なものを俎上《そじょう》に載せ、介護政策とまるで同質の「負の政策」がいかに医療環境自体を害してきたか、それを具体例で見ていくことにする。

キャリア官僚は追い詰められるほどに「東大話法」へ依拠し、既述のごとく任期二年間だけの賞味期限を保てば本望の、もっともらしい「政策」を提示しがちである。そしてあとは野となれのシカトスタイルを旨とするが、なかでも「メタボ健診」くらい吹き出してしまうものもそうはなかった。しかしその損害たるや甚大で、笑って済ませられるほどのかわいい代物ではない。

今では人口に膾炙《かいしゃ》した感のある「メタボリック・シンドローム」だが、『現代用語の基礎知識』には二〇〇六年版から登場する新参者にすぎない。

内臓脂肪症候群。内臓に脂肪がたまるタイプの肥満に、脂質異常、血圧高値、高血糖などの複数の健康リスクが重なった状態を指す。日本内科学会や日本動脈硬化学会など8学会が協力して、2005年4月、国内での診断基準を公表した。(2)

デバラのおじさんたちにはどこか響くところがあったのだろう、メタボ概念はまたたく間に伝播《でんぱ》し、「流行語大賞2006」まで獲得する。「血圧、血中脂質、血糖値だけでなく、腹囲が男性85cm以上、女性90cm以上」(同上)も職場での笑いを誘い、一躍スターダムにのしあがった。

しかしよくある健康談議の笑い話にとどめておけばよいものを、厚労省が医療費縮減の切り札として登場させたためシャレにはならなくなった。

米山公啓(医師・作家)の言うように、何せ、「企業の健康保険組合や市町村など保険者に実施が義務づけられる。(中略)検査をするだけでなく、生活指導もして減量を実施していこうというもの」(傍点引用者)(米山 二〇〇八)。それだけでなく、ペナルティーもありだからたまらないわけだ。

その内臓肥満の健診、CTならドンピシャでわかるが、何分コスト面がということで採用されたのが、例のユーモラスな「腹囲」で、その時からアイディア倒れの末路は見えていた。わずかな調査で自己正当化をはかったため、いずれ向けられるであろう正面からの科学的批判は厚労省もとうに織り込み済み。ともかく医療費削減をカムフラージュするための「代替予防策」(幻術誘導策)が必要とされていたのだから、彼らとしても仕方がない。

これはどこかで聞いた話と似ているではないか。そう、筋トレを代表とする介護予防の効果を「科学的」に証明すると言っていた厚労省の口吻《こうふん》、まさにあれそのものだった。アリバイ証明テクニックの貧しさまで酷似している。

この誰が見ても突っ込みどころ満載のメタボ健診、我らが厚労省は例によって、「二〇二五年度にはメタボ健診で二兆円、平均在院日数短縮で四兆円の合計六兆円」もの医療費が削減されると畳の上の水練よろしくおだをあげていたが、これまたいつものデジャ・ビュ(既視感)の様相を呈し、今や聞く方も慣れてしまって怒る気にもならない。

巨額の費用と人員の投入だけで効果はなし、脇道誘導でそんなことをするくらいなら、嫌煙・禁煙政策を徹底しなさいよ、労働環境を整えなさいよとは、巷《ちまた》から聞こえてくる大方の意見であった。

当時、これらの計画策定に関与した村上正泰が、そのデタラメな背景を暴露している。

(前略)無理に医療費適正化計画に位置づけ、しかも二〇一五年度までにメタボリックシンドロームの該当者・予備群を、一五%減少させるとか、平均在院日数の全国平均と長野県(全国で最短の県)の差を半分に縮小するという、根拠のない数値目標を設定する意味などまったくありはしない。私は当時、厚生労働省においてこの数値目標の設定を担当していたが、「なんらかの指標が必要」という小泉総理の言葉を受けて、仕方なく「えいやっ」と設定しただけの代物なのだ。(村上 二〇〇九)

厚労省作法の舞台裏見たりとはこのことだろう。だが、こんなものを信用する人間はゼロかと思えば、多くの医療関係スタッフがこの種の〈絶対善〉的言辞にコロッとやられ、介護予防のところで指摘したと同様の現象が、医療界挙げての「メタボ予防・厚労省翼賛体制」という形で実現されていくのだった。一部には冷ややかな層がいたにしろ、厚労省からのお達しを意気に感じ、その貫徹を自己目的化する専門職が多いことに、厚労省はどれほど助けられてきたことか。

最近になってようやく、メタボ政策効果なし、生活習慣病は肥満とだけ相関があるのかの冷笑的報道が散見されるようになったが、そんなもの、マスメディアの担当記者なら最初から知っていたに違いない。いつもいつも「壮大なるゼロ」で、カネは自分のものではないから使い放題の厚労省劇。メタボ健診の問題点などとうにわかっているのに、制度自体は頑として変えようとはしない。これからもまた次々と、この種の幻術政策を繰り出してくることだろう。

厚労省ご乱心の「リハビリ日数制限」は犯罪的だった

二〇〇六年、厚労省はまたも突然に、病後のリハビリ日数大幅削減策を打ち出し、それを強行した。私が心筋梗塞で緊急入院し、退院した直後の外来リハビリ室で理学療法士（ＰＴ）から耳打ちされたので、今もって鮮明に記憶している。しかし当時、その背景にまではとんと思いが至らなかった。後で聞けば、医療施設だけでなく介護施設のそれにも大幅な制限が加えられたのだという。

突如打ち切りに近い行動に出た厚労省、目的はいつもの医療費削減と決まってはいるが、なぜリハビリを狙い打ちにしたのか。生まれて初めてリハビリというものを受け、その効果を身をもって体験しつつあった私が直感したのは、リハビリなんて大義名分だけでもともと大した効果はない、だからやめたところでそれほどの影響は出ない、恐らくは現場に疎い（というより現場へ足を向けたがらない）

厚労省の医系技官あたりが机上のひらめきで始めたものだろう。彼らにしてみたら、スポーツマッサージレベルの感覚、だからやりたければ自費でどうぞの底意が透けて見えた。

本田宏がその辺に関し、揶揄《やゆ》を交えて辛辣《しんらつ》に批判している。


（前略）日本は、病院のリハビリ料金も安い。病院では、脳梗塞などでリハビリが必要な患者さんの機能回復訓練が行われているが、その料金は二〇分で一〇〇〇円（病院に入ってくる金額＝引用者註）となっている。その一分当たりの値段は、街でよく見かける足裏マッサージより安いのである。（本田二〇〇七）


臨床経験の希薄な医系技官からすると、リハビリなんてしょせんは刺身のつま、だから足裏マッサージ程度で何が悪いといった感覚からの「ヨー、ポン」的制限なのだろう。世界最高水準と言われる日本のリハビリ医療だというのに。

ちなみに医系技官とは、「医師の資格を持っていれば国家公務員試験を受けずに面接と小論文だけで採用される特権と、他の技官にはない局長ポストを2つも持ち、医療費の配分や、医療現場への細かい指示や補助金など、医療における大きな権限」（村重 二〇一〇）を保持する特殊官僚軍団を指す。

そうしたなか、世界的な免疫学者といわれる多田富雄が、大病の後にもかかわらず、七〇歳を超える身で猛然と反撃に出たのは驚きだった。氏の著書を一読した私は、その圧倒的な闘争精神にまず気《け》おされるとともに、老大家の素晴らしい実生活意識にも感嘆し、畏敬の念を抱いたのを覚えている。『わたしのリハビリ闘争』（多田 二〇〇七）のはしがきはこう始まる。

リハビリを続けなければ、社会から脱落するもの、生命の危険さえあるものにたいして、医療を打ち切るというむごい制度改悪に私は怒った。(中略)

リハビリ打ち切りは、小泉内閣が相次いで実施した、医療費削減のための冷酷な改革の一例に過ぎなかった。障害者自立支援法や療養病棟の廃止といった、一連の非人間的な医療改革の矛盾が、ここに一挙にむき出しになった象徴的事件だったのだ。

多田は〇一年、金沢で脳梗塞の発作を起こす。「三日あまり死地を彷徨い」「地獄のような三ヶ月を旅先の病院で過ごし」て助かったものの、右半身麻痺《まひ》と重度の嚥下《えんげ》障害・発声障害が残り、不自由な手でパソコンを打ち、コンピュータ音声で意思を伝えるという生活を強いられていた。

理学療法士と言語聴覚士について、それぞれ週に二回ずつリハビリ治療を受けていた。めきめきと、とはいかないが、おかげで身体能力は緩やかに回復していた。(中略)リハビリは決して楽ではなかったが、それが命綱と思って、雨の日も雪の日も病院に通っていた。それが受けられなくなるのは、死活問題である。

この間の苦しみと絶望を思うと、今でも涙が出る。それでも生きてこられたのは、常に力づけ機能維持に励んだ理学療法士のおかげである。(多田 二〇〇七)

厚労省へ向けた多田の怒りはいくつもあるが、まずはリハビリというものへの無理解に矛先が向けられた。大変に軽いリハビリ経験者の私でも、多田の言うこと、「リハビリは息の長い訓練治療によってようやく目的が達成できる医療である」は全面的に理解できる。

「ある都立病院では、約八割の患者がリハビリを受けられなくなるという」のだが、厚労省からすると、リハビリ部門が患者の掘り起こしを行っていると言いたくて仕方がない。つまりこれは厚労省恒例の「掘り起こし伝説」発動に相違ないと私には見えた。

多田は障害の残る体で朝日新聞の「私の視点」に力を込めた投稿をなし、これを契機に社会の怒りが一気に爆発、二カ月で四八万人の署名が集まるまでに発展した。しかし案の定、厚労省は「一顧だにせず握りつぶし」、医療課長が朝日新聞紙上で多田への反論を試みる異例の展開に。

病院のリハビリ部門で制限を受けた人は介護保険の通所リハビリ施設へ、そこでも十分に可能ですからというふざけきった内容であったため、多田の怒りは倍加する。しかも世論の沸騰に焦った厚労省が、「わずかばかりの除外例を追加して、いかにも一律の打ち切りは現場の医師や医療従事者の責任であるかのように、責任逃れをするせりふ」を吐いたときては、多田が収まるはずもなかった。

だが厚労省は、「日数の増えそうなリハビリには、診療報酬を低く設定」することで、当初の「制限」を実質的に勝ち取っていく。診療報酬を差配できる厚労省こその権力乱用というか、それが常日ごろのやり方であって、厚労省ウォッチャーならなじみの絵にすぎない。「これではまるで、やれるものならやってみろ、といわんばかり」「霞ケ関の官僚は、ここまでやるのである」と多田に言わしめた、権力むき出しの役所がそこにはあった。「厚生」(welfare)が聞いてあきれるはしたなさだった。

複数の病に苦しむ多田はそれでも思索にふけり、「長期にわたるリハビリを、なんとしても介護保険に強制的に誘導する厚労省の意図はどこにあるのだろう」との疑問から、私が本論で詳述したあの「介護予防」問題にまで歩を進めてしまうこととなる。「民間の団体が補助金を湯水のように使って、高額な機器をそろえ」「『パワーリハ』と称する健康体操まがいの指導をし」「税金を使って業者を潤わせただけ」にすぎないと老学者の鋭い指摘は続いていった。厚労省への怒りはいかばかりだったかがひしひしと伝わってくる。私があえて「犯罪的」とまで表現するのには、実際にリハビリを突如切られた患者さんたちの落胆と怒り、そして治療面でのマイナス効果を代弁したいという背景があるからだ。

官僚の仕事も、従来はそれなりの形式的理路を保ったうえでのそれだったが、今や崩れっ放しで見る影もなしといった地点にまで落ちぶれてしまった。だからその時ばったりの猫の目行政、それが激しい批判にさらされると、形だけのマイナーチェンジや「条件付き」でお茶を濁し、その場を取り繕おうとする。「厚労省内からも担当する老健局に『何の戦略もない』と批判がある」(3)といったお粗末ぶりを無自覚にさらす。もはや省全体が方向感覚を失ってしまっていると見る方が正しかろう。

財務省へのへつらいが大前提としてあり、結果、珍妙な理屈を付けては現場に向け居丈高に削減を迫る。同時に、厚労省は一生懸命やってますのアリバイ証明のため、費用ばかりかかる「壮大なるゼロ」の仕掛けを別にでっち上げ、たった数年でさっさとつぶす。そして次期「目くらまし」策の案出に奔走する。戦略性などはとうの昔に置き去りにし、ただひたすらの刹那的サバイバルが彼らの習い性になってしまっている。かつて存在した高級官僚としてのプライドなど昔日の面影といった風情なのだ。

理不尽なことを許しておけば最後は「混合診療」に

以上、医療関連分野における厚労省の許されざる諸政策を見てきたが、底流に漂う厚労省の基本方針を総括するには、医学界の実践的な重鎮だった出月康夫(消化器外科)のシンプルな指摘がもっともふさわしい。「①医療費における公費負担を増やさない、②増加分は自己負担を増やしてカバーする、③受診抑制のための施策を行う」(出月 二〇〇五)。厚労省のキャンペーンがいくらきれいなコトバで装飾されていても、心はこの三つ、そう考えておけば間違いはない。

彼らが目の敵《かたき》にする医療費の増加だが、何も高齢者のそれだけでなく、医療の高度化によるところが多い点は既に触れた。私が救急搬送で助けてもらった心筋梗塞治療でも、カテーテルによるステント（金属製の小さな網目状の筒）留置がない時代には高額の医療費など発生しなかったろうが、その代わり命の方はということで、昨今はステント留置などよりはるかに高額な保険対象の最新医療は山ほどあって、それが人々を救っている。

自分が世話になる時は保険対象の高額医療に感謝、総論を語る時には医療費の増加はケシカラン、日本中でこんな使い分けがまかり通っている現実を厳しく再認識する地点からしか、医療費増の議論は始められないのだ。

もし自分に何かあれば、政治家や高級官僚はコネを駆使して腕こきの医者がいる先端病院を確保、競うように保険対象先進医療のお世話になる。そんな連中の口車に乗せられ、財政再建・医療費削減という〈絶対善〉に与《くみ》する庶民がもしいるのなら、勝手にどうぞ、いざという時にもローコスト医療で、となろう。

先進諸国の中でも最悪に数えられる医療環境下、ＷＨＯ（世界保健機構）は二〇〇六年、「日本の医療制度を世界第1位と認定」した。これが「医療従事者の献身的な努力」（以上、鈴木 二〇一〇）に支えられてのことであるのは言うまでもないが、すべての根幹は、その背景にどんと座る（いや最近は少々揺らぎ始めている）「国民皆保険制度」（一九六一年）に負うところが多いのもまた、紛れもない事実である。そのおかげで国民は等しく、保険証一枚で、患者が望めばどこの医院でも大病院でも受診できる「フリーアクセス」を保障されるし、差別なき診療を受けることもできる。

空気のように当たり前となっているものが実は画期的なもの、私も含め、これまでそれをしかと自覚してきた人は多くはないであろう。それゆえ、この制度が崩壊したらなど誰も考えることがない。

アメリカにも「メディケア」（高齢者・身体障害者向け）と「メディケイド」（低所得者向け）という限定的な公的医療保険があるが、全国民を対象にした「国民皆保険制度」とは似て非なるもの。大津和夫（ジャーナリスト）の著書『介護地獄アメリカ』（大津 二〇〇五）をひもとけば、介護・医療とも、アメリカのうそ寒さには震撼とさせられる。

こんなことは「先進国中では米国だけ」（岡本 一九九〇）という異常なまでの「市場原理主義」中毒国が、医療保険改革法（オバマケア）ごときで大騒ぎしたのは記憶に新しい。国民皆保険制度を半世紀も前に達成した日本の「政治」がいかに先見性に富んでいたか、「三丁目の夕日」のころの厚生官僚にはどれほどビジョンと気骨があったかを振り返ってみるのも無駄なことではない。

しかし、上記「国民皆保険」に対する国民自身の意識の薄さと政府による意図的なかき回し、そこを衝《つ》くように「市場原理主義」中毒国のアメリカから放たれた毒矢があのＴＰＰ（環太平洋経済連携協定）、それを医療分野に限れば**「混合診療」**の解禁ということになる。農業や自動車等の分野へ関心が向けられがちなＴＰＰだが、医療に詳しい識者の間では、これこそ大問題と認識されている。

現行の「混合診療禁止」を平たく言えば、患者が公的保険診療の対象でないものをもし一つでも選択した場合（＝保険の適用されない自費診療とした場合）、一連の保険対応分もすべて保険の適用外とし、オール自費診療でカウントするというもの。保険では認められていないが海外で評判のあの薬を使ってほしい等はそれこそ「保険＋自費」のミックスとなり、法的には行うことができない。どうしてもそうしたい場合には、他の保険対象もすべてチャラで個人負担は一〇割にという仕組みである。

では、入院の際の個室選択は、歯科で扱う保険以外の高い金属は、となろうが、それらは例外的に認められているものの一つで、ここでの議論の本質とは関係がないが、「特定機能病院での先端医療に対してだけは、特定療養費として保険診療との併施が認められている」（船曳 二〇一〇）というものもある。

この解禁を早急に実現したい勢力は、日本にも外国にも山ほどいる。市場原理主義者の群れがそれであり、コイズミカイカク時に絶大な権力を振るった総合規制改革会議の議長・宮内義彦らが、医療への株式会社参入・混合診療解禁を強力に働きかけていたのが語り草になっているほどである。

混合診療解禁になると日本の金持ちは先を争ってそれを利用するに決まっているから、アメリカからの医薬品や医療用器具等への需要が高まる。いやそれよりも、金持ちがアメリカ企業展開の医療保険に入ってその利用に備えてくれれば、アメリカサイドは笑いがとまらない。おいしいマーケット展開を舌なめずりしながら待っているわけだ。

株式会社が医療分野に参入するなら、「米国の巨大病院チェーンが日本に進出する事態」に、そして混合診療解禁では『言い値で商売ができる巨大な自由診療市場』が即座に創出される」（李 二〇〇四）、それを日本人はわかっているのか、それでいいのかと李啓充らは問うている。

あの竹中平蔵（慶應大教授兼人材派遣会社パソナ会長）が「国家戦略特区」での「雇用特区」（またの名を「解雇特区」）を目論んだものの、さすがの安倍政権も一時的見送りにするや、「歪んだ報道のせい」と「マスコミ攻撃」（以上4）へ打って出た構図、「混合診療」解禁圧力はそれと酷似している。

しかし、混合診療解禁の余波はそんなところにはとどまらない。もっと本質的な影響が日本社会へ及んでくる。前出の船曳は「混合診療には大反対」の立場から、その理由をこう述べる。

①自費なんだから四の五の言わずにあの薬を使ってほしいと患者がリクエストすれば、断れない医師はそれを採用。「効果や副作用のはっきりしない薬が氾濫《はんらん》する恐れがある」。

②病院の側としては保険の縛りはないから、「オイシイ商売に」。いくらこの薬は不可と思っても、「魂

を売り渡してしまえば、保険での診療よりずっと儲かるのです。真っ当な医療などやっていられなくなります」(船曳 二〇一〇)。

この種のいかがわしい薬の横行に加え、李啓充は解禁の危険をこう整理する。

①「もっとも危険な点」は、「『患者の財力の差に基づく医療差別』を、制度として認めること」。

②「しかも、保険診療として給付される部分は、本来、自由診療分のコストを負担できない人々からも徴収した保険料が財源となっているのだから、『富める者には、皆から集めた保険料で援助する』一方で、『お金のない人からは保険料のとりっぱなし』となるのだから、これほど不公正な制度もない」。

③保険診療として認めるということには、「社会としてその医療行為にお墨付きを与えるという意義」がある。だから『『安全性と有効性』が科学的に証明された診療行為はすべて保険診療に含めるのが原則」。それなのに、「『安全性と有効性』が認められた治療を自由診療のままに捨て置き、『コストを負担できる財力のある人にだけアクセスを許す』ことなどあってはならない」(李 二〇〇四)。

これら専門家の意見をベースに、私のシャバ的感覚を上乗せすると、医療環境は恐らくこうなるのではなかろうか。

①多くの病院が混合診療に吸引されるや、保険診療を望む患者が次第に見向きもされなくなるのは、経済原理からして必定。保険診療オンリーの人間にとって、大病院は早晩、敷居の高い存在と化す。

②厚労省は今までのように高い新薬や治療法を急いで保険対応にする必要がなくなり、カネがあっ

てそれを自費で使える人はどうぞ、使えない人はそれなりの治療で我慢を、が常態化する。
③診察や投薬のランク付けを、我々国民は考えたことがあるだろうか。寿司屋の並・上・特上ではないのだ。国民皆保険で培ってきた日本社会の安定は、これを契機に完全崩壊へと向かう。
④また、救急搬送拒否・入院拒否などは日常茶飯事となるし、混合診療対応の保険がテレビコマーシャルにどっとあふれ始める。
⑤新中間層の退場で社会はこれだけガタガタになってしまったというのに、医療までがこのワナにはまった暁には、世の中の安寧など望むべくもない。
⑥海外で評判の新薬を保険で使えないのは人権問題だ！と訴える患者の文章をネットで時々見かけるが、ならば我々が運動すべきは、新薬や新しい治療法の、安全性を見極めたうえでの迅速な保険適用（ドラッグ・ラグの最短化）であり、それが遅いからと社会を混乱に陥れてまで混合診療を求めるのは本末転倒である。

ＴＰＰの混合診療解禁では国外からハゲタカが狙いを定め、国内では市場原理主義者が虎視眈々と獲物を待つ。山岡淳一郎（ノンフィクション作家）に言わせれば、「そもそも混合診療の拡大は、医療を自由化し、市場原理を導入したい日米双方の経済人や官僚、政治家、医療関係者にとって悲願ともいえるテーマだった」（山岡 二〇一一）となるが、社会に大きな亀裂が生じ、貧と富が画然と分断されることこそ彼らが理想とする社会なのだから、それはむしろ当然といえよう。

しかしこの黒船に対しては、品川沖に台場を作るといった手間ひまをかける必要はない。上記のような危機的状態の出来《しゅったい》を各自がシビアに予測し、「政治」に対して断固たる行動をとる、しかもそれを持続的に展開する。元手ゼロのただそれだけのことで、効果は抜群なのだから。

意外なことに、進歩的知識人のような連中が、「飛行機にはファーストとエコノミーがあり、そのスペースや食事内容に違いはあっても、こと安全に関してはまったく同じ。だから混合診療も」とうそぶき、恬《てん》としていたりもする。

混合診療解禁で、戦後営々と築き上げてきた世界に冠たる医療環境があっという間に瓦解しそうでも、国民は自分が病気になるまで「そんなの関係ねえ」と三猿（見ざる・聞かざる・言わざる）のままでいるつもりなのだろうか。

調剤薬局の出現と林立・盛業状態は何を物語るのか

最後に、医療とは密接な関係にある調剤の問題に触れておきたい。

ひと昔前までは医院でも病院でも、薬はその場でくれたもの。しかし現在は、あれよあれよと調剤薬局方式になってしまった。医院でも最低は一軒、大病院ではそれを取り囲むように林立する調剤薬局の存在を、患者はどう感じているのだろう。

もう三〇年くらい前のこと、私が月に一度通っていた埼玉県の大学病院では、薬をもらうのに最低でも一時間は待たされ、へたをすれば診察待ちよりも長いくらいの覚悟を必要とした。そこへいくと昨今は調剤薬局のおかげでそうした事態は解消、その点ではメリットを受けている。

しかし、待ち時間を解消するために調剤薬局ができたのではなさそうなことくらい、私でも想像がつく。よく利用する私がいつも疑問に思ってきたことは、何でこれほど店が乱立してつぶれないのか、しかも小さな調剤薬局でさえ、薬剤師が二人ほどもいてヒマそうな受付の女性がさらに二人、これで成り立つ秘密はどこにあるのかというもの。それに引き替え、薬剤師から有用な情報をもらったこともなければ、その必要性を感じたこともまったくない。「その後おかわりありませんか」「今日、お薬手帳はお持ちですか」「これ以外に飲んでいるお薬はありませんか」。こちらも毎度のことだから「ハイハイ」と応じ、それより早く会計をしてくださいよという感じになる。しかも最近ではメーカーでパッキングされた薬が大半で、乳鉢で粉薬をなどまれな例。薬剤師は間違わないようにチェックしながら詰めるだけの存在でしかないと私には見える。

また、薬剤師が病院の先生の処方に疑問を抱き、問い合わせるのケースにはただの一度も出会ったことがない。よほどの間違いでもない限り、力関係からしてそんなことはできるはずもないのだ。

もちろん、厚労省発のタテマエは例によってしっかりとあるはずで、「相互監視の医薬分業」論、「薬漬け改良」論、院外薬局方式の欧米に比して「日本は遅れている」論等々、彼らの「東大話法」は言われなくても推測できる。そして薬局業界・薬剤師会からの強い要望があずかったであろうことも容易に理解できる。

その調剤業界第二位、大病院の周りでは必ずといってもいいほど見かける日本調剤という企業、「（二〇一〇年三月期＝引用者註）創業者の三津原博社長の報酬が4億7726万円と開示。日本人の経営者では（中略）最高額になった」（5）とされるからすごい。製薬業界第三位、第一三共会長のそれが日本調剤創業者の四割にも満たないと聞くと、私の週刊誌的な血が騒ぎ始める。

この他にも、最近街でよく見かける複数医院共同の「クリニックビル」、その大家も調剤薬局が多いといわれている。病院が悲鳴を上げているのに、「お薬手帳」の調剤薬局がなぜこうももうかるのか、いや、もうけさせるのか。

かつて医院や病院が膨大なる薬価差益でがっぽりだったことは知っているし、医学部教授が学会出張の際、製薬会社丸抱えといったケースのあったことも承知している。ということは、差益が病院から調剤薬局へ移っただけのことなのか。鈴木厚の解説（薬価差益が社会問題となってからほぼ一〇年後の九八年当時のもの）によると、どうやらこういうことであったらしい。

院外薬局のクスリの値段が病院のクスリの値段と同じであれば、院外薬局は儲けがないので経営は成り立ちません。そこで様々な財政的優遇措置が院外薬局に与えられ、院外薬局が儲かる仕組みがつくられたのです。つまり同じクスリでも、院外薬局の方が院内薬局よりも値段が高く設定されているのです。さらに重要なのは、(中略)医師の診察料よりも、クスリを数えて渡す院外薬局の技術料の方が高く設定されているのです。(傍点引用者)(鈴木 二〇〇三)

さらに、医療法で「営利を目的とした病院は設立が禁じられている」のに、「院外薬局はこれとは逆に営利を目的とした営利企業」であるという矛盾も存在する。「すべては厚生行政の『気まぐれな政策』が生んだ産物」(以上、鈴木 一九九八)との鈴木の怒りに共鳴しない人間はいまい。

調剤薬局がくれる領収書を見ると、そこにずらずらある何とか料、興味のある方は神奈川県の勤務医(スーさん)が書いているブログ「平成医新」の「儲け過ぎだよ調剤薬局」(6)が具体的な金額をあげていて詳しいから、参照願いたい。毎回同じ薬ながら渡されるカラーのお薬説明書、頼んでもいないのにその分まで料金を払わされているとは知らなかった。

「調剤薬局は全国に5万4000あって、コンビニより多い。年間7億枚の処方箋の奪い合いになっています」(DSチェーン関係者)(7)

医療費をチマチマ削ってみせるくらいなら、この分野への野放図な支出に大なたを振るってから出直すべきと思うのは、厚労省流思考法の対岸にいる日常生活者感覚からして極めて正当なことである。

以上、第六章から第八章では、介護や医療に関する厚労省のとんでもない諸施策を具体的に論じてきたが、私は小さなミスや齟齬《そご》をほじくり出し、彼らの揚げ足を取ってきたわけではない。ここで問題にした「政策」のすべては、語の真の意味で構造的なものに根差していて、それが今や国民生活の大障壁となっているだけでなく、「厚生労働省」の「厚生」と「労働」という本来の趣意からも完全に背馳《はいち》してしまっている。だからこそ、各論ごとに厚労省の本意と詐術に遡及《そきゅう》しつつ、彼らの「行跡」を検証してきたわけだ。

一九三八年、内務省社会局・衛生局が独立して創設されたのが厚生省である。その設置目的は「戦争遂行のためであって、民衆の福祉のためではなかった」(8)とされる。前年の日中戦争勃発を受けてのことであった。それが戦後、「厚生」とは「生活を健康で豊かなものにすること」を取り戻し、試行錯誤ながらほんの一時《いっとき》、本道を歩んだ厚労省だが、数々の薬害事件では旧内務省的体質をあらわにしていく。サリドマイド事件、スモン(キノホルム薬害)事件、薬害エイズ事件等々と。

隠しまくっていた薬害エイズ関連資料が九六年に厚労省内で「見つかる」や、〈立ち小便がたまたま見つかったようなもの〉(9)と言い放つ官僚まで現れる始末。そして同年の松村明仁・元生物製剤課長逮捕(同上関連)、岡光序治・前厚生事務次官逮捕(特養ホーム関連の収賄)と続く。「消えた年金」事件の序章のようなものであった。

しかし、こんな程度でめげる官僚たちではない。本論で縷々《るる》見てきたように、「厚生省という役所は、財政のつじつまが合いさえすれば合格点をもらえるというのが伝統か」(水野 二〇〇五)という水野肇(医事評論家)のコトバどおり、財務省の走狗《そうく》となり、カネ・カネの一本でばく進する。そして第二次安倍晋三政権誕生を機に、待ってましたとばかり負の方向へとフルスロットル。

戦後、先人たちが苦労を重ね積み上げてきた社会保障制度の諸成果も、崩すとなれば一瞬で、これほど容易なことはない。すごい時代の到来である。

終章　〈絶対善〉の集積が招いた鬼っ子「安倍政権」に国民は

「バブル」「対米従属」の問題から「福島第一原発大爆発」「経済成長至上主義幻想」「社会保障」「人口減と高齢化」を経て、最後は生身の介護・医療問題へと、ずいぶん長い道のりを歩んできた。その際の基本的視点は、日本社会をここまで閉塞《へいそく》させたいずれの社会現象も、根因は本質的なところで通底している、だからその地下茎を一つずつ丹念にほぐしていかなければ、個々の社会問題さえブレークスルーできないだけでなく、社会全体の閉塞《へいそく》打破などとても、というところにあった。

それを我々生活者サイドからとらえ直すなら、難しい本を読んで理論武装をしてみたり、百科全書派的知識を詰め込んだりするよりも、ものを峻別《しゅんべつ》する目を生活現場で日々涵養《かんよう》し、現象を深掘りしながら論理化する力を蓄え、安手の〈絶対善〉に籠絡《ろうらく》されない（流されない）触覚を身につけていけば、足元に転がる生活事象への肉薄で魑魅魍魎《ちみもうりょう》の「政治」に真正面から対峙することが可能になるということ。それこそが相手にとっては最大の脅威、だからその原点だけははずせない。社会変革への端緒を手にするとは恐らくそういうことなのだという確信だけはここで得ることができた。

ざっくばらんに言えば、キメキメのテーゼから出発する高邁《こうまい》な演繹法ではこの複雑な社会には到底歯が立たない。警察庁キャリア官僚からばかにされ続ける一昔前の刑事のように、足と鼻と勘で稼ぐ泥臭い帰納法こそ必携ということにもなる。御用聞きスタイルで街へと出向き、〈絶対善〉にまみれぬ生活者本能を動物的に取り戻す。さらには、その土地の地形とエリアが醸《かも》し出す生活文化（風俗）を肌で感じ取りつつ、生活者のリアリズムに磨きをかける。そうでなければ閉塞《へいそく》社会の厚い壁を穿《うが》つパワーと戦略・戦術は手にできそうもない。

例えばよくある〈絶対善〉の権化のごとき市民団体、彼らに批判的な新田國夫（外科医・高齢者医療専門医）がインタビュアー（佐藤幹夫）にこう答えている。「ぼくを（講演に＝引用者註）呼んでくれる地域の団体がありますね。そういう団体は、どちらかといえば頭でっかちで、具体策がないのです。（中略）市民団体ほど頼りにならないものはないですよ」「ぼく自身は理念ではなく、具体策を求めます」（佐藤 二〇〇九）と。私の言いたいのはまさにこういうことなのだった。

では、安倍晋三という文字どおりの「戦後最も危険な政権」を抱えてしまった現在、我々はこの難敵にどう立ち向かったらいいのかを論じつつ、本稿を閉じるとしたい。肝心の社会保障は、その壁を乗り越えた先にしか見えてこないはずであるから。

安倍右翼政権に浮き足立つ「いつか来た道」の風景

「自治体が『政治的中立』を理由に市民団体が主催する憲法の集会などの後援申請を拒否するケース」(1)が、神戸市・長野県千曲市・千葉県白井市等々、全国で何十件も起きているという。

安倍さん、もう早速ですかといった感じで苦笑を禁じ得ないが、自治体のだらしなさ以前に、安倍晋三という人間の執拗《しつよう》さの方に、私は言いしれぬ厭悪感を覚えてしまう。恐らくは保守系地方議員経由でしんねりむっつり粘着的に、全国津々浦々、鳥もちを設置しまくっているのだろうと。

そしてトップの意向をいち早く忖度《そんたく》し、大将、やっておきましたぜとヨイショしまくる手合いが、そこら中にいるはずだと。何だろう、この湿っぽい風土は。しかしそんな連中の大義名分が「政治的中立」という〈絶対善〉とくるのだから、こちらは二重にずっこける。どうやら、世界に誇る現憲法を大事にするのは、政治的に偏向した〈絶対悪〉ということになるらしい。

地方の駅前などには、「差別のない町宣言」なる偽善的看板がよく掲げられているものだが、あれなどもとうに取り外されたのだろうか。また斎藤美奈子（文芸評論家）が喝破《かっぱ》する、自治体が「選挙になると急に投票を呼びかけるバカバカしさ」「『政治的に中立』で、どうやって誰かひとりに投票するのさ」もまたしかりである(2)。

集団的自衛権問題で、軍事オタクの石破茂（自民党幹事長〈当時〉）が「地球の裏『排除せず』」(3)とホンネを丸出しにしてみたり、三八年ぶりに見直しの「武器輸出新三原則」で武器の全面禁輸を撤廃してみせたり、むしろ自衛隊の方がびっくりして思わず「逆シビリアンコントロール」状態を示したりと、それこそ戦後レジーム総攻撃は絨毯《じゅうたん》爆撃のように激しさを増しているが、ひたすら前のめりな安倍の野望は、何せ世界トップクラスを誇る国力（軍事力）を持ちたい、それを邪魔する国（アメリカを除く）とは戦争も辞さない、だからそのきっかけを与えてくれる集団的自衛権が何としても欲しい、ただし（私の推測だが）自分の一族は戦場には送りたくない、に尽きるのだろう。

半藤一利（作家）が言うように、「海岸線はアメリカより長く、真ん中に山脈が走るため逃げる場所もない」日本という国の地政学的制約、いったいどうやって戦争をしようというのか。また、すべてが海岸線に立地する五〇数基の原発、一発でもミサイル攻撃されれば国は壊滅に近いのに、時代錯誤の富国強兵で何をしようというのか。巨艦主義の「戦艦大和」よりもずっとずれているから救いがない。

しかし日本社会の一部には、既に好戦気分が横溢《おういつ》している。韓国でセゥオル号転覆事故や地下鉄追突事故が起きると、待ってましたとばかりその発展途上国ぶりを叩《たた》いて留飲を下げる。韓国よ、最近はでかい顔をしてきたが、頭《ず》が高いんだよと。中国に対しても同様。福島第一原発大爆発へのみじめな対応が、先進国的だったとでも言うのだろうか。

まあそれはともかく、戦後七〇年になろうとする現在、「富国強兵」政策が突如、明治維新後のように始まったことだけはたしかである。ただ私がここで考えるポイントは、時事的安倍政権批判のような軽いものではなく、経済政策も社会政策も、原発も介護も医療も子育ても、それから女性の社会進出も教育も人口問題も、今後の政策のすべては安倍的「富国強兵」思想の従属下に置かれ、それを機軸としなければ何事も始まらないというように展開するだろう、の一点に集約される。実際、灯火管制時のような気味の悪さのなか、ヌベッとした施策がひたひたと寄せてきているではないか。

例えば「成果賃金制」と称し、財界の競争力向上のため「残業代ゼロ」などを立案、これをアベノミクスの「新たな成長戦略」に入れ込むというから恐れ入るし、調子が下降気味の株式相場、そのアップを目論み、「年金積立金管理運用独立行政法人（ＧＰＩＦ）」の運用資金を株式市場で「積極運用」するのだともいう。例の混合診療も限定的ではあれスタートさせ、これまた「新たな成長戦略」に計上。最初から苦し紛れだった成長戦略なるものがいかに枯渇状態にあるかを逆に証明してしまっている。

他方では、国を強くするためと称して煽《あお》りまくった土建国家的公共事業と五輪会場建設とで人手不足が生じ、介護現場や中小企業、それに原発被災地が悲鳴を上げるという副作用までもたらされた。だから、このずれまくった「富国強兵」政策から目をそむけたまま社会保障などといくら良心的に叫んだところで、詮方《せんかた》ないということになる。私が安倍晋三を執拗《しつよう》に論じてきたのは、時局的意味合いからではなく、「安倍的社会」から生起するコトの本質を逐次すくい上げ、それをつぶすにはどうしたらいいかを図るための重要な作業という意味合いからであった。

原発は「経済的」ですらないのに再開一辺倒の不思議

アメリカでは、「寿命を残して廃炉を決定する原発が相次いでいる」ようだ。理由は、シェールガス革命＋低コストの火力発電＋福島爆発による高額の安全対策費。つまりは「原発が割高となったためだ」（以上4）と青野由利（ジャーナリスト）が言っているが、さすがはアメリカ、「市場原理」による決定（原発はもうからないからダメ）というところが皮肉でおもしろい。

脱原発決定のドイツはといえば、政府の「倫理委員会」報告書作成過程では、原発は絶対に危険という派と、ゼロリスクはあり得ないので原発選択は相対的問題の二派に分断されたが、結論は「もっと安全なエネルギーで代替できるのだから、どちらの立場に立っても脱原発が妥当」（5）の生命合理主義で決定という、ちょっと見には奇異な感じのもの。しかし何ともドイツらしい哲学的判断法というべきで、思わぬ知的刺戟《しげき》に久方ぶりしびれさせてもらった。また、委員に原発関連の技術者を入れていない点にも驚かされた。

さてこちら日本はと振り返れば、いつものように方向性の定まらぬ画像が現れる。一方に、関西電力大飯原発三・四号機の再稼働を認めないと福井地裁が言い渡した大事件（一四年五月）が屹立《きつりつ》してはいるものの。

福井地裁判決の何が大事件で画期的かと言えば、「個人の生命、身体、精神及び生活に関する利益は、各人の人格に本質的なものであって、その総体が人格権」、しかし原発事故が起これば、半径二五〇キロ圏内の居住者のその人格権を奪ってしまうという判断が第一。また、原発は電力安定供給やコスト削減に寄与しているとの俗論に対しては、何を言うかといった感じで、生存の権利と電気代の高低をパラレルに議論し当否を判断するなど法的に許されないと斬《き》って捨てた「反東大話法」が第二。まあこれで樋口英明裁判長の出世は望み薄となったことだろうが、司法にもすごい硬骨漢がいるものといたく感心させられた。

たしかに福島第一原発のメルトダウン時、横浜市の一部まで入ってしまう最悪二五〇キロ圏での決定的ダメージ（首都壊滅）を政府と現地の吉田昌郎所長は本気で想定したが、三号機の格納容器のふたが何とか残ってくれた、全放出放射能の約四割は二号機由来とされるその「格納容器下部の圧力抑制室から（なぜか＝引用者註）圧力が抜けてくれた」(6)というまったくの僥倖《ぎょうこう》が重なって東日本壊滅は避けられただけのこと。北海道の一部と沖縄を除く日本の全土は、各原発の二五〇キロ圏内にすっぽり入ってしまっているという重い現実が日本には横たわっているのだ。

　こうなると、原発立地の「地元」（立地自治体）とはいったい何なのか、もはや「全国」が「地元」（周辺自治体）ではないのか、ならば全国に原発建設補助金という交付金をばらまくのか。函館市（三〇キロ圏）が対岸の大間原発建設に怒って提訴というのも、当然すぎる行為といえよう。ましてや早期再開が有力視される四国電力伊方原発（愛媛県）、私も行ったことがあるからよくわかるが、あんな砂嘴《さし》のような細い佐田岬半島に立地していて、避難計画も何もあったものではない。しかも原発は半島の付け根に立地するため、そこから以西の住民は半島先端の西へと逃げ、三崎港から津波の押し寄せる海を渡って大分県の佐賀関半島への途《みち》しか残されていない。

　こんな無理筋が通るわけもないのだが、虚構を現実に転換させてしまおうというごつい手口は毎度のことで、福島の教訓などどこにも見られない。

　「世界で最も厳しい水準」をクリアしたものから原発は動かすのだと明言する安倍首相のその基準、既述のように、これがまたコアキャッチャーすら付けていない希代のまがいもので、毎日新聞により「事故の教訓から生まれたはずの『世界一』の規制基準。新たな安全神話が列島に忍び寄っている」(7)とまで酷評される始末である。

　また、もともとが怪しげな除染、何の科学的根拠によるものか、政治臭漂う「避難指示区域解除」が発動されるや、帰還を拒む避難民は以後「自主避難」扱いで棄民化されることになるらしい。

農業が中心の地域、田んぼは大丈夫と誰が言えるのか。来春帰還宣言予定の福島県楢葉町（主産業は農業）、その田んぼを東京新聞が測定してみたら、毎時〇・七マイクロシーベルト前後で、「屋外にいる時間が長いだけに、一般人の年間被ばく線量限度（1ミリシーベルト）の三〜四倍を覚悟する必要がありそうな環境だ」(8)とのこと。またこの米を誰が買うかという問題も当然付いて回る。

さらに、全面的に放射能汚染されたゴルフ場に対しては、当事者そのものでしかない東電が裁判にて、「『飛散した放射性物質はもはや東電の物ではない、所有者のいない〝無主物〟に当たり責任を持てない』と主張」(9)、何とも度が過ぎる詭弁《きべん》を弄《ろう》するに及び、そもそも除染は不可能、物理的にも金銭的にもお手上げですと自ら告白したに等しい状態を呈することとなった。

本来であれば、汚染地域は東電がすべてを買い上げるべき、しからばそのコストはとなるのが自然の流れであろう。アメリカの市場原理主義的判断を見習うまでもなく、安倍の大好きな経済合理性に照らしても、これでは企業として完全にアウトで原発は収支に合わない（実際、事故後の東電は実質的債務超過状態にあった。あの超優良企業が）。だがそれでも、日本政府は原発断固再開をとヒステリックに叫びまくっている。

福井地裁の「大飯原発運転差し止め判決」に対し、原子力ムラの代表的人物・住田健二（元原子力安全委員長代理・元日本原子力学会会長）が懲りずに珍妙な非難を加えていて笑いを誘う。①大飯は加圧水型で沸騰水型の福島とは違うし、そもそも福島の炉は古い。②最新のクルマと古いそれをいっしょにして「車は危険」と言うのか。③二五〇キロ圏と言うが、今回もその圏内の「全住民に被害が」あったわけではない。④安全設計の基本は「多重防護」。判決はそれを無視している。⑤「原子力の『素人』である裁判官」にしては「よく勉強したとは思うが」。⑥世の中には「絶対安全」というシステムは存在しない。原発にリスクはあるが、「『正しく怖がる』ことを考えるべき」(10)。

こうまで破廉恥かつ非論理的な言辞を開陳されると、本論で触れてきたような種々の「政治的」理由以外に再開の根拠はもう残されていないということになる。国民の命、国土の荒廃を犠牲にしても成就したい大事な「政治目的」がある！　社会保障を動かしていくに際しても、我々はこの「政治目的」の存在を大前提に、これに対抗する戦略・戦術を練っていく必要があるわけなのだ。

民主党政権時代の経産相（鉢呂吉雄）が福島第一原発周辺を訪れた後にふと漏らしたといわれるつぶやき、「市街地は人っ子一人いない、まさに死の街という形だった」（ウィキペディア）。マスコミはたわいない〈絶対善〉で彼に集中砲火を浴びせ、辞任へと追い込んでいったが、大臣として表現に少々難があったとはいえ、今にしてはむしろ、「死の街」の現認からすべてを始めなければならないのだという、鉢呂の正当性がよみがえってくる。

悪徳病院や社会保障財源になぜ触れなかったか

本書では医療現場の疲弊を執拗《しつよう》に論じてきたが、一部の読者から、そんな一方的論述でいいのか、悪徳病院もあるではないかとの声が聞こえてきそうな気がする。徳田毅衆院議員にからむ二〇一二年末衆院選での徳洲会病院ぐるみ選挙違反事件や、徳洲会から猪瀬直樹東京都知事への五千万円供与事件、一説では徳洲会に巨額の使途不明金があるという闇。病院経営がなぜそんなにもうかるのかとか、二木立（医療経済・政策学）が指摘する、「すべての医療機関が政府の政策の被害者ではないし、すべての医療機関が良心的な医療を行っているわけでもない」「医療機関内部に存在する弱点――乱診乱療、過剰診療、一部の医療機関の極端な営利的行為、老人虐待等」（二木　一九九〇）、これらが決して無視し得ない問題であるのは間違いないし、同時にＮＨＫ取材班が暴く『ＮＨＫ追跡！ＡtoＺ　逸脱する〝病院ビジネス〟』（ＮＨＫ　二〇一〇）の内容もまたすさまじい。

ではなぜ本書はこうした負の面に言及しなかったのか。それは、これらを隠し、医療現場の疲弊だけを効果的に際立たせたかったからではなく、どっちもどっちで痛み分けという、よくあるスタイルに陥らせてはならないと最初から決め、執筆に臨んだからにほかならない。そりゃ悪徳病院が世のマジョリティーなら私も最優先に取り上げるだろうが、全体で見れば例外的なケースにすぎないものを前面に出し、両者のバランスを取るようなよくあるアンフェアな手法こそ、逆に排除されなければならないと考えたからだ。

この思いは、本書が社会保障の財源論にあえて言及しなかった点にもあらわれている。

大方の書評子はこう書くであろう。「日本における介護・医療政策の貧困をあげつらうのは結構だが、この財政難のなか、その資金はいったいどこから調達するというのか、それを先ず提示しなければ空論に終わるだろう」と。これは日本のテレビ界がお得意とする手で、財源のメドもつけずに特養ホームを増やせ、救急病院を充実せよと言ったところで仕方がないでしょう、無い袖は振れないんだからという、よくある大衆ウケ狙いの〈ひとひねり絶対善〉である。

しかし彼らはその刃《やいば》を、東京オリンピックや八ッ場《やんば》ダムやリニア新幹線（これはJR東海が自己資金でと言っているが、どこまでできるかは非常に疑問）などに向けることはまずなく、ターゲットとするのは社会保障分野だけと昔から相場が決まっている。しかも驚くべきことに、政府は、国が支援してリニアの大阪延伸を前倒しさせ、それをまたまた「成長戦略」に入れると言い始めたらしく(11)、こうなるともはや正気の沙汰とは思えない。

社会保障に対しては財源論で押さえ込む、公共事業は青天井、こんな手前勝手な連中などまともに相手にしてはいられないとの観点から、この際、発想を逆転させ、介護や医療など人の命にかかわるものとか子育て・教育・雇用等は、世界に冠たる成熟国家レベルを最低限保つにふさわしいラインで予算を先に確保し、残された予算で他分野を回していく、もしくは不足分の増税を考えていく。これこそがポスト工業化社会に課せられる基本的メソッドだと国民全体で習慣づけていったらどうか、これが私の基本的な考え方なのである。

財政社会学者の井手英策が、専門的見地から関連することを述べてくれている。

財政学の伝統的な考え方として、「量出制入」原則というものがある。支出を量って収入を制する、つまり、人びとのニーズをはじめに考え、そのために求められる財源を、みんなで負担し合うという意味である。私たちは、収入の範囲内でやり繰りすることが当たり前だと考えるが、それでは「量入制出」であり、財政のあるべき姿からは、むしろ後退することになる。

「量出制入」原則からすれば、まず議論されるべきは、どの程度サービスを拡充するかである。しかる後に増税の額が決まる。その増税を消費税一辺倒で行うのではなく、様々な税のバランスで決定することが、負担の公平からは重要なのである。(井手 二〇一三)

政治家たちがよく使う、国家の財政を家計に例える瞞着《まんちゃく》性がこれでよくわかろう。たとえば介護・医療分野、まずは「量出」(支出を量る)から徹底して論議する必要があるということになる。国民の生命・生活維持にはどんなサービスが最低限必須か、それにはいくらかかるか、だったら他分野の削減はどれだけ可能か、それでも足りなければ増税はいくらほど必要か。そう、作業は削るものからではなく、必須のものの列挙からまず始めるべしという新たな政治文化の始まりである。

しかしこの日本では、税収はこれだけしかない、あとはカットでチョン！　だから消費税増税や法人税減税以外、「税金」というものの本質的論議がさっぱり深まらない。もちろんこれには、サラリーマンの源泉徴収（天引き）と年末調整が大きく影響している面も間違いなくある。国民全員が年度末に確定申告へと出向けば、納税と税金の使われ方に対する目の色も変わるであろうに。

本書ではそうした見地に立ち、まずは念頭に置かれるべき諸問題のキーポイントとそのケーススタディーとを種々の角度から提示してきたつもりである。手間のかかるしんどい作業はパスして支出をヨーポンで切り詰めていくだけの厚労省。「少なくとも今の厚労省に、高度の専門性も、遠くを見通す視線も期待できない」（多田 二〇〇七）という貧しい実態もまた、そのヨーポンを裏から支える要因となっている。すなわち、ドグマティックな『財政再建市場主義』の政治に翻弄されてきた」（井手 二〇一三）からこそ日本社会は重症化に陥ってしまった、まずそう言うべきなのだろう。

ちなみに、特養ホーム待機組を解消するにはいくらかかるかという試算が、四年ほど前の毎日新聞に掲載されている。この時はまだ四二万人だったから数値に若干の異同はあろうが、「入所待ちの解消には、施設の建設費だけで約四兆二千億円、介護の必要度の高い人だけを対象としても二兆円かかるとされる」[12]。〈特養ホームの待機解消、それには二兆円必要。国民の皆さん、さあどうします。全額振り向けた場合、消費税ほぼ1ポイントアップに相当しますが、増税するならどの税金から？〉。「政治」の原点というのは本来、こうしたプリミティブなものであるべきではないのか。

青年期をとうに過ぎた成熟社会での「豊かさ」とは

「私の考えでは、豊かさというのは、その社会の一番弱い人々を、どういうふうに扱うかということに最もよく現れると思っております」（岡本 一九九〇）。デンマークのオールセン福祉大臣（当時）の言というが、読んだ時からその含蓄に打たれ、ずっと記憶にとどめていた。

かと思えば、直近の英フィナンシャル・タイムズ紙が、「米国、もう見過ごせなくなった格差問題」と題してこう伝えている。

ガルストン氏（ブルッキングス研究所＝引用者註）は、伝統的に富を称賛してきた米国でさえ、格差を巡る議論が転換点を迎えた可能性があると考えている。「この議論は人々がもうたくさんだ、我慢できないと言っている段階にあるようだ。限度を超えたら米国人でさえ納得しなくなる」(13)

デンマークとアメリカを並べるのはいかがかという感じもあろうが、日本がこの閉塞《へいそく》状況から抜け出すには何が必要かを示唆する点では意味のあることだろう。「限度を超えたら米国人でさえ納得しなくなる」とあの国でもようやく言われ始めたというから、彼らの二〇年後に期待してもみたくなる。

「尖《とんが》らないと活力ある国とはいえない」といった上昇過程はとっくに卒業し、客観的には成熟段階に入って久しいというのに、日本ではそれに満足できないガツガツした人間どもが社会を滅茶苦茶に引っかき回すべくいつもあがいている。同時にアメリカは、日本社会を市場原理主義一色に染め上げ、米大企業の参入でおいしい部分だけかっさらおうと常時狙っている。それに悪乗りし、お相伴《しょうばん》にあずかろうとする自称ナショナリストの政治家・経営者・学者たちが日本国内にはたんと控えている。

こうした包囲網のなか、「最低限のまともな社会保障」を旗印に社会を立て直そうというのだから、これが相当に困難な闘いになるのは容易に想像がつく。ただ幸か不幸か、日本では人口が減ってきていることもあり、従前のようにアメリカがいくら「内需拡大」をせっついてはみても、自動車の購入台数が増えるはずもなく、あとは福祉・医療のようなソフト分野の伸びに期待する以外はない。だから彼らのターゲットも、勢い金融・保険・医療に限定されてくる。

ここに「労働力調査」（総務省統計局）なる興味深い統計がある。その中の「主な産業別就業者数」推移を見てみるとこうなる。（二〇〇二年一月と一四年一月の対比、単位・万人）

①製造業　一二二〇→一〇二三　②建設業　五八九→四九一　③医療・福祉　四六二→七四五

＊製造業のピークは一五六九万人（九二年）だったから、現在は約五五〇万人も減少。

製造業の海外流出という大波に洗われた日本だというのに、結局は「もの作り」で稼がなくてどうするという二〇年近くも前の考えに凝り固まった人間が今でも相当数いるが、この統計だけからも世の中が大きく変わっている様ははっきりと見てとれよう。医療・福祉の就業者数は〇六年、はや建設業を抜いていて、「（医療・福祉は＝引用者註）雇用と消費の大きな担い手としてますます経済面での存在感が大きくなっていることがわかる」（小此木　二〇〇九）。社会保障の充実は捨てガネ！そんな考え方はとうに時代から追い越されてしまっているのが実態なのだ。

社会が成熟期に入れば、まるでそれに呼応するかのように、製造業・建設業といった青壮年期の分野は縮小に向かい、「医療・福祉」のような非生産活動分野が台頭する。実にうまくできているではないか。この与えられた現実に対し無理をせず、流れに乗って楽しむというのも成熟社会（大人の社会）のたしなみにふさわしい。「日本社会」もいい年をしているのだから、生産ばかりでギンギラギンではない、非生産の風格をそろそろ備えてもおかしくはない。

高度経済成長時代の公共事業のように、今度は社会保障が市民社会を後押しする。そんなコンセンサスが日本に根付くのを夢見て私は本書に取り組んできたというのが正直なところであった。「流れに乗る」、年をとってくるとこれもまた一つの渋い技だし、慣れてしまえば存外心地がいい。しかし「流される」とは違うから、それは主体を失うことを意味しない。

ただそうは言っても、「経済成長至上主義」はたちの悪いイデオロギーとして存在感を増しており、ちょっとやそっとで引っ込む相手ではないだろう。伊東光晴（理論経済学）が強調するように、「**高度成長とは青春と同じで、各国に一度しか訪れないと宿命付けられたもの**」。それなのに日本の非知性的首相は幻影を追い求め、喜色満面舞い上がっている。モノを知らない幸せと言ってしまえばそれまでだが、余波をもろに受ける日本社会と国民はたまらない。還暦間近の安倍晋三がどこか気色悪く、育ちがいいとかいわれながら品格と風格にまったく恵まれないのも、そうした生臭さと無縁ではなかろう。

戦後最大の政治的危機を乗り越えるために

首相が新しくなる度に、戦後最低の首相、こんなの見たことないと言いたがる知識人が必ず現れる。私はこの種のパターン化された物言いには寄りかかりたくないくちだが、今度ばかりは勝手が違った。安倍晋三は真から最低の首相で最も危険な政権と断定できる。その理由は縷々《るる》述べてきたので繰り返さないとして、たったひとつ、〈絶対善〉を持たない首相という点がいちばん気になるところだ。あれだけ〈絶対善〉をこき下ろしておきながら何をと叱《しか》られそうだが、安倍は民主党政権の大失態による棚ぼたで衆参両院とも押さえてしまったし、消費税も他人のふんどしで手中に収め、まったく手を汚していない。おまけに自民党の長老はあらかた引退してしまった。小選挙区制のおかげで党内独裁を全うするに障害はない。あとはおなかさえ痛くならなければ……。

要は、〈絶対善〉を彼はまったく必要としていないし、その札を使ってもいない。それどころか、戦争参加・各国との軋轢《あつれき》・武器輸出・軍備増強・憲法改悪・秘密保護法・原発再開・原発輸出・TPP・インフレの促進・労働環境改悪・法人税減税・公共事業満開・介護&医療制度改悪・国の公安化等々、〈絶対善〉とは対極にある「絶対悪」寄りのことを、ファッショ的感覚に酔いつつ励行しているのだ。

なぜこんなことができるのか。もちろん、尋常ならざる性格に拠《よ》るところ大だが、現時点では彼にとっての環境が最高だからで、事実、第一次安倍政権では簡単に追い込まれ、歴代首相きってのもろさを見せつけていた。

とすると、ここ二〇年以上にわたって国民がすがってきた〈絶対善〉の積み上げが、まるで総決算のように「絶対悪」の首相を生んでしまった、その鬼っ子が安倍晋三で、当の彼はもはやひ弱な〈絶対善〉など必要としてはいないというアイロニーがここに成り立つ。

安倍は長きにわたった甘ちゃん〈絶対善〉の恩恵を国民から目いっぱいいただき、それゆえに「絶対悪」寄りの政策を怖いものなしで実行できるという寸法だ。

〈絶対善〉慣れしてきた国民が、安倍との距離の取り方にどこかぴったりこないのを感じるのも、恐らくはそのせいだろう。安倍とどう切り結んだらいいかわからず、ただ遠巻きに見ているだけ。だから支持率は五〇%前後を保つが、熱狂的な人気などはまったく存在しない。

だが、おなかが痛くなったくらいで首相の座を無責任に放り出した独特のパーソナリティーと膂力《りょりょく》の無さはそう容易に鍛え上げられるものではなく、国民サイドからの闘い方次第によってはすぐにもろさを発揮する、いずれまたそんな状況がくるはずと私は見ている。

しかし早く仕掛けなければ時間がないのも事実で、放っておけば上記の「絶対悪」が次々と成就していってしまう。そうなったら最後、社会保障どころの話ではない「社会」が現出することになろう。

彼の在任期間が長くなるほど、日本の社会と国民の受ける損害は計り知れないものになる。若い人の一部は安倍のナショナリズムに惹《ひ》かれているようだが、真っ先に徴兵制で引っ張られるのをどこまで覚悟してのことなのか。

まあそれにしても、国民が重宝してきた〈絶対善〉の罪はあまりに重いと言わざるを得ない。

日本人に特徴的な「ケインズの美人投票」的行動―すなわち、写真を見て美人と思われる人に投票し、上位に入賞した女性へ入れた人には賞品が出るとなった場合、人々は自分が美人と思う人にではなく、上位にくるであろうと思われる人に投票する―で状況を先読みし、とにかくマジョリティーからはずれないよう判断を調整していく、それも〈絶対善〉に準拠して。理由は、〈絶対善〉ならプライドもそこそこ満足させられるし、何よりも自身への跳ね返り（リスク）がまったくないというメリットがあるわけだから。

だだそれをやっている限り閉塞《へいそく》社会のモヤは決して晴れないし、各論も先送りのままで根本的解決は訪れない。日本人が恐れる「国際社会からおいていかれる」もますます現実となってこよう。もういい加減、そうした行動から訣別《けつべつ》し、各個人、アテになるのは自分しかないとハラを決め、たった一人のタフな市民を目指しても罰《ばち》は当たらないのではなかろうか。

「世論」とは、「『それを最終的に引き受ける個人がいない』意見のこと」、そして「身体実感という『担保』がない」（内田樹）(14)を特性とするもの。また、「選挙民の大半が思想信条にこだわらないこの国では、選挙のマニフェストは詰まるところポピュリズムに傾かざるを得ないのだろう」（佐和隆光）(15)という側面までをも併せ持つ。

政党に個人献金をする習慣もないから、もとより党を育て鍛え上げるといった意識は皆無に近く、A政党がダメならダメで、次期選挙はB政党へ入れるだけのこと。だから選挙民に責任は生じず、いつも気楽な観客民主主義でいられるという具合なのだ。

だが巡り合わせが悪いと、今回のような独裁者出現へ直結する危険性を絶えずはらむことに。ソフトでいい子ちゃんだった〈絶対善〉が突如、ナショナリズム満載の強圧的・独裁的な「絶対悪」に取って代わられるというメカニズムが顔を出す。

第二次世界大戦へ突入した日本やドイツのプロセスを検証すれば、それは歴然であろう。気がついた時にはもうがんじがらめにされている。真綿でくるむような形でというのがミソで、決して官憲が暴力でというものではない。もとはといえば国民自身が呼び寄せた事態、ソフトであるはずの行為の集積が取り返しのつかないハードな結果を招く。だから、その時々に責任を持って自分の考えであっていく、そのことから逃げた代償はあまりにも大きいと言わざるを得ない。

民主主義は恐らく非成熟、と多くの日本人が思っているであろうブラジルだが、サッカー・ワールドカップ（W杯）が始まったというのに、「今回はまったく盛り上がっていません」で、デモとストが頻発したという。「参加者の多くは『パンを』と訴えているわけではない。1兆円を超えるW杯開催費用を『税金の無駄遣い』と批判し、『その金を医療と教育の充実に回せ』と主張」しているのだ。

今や人口二億人のうち半分以上が中間層になったといわれるブラジル。開催費用のなにがしかが「政治家の懐に入った」（以上16）とも見ているらしい。オリンピック誘致が「成功」したとなればそれ一色、歓迎ムードだけの日本と、いったいどちらが先進国といえるのだろう。いやそれとも、デモやストは中進国の証《あかし》とでもいうのだろうか。民衆レベルでデモすらできない国になってしまったというのに。

政治家は我々国民が鍛える、その政治家が官僚を使いこなす、こうした〈社会〉経済〉政治（法律）〉のシステムが確立してはじめて、成熟社会にふさわしい民主政治の運営が可能となるし、社会保障もまた健全な社会の牽引役《けんいんやく》として「表街道」を歩むことができるようになるはずと私は思っている。

【註】

第一章

(1)佐高信が言う。「たとえば、武井正直・北洋銀行現会長は頭取時代、バブルに乗っかった融資を断固としてやらせなかった。大蔵省からは何度も『貸し出し』を増やせと言われたが、頑としてハネつけ、堅実融資を続けた人です」(魚住・佐高 2004)

(2)「〈日米構造協議／ＳＩＩ〉・現代用語の基礎知識一九九五・自由国民社」(ロゴヴィスタ・電子版)

(3)「米『年次改革要望書』に見る日本支配計画」(「盗られる日本 肥える米国」・週刊金曜日・2006. 4. 28)

(4)現在ではウィキペディアの「年次改革要望書」から入って閲読するのが便利。形だけは日本からの「要望書」も同時に存在するが、内容はまたまた露骨な「片務」ぶりで痛々しい。また、外務省のＨＰには、「米国の規制改革及び競争政策に関する日本国政府の要望事項」はあっても、肝心の米国からのそれが見当たらない。私の検索不足だろうか。

(5)毎日新聞朝刊・2006. 03. 19

(6)「〈モラトリアム型フリーター〉・現代用語の基礎知識二〇〇一・自由国民社」(ロゴヴィスタ・電子版)

(7)「『かんぽの宿』買収が政商『宮内義彦』なので」(週刊新潮・2009. 01. 22)

(8)橋本龍太郎首相が彼特有の皮肉屋の口調で、「米国債を売りたい誘惑に駆られたことがある」とニューヨークでの講演でつぶやいたのは有名な話だが、この発言がアメリカの逆鱗《げきりん》に触れたことはいうまでもない。その後のハシリュウの不遇を、この一件に関係づける説まである。

(9)首相の菅は一一年の年頭会見にて「小沢切り」を露骨な形で公言した。「今年を『不条理を正す一年』にしたい。今なお『政治とカネ』は、国民に不信の目で見られている。今年はケジメを付ける年にしたい。小沢元代表も、自らの問題について、国会できちんと説明してほしい。強制起訴されれば、政治家としての出処進退をしっかりして、裁判に専念されるならそうしてほしい」（「裁判専念してろ！　菅の『政界追放』宣言に剛腕メラメラ」　ＺＡＫＺＡＫ・11.01.04）

（10）「自民党・石破茂幹事長インタビュー　首相との不仲説の真相は？『小沢氏は…』」（ＺＡＫＺＡＫ・2013.01.04）

（11）「〈ヘイトスピーチ〉・現代用語の基礎知識二〇一四・自由国民社」（ロゴヴィスタ・電子版）

（12）「原発の呪縛　日本よ！『脱』叫びから具体論へ（科学史家・吉岡斉）」（毎日新聞夕刊・2012.12.　28）

（13）「報道という〈かたり〉　『驕り』に落ちぬ自覚を」（東京新聞夕刊・2014.04.18）

第二章

（1）「世風《よかぜ》」＝今はこの辺が社会のメジャー部分だな、よって安全だなとの空気から、瞬時に風を選択。その際の必須ツールは、〈絶対善〉と「良識っぽさ」「改革っぽさ」という当たり障りのない倫理性である。「輿論《よろん》と世論」＝佐藤卓己（メディア史）によれば、輿論(public opinion)と世論(popular sentiments)は峻別されるべきだと。戦後の漢字制限で輿論が世論に替わったが、前者は「公共的な意見《ヨロン》」、後者は「世間の雰囲気《ヨロン》」だと佐藤は主張する。（佐藤『輿論と世論―日本的民意の系譜学』・新潮選書・2008.09）を参照。

（2）浜矩子（エコノミスト）が安倍晋三を鋭くも一発で定義づけた。「けっきょく、彼らが追求しているのは富国強兵です。『アベノミクスで富国を、憲法改正で強兵を』という構図の中に位置づけれているものでしかない」。〈「アベノミクスはドアホノミクス」＝佐高信との対談〉（週刊金曜日臨時増刊号・2014.04.17）

（3）「気弱な顔の『憲法』くん―反発を恐れて逃げる気はありません」（毎日新聞朝刊・2014.04.24）

（4）以下のＷｅｂ等を参照。<https://twitter.com/kiuchi_midori/status/448919158269280256><http://www.youtube.com/watch?v=Uiynwooyle8>

（5）「福島第一1号機非常用電源喪失　津波『原因』ではない」（東京新聞朝刊・2014.03.25）

（6）「東日本大震災　福島第1原発事故　東電テレビ会議公開映像検証　現場、募るいらだち　首脳、危機感乏しく」（毎日新聞電子版・2012.08.22）。なお、こんなものではない東電本店首脳のエラソウぶり・デタラメぶり・狼狽ぶりがテレビ会議記録にしっかりと残されている。ぜひネットで直接当たっていただければと思う。

（7）「東電　高橋フェロー　無責任語録」（日刊ゲンダイ電子版・2012.08.09）

（8）「原発『五重の壁のワナ』（青野由利）」（毎日新聞朝刊・2012.05.29）

（9）「原発の呪縛　日本よ！　『現実』はぐらかすな」（毎日新聞夕刊・2012.08.31）

（10）「福島第一原発　ベント前十キロ圏拡散　線量最大七百二十倍に」（毎日新聞朝刊・2013.02.22）

（11）「戦後政治と原子力（平和利用　源流は核武装）」（毎日新聞朝刊・2013.04.08）

（12）「原発持つ資格欠ける国」（毎日新聞朝刊・2011.10.08）

（13）〇六年、東芝はプレスリリースでこう高らかに謳っていた。「両社がそれぞれの原子力事業で得意とする分野を最適に組み合わせて相互補完関係を構築することにより、世界トップクラスのグローバル原子力グループを形成し、沸騰水型原子炉（以下、ＢＷＲ）、加圧水型原子炉（以下、ＰＷＲ）の両方式を推進するリーディングカンパニーをめざします」（http://www.toshiba.co.jp/about/press/2006_02/pr_j0601.htm）。これに対し、一一年の日経産業新聞論考が面白い。「（前略）米企業や投資家のＷＨへの関心は一向に盛り上がらない。その最大の理由は、米国ではもはや原発を次代の主要発電プラントとして見ていないからだ。最も有望視されているのはＬＮＧ（液化天然ガス）やシェールガス（海底や地下の岩盤に含まれる天然ガス）による天然ガス発電である」（「ウエスチングハウスへ追加出資、東芝が悩む『「次の一手」』」・編集委員　安西巧・2011.09.13）

・http://www.nikkei.com/article/DGXNASDD　1202A_S1A910C1000000/

（14）「エネルギー基本計画　閣議決定　原発ゼロ白紙撤回」（毎日新聞朝刊・2014.04.12）

（15）「虚構の　環《サイクル》　言ったら負けの『ばば抜き』」（毎日新聞朝刊・2013.02.03）

(16)「『もんじゅ』存続　エネ基本計画の思惑　看板に偽りあり　実用化『机上の空論』」（東京新聞朝刊・2014.04.24）
(17)「これでいいの?エネルギー政策」（東京新聞朝刊・2014.03.17）
(18)「新経連フォーラム『アベノミクスの課題を問う』」（毎日新聞朝刊・2013.06.28）
(19)「運転再開目指す『もんじゅ』費用、安全　残る疑問　問われる存在意義　同意、やはり公共事業」（毎日新聞朝刊・2007.05.24）
(20)「もんじゅ延命『錬金術』頼み」（毎日新聞朝刊・2014.04.15）
(21)「核のゴミ　地層処分ムリ　日本学術会議でも解決見えず」（東京新聞朝刊・2012.06.18）
(22)「災厄　福島原発1000日ドキュメント」（2014.04）
(23)「フィンランド『核のゴミ』事情　最終処分実現へ現世代の責任で」（毎日新聞朝刊・2013.02.26）
(24「虚構の環《サイクル》『ずっと試験中でいいんだ』」（毎日新聞朝刊・2013.02.05）
(25)「関電　今夏『電力足りる』」（東京新聞朝刊・2014.03.29）
(26)東京新聞朝刊・2014.05.14
(27)「進む高効率火力発電」（東京新聞朝刊・2014.02.13）
(28)「安倍首相『原発ゼロ約束は無責任』　小泉元首相を批判」（朝日新聞DIGITAL・2013.10.24）
(29)東京新聞朝刊・2013.07.02
(30)毎日新聞朝刊・2013.07.01
(31)毎日新聞朝刊・2007.03.31

第三章

(1)「震災2年　豊かさとは『デクノボー』の生き方を」（毎日新聞夕刊・2013.03.15）
(2)「ドイツが脱原発を決めた本当の理由　環境ＮＧＯ『グリーンピース』トーマス・ブリュアー気候変動エネル

ギー部門長に聞く　山根小雪（日経ビジネス）」（nikkei　BP net・2011.11.11）

（3）「ドイツ〈脱原発宣言から2年〉」（東京新聞朝刊・2013.05.27）

（4）「脱原発派に急変　『フクシマから学んだ』　合理的発想で『解』導く」（毎日新聞朝刊・2013.05.14）

（5）「新　鉄の女　独・メルケル首相の源流」（毎日新聞朝刊・2013.06.24）

（6）「相手国の民主化ブレーキも　恥ずかしいぞ原発輸出」（毎日新聞夕刊・2013.05.22）

（7）「反省なき原発輸出行脚　『政官業』タッグ復活」（東京新聞朝刊・2013.05.04）

（8）「原発問題　撤退　経済と生活打撃」（毎日新聞朝刊・2012.12.08）

（9）「原発ゼロは危険な『社会実験』」（産経新聞電子版・2012.04.25）

（10）「原発ゼロ　冷や汗の夏　節電数値目標要請見送り」（毎日新聞朝刊・2014.05.17）

（11）「貿易赤字　原発停止が主因じゃない」（東京新聞朝刊・2014.04.12）

（12）「気合とアゲアゲのノリで『なんとかなるべ』」（週刊金曜日臨時増刊号・2014.04.17）

（13）伊藤博敏「ゼネコン資本主義の復活！自民党政治団体が建設業界に4億円超を金額指定で〝お願い〟」（現代ビジネス・講談社・ネット配信・2013.07.11）

（14）「東電集団告訴　検察、避難状況巡り双葉病院長から任意聴取」（毎日新聞電子版・2013.01.12）。なお、東京新聞による双葉病院長へのインタビューはまさに〝棄民〟そのものを示していて、読むのがつらい。これが現代の日本なのかと。（「【福島原発事故　その時私は】［3・12］双葉病院長　鈴木市郎さん(77)」・東京新聞電子版・2012.03.12＝http://www.tokyo-np.co.jp/feature/tohokujisin/archive/o neyear/120312-1-1.html）

（15）「『再稼働ノー』　特養ホームの叫び　高齢者180人　逃げられない　『避難せず』苦渋の同意書」（東京新聞朝刊・2014.05.17）

（16）野坂昭如・伊東光晴「対談　われらが失楽園」（『太陽』1983.06）

（17）阿部道生「『高度成長』は果たしていけないことだったのか」（百瀬好子・山本知男『金の卵』序文・つくばね

舎・2004.07)

(18)「果たして経済再生はできるのか 刹那に過ぎないか 安倍政権の経済政策」(日刊ゲンダイ電子版・2013.01.10)

(19)「『新国立』高さ制限緩和 石原都政では美観保護 2キロ先のビルに『低くして』」(東京新聞朝刊・2014.03.25)

(20)「金子勝の天下の逆襲 公共事業と金融緩和で日本経済は良くなるか」(日刊ゲンダイ電子版・2012.12.18)

(21)「金子勝の天下の逆襲 『成長戦略』で儲かるのは楽天だけか」(日刊ゲンダイ電子版・2013.06.11)

(22)「新幹線3区間着工へ 事業費3兆円 税金7割 負担論議どこ吹く風」(毎日新聞朝刊・2012.06.30)

(23)「時代を読む さまよう亡霊」(東京新聞朝刊・2013.04.21)

(24)「時代を読む 経済にすがる寂しい社会」(東京新聞朝刊・2013.08.04)

(25)毎日新聞夕刊・2014.05.16

第四章

(1)坂田によれば、これは「狭義の社会保障制度」であり、恩給と戦争犠牲者援護を加えて「広義の社会保障制度」となる。

(2)武川正吾は、いやそんなことはない、日本には「国民負担率に含まれない負担」があると言う。例えば、医療保険の3割自己負担とか介護サービス利用時の1割負担などの大きな自己負担が「国民負担率」にはカウントされていないと。また、仕事を辞めて子育てをした、介護をしたという「機会費用」(「そのとき断念されたことを行っていたとしたら得られたであろう利益」)も未算入だと。この卓見、詳しくは(武川 二〇一二)を参照願いたい。

(3)「社説 2012衆院選 日本の針路 社会保障 『自助』か『公助』『共助』か」(毎日新聞朝刊・2012.11.19)

（4）「本音のコラム　生活保護法の『改正』？」（東京新聞朝刊・2013.06.20）

（5）みわよしこ「生活保護のリアル　参院選後、再提出の可能性も　予断を許さない生活保護法改正案の〝真の問題点〟」（DIAMOND online・2013.07.12）

（6）「おごらず生活者の『都』を」（東京新聞朝刊・2013.06.24）

（7）詳しくは「阿部社会学ラボ・ＩＦＳＡ通信」にある「安倍首相の年金トンデモ発言。心底からの怒りなき民主党は、それでも平然とパス」（2007.5.23）〈http://abelabo-ifsa.cocolog-nifty.com/blog/2007/05/post_bb35.html〉を参照。

（8）「『だまされた私が悪いのか』野田前首相、定数問題恨み節」（東京新聞朝刊・2013.06.25）

（9）「〈労働分野の規制緩和〉・現代用語の基礎知識二〇一四・自由国民社」（ロゴヴィスタ・電子版）

（10）「高齢化社会」の定義、国連が一九五六年の報告書で述べたという説が有力だが、内閣府は「定かではない」としている。ただ通常は、高齢化率（総人口に対し65歳以上の人が占める割合）が7％超で「高齢化社会」（aging society）、14％超で「高齢社会」（aged society）、21％超で「超高齢社会」とされる。ちなみ日本は、二〇〇七年に21・5％となった。

（11）「麻生副総理＝生かされるとかなわぬ』　終末期医療巡り」（毎日新聞電子版・2013.01.22）

（12）「ああいう人たちに人格あるのかね　石原知事　重度障害者の病院視察し、感想」（朝日新聞朝刊・1999.09.18）

（13）「貧困ビジネスとは、貧困層をターゲットにしていて、かつ貧困からの脱却に資することなく、貧困を固定化するビジネスを言う」（湯浅誠「貧困ビジネスとは何か」・『世界』2008.10）

（14）「1・6畳『住所ＯＫ』　6階建てビルに116室　業者『倉庫だ』『何年も住んでいる人いる』」（毎日新聞朝刊・2013.06.06）

（15）「『脱法ルーム増殖』　貸倉庫……実は多人数居住　新手の貧困ビジネスか　頼らざるを得ない現実」（東京新聞朝刊・2013.06.13）

(16)「非正規労働 過去最高に 雇用の不安定化 加速」(東京新聞朝刊・2013.07.13)

(17)「群馬老人施設火災……生活保護者が入所 大半が東京から」(毎日新聞電子版・2009.03.21)

(18)「満床で地方に依存 墨田区 近隣に196人 群馬・老人施設火災」(東京新聞電子版・2009.03.21)

(19)「NHK『追跡!AtoZ』取材班 低所得の高齢者を狙う貧困ビジネス『無届け老人ホーム』の闇」(Diamond online・2009.05.08)

(20)「群馬老人施設火災……発生1カ月 問いかける『10人の死』」(毎日新聞電子版・2009.04.19)

(21)「産科医、月300時間以上病院内に 過酷な実態浮き彫り」(朝日新聞電子版・2008.10.31)

(22)「二階俊博経産大臣 問題発言@墨東病院・杏林大学病院事件 」(YouTube・http://www.youtube.com/watch?v=jgqbb0IM9SQ)

(23)「都合いいことしか・気概伝わった……橋下氏演説に」(読売新聞電子版・12.11.26)

(24)「この国はどこへ行こうとしているのか」(毎日新聞夕刊・12.11.20)

(25)「福祉元年」(『社会福祉事典』・弘文堂・一九九九)

(26)市野川は、当時の『月刊社会党』(1964.12)所収「日本における社会主義への途」からこの文言を引用したうえで、さらに詳しく紹介する。「すなわち、福祉国家は『国民の選択を社会主義におもむかせないために、社会保障や所得分配等の部分的改善を通じて、一定の譲歩を行い、社会的緊張を緩和しながら、なおも国民の同意を資本主義体制の枠の中に留めておくための、資本の延命策に外ならない』とされたのである」(市野川 二〇〇六)。教条主義の権化のような主張が、六〇年代に入ってもまだ「健在」だったとは。吉本隆明による左翼のコペルニクス的転回が必要とされたわけだ。

第五章

(1)「第1回産業競争力会議議事要旨」(2013.01.23)(http://www.kantei.go.jp/jp/singi/keizaisaisei/

skkaigi/dai1/gijiyousi.pdf)

(2)詳しいバックデータは、(盛山 二〇〇七)を参照願いたい。

(3)油井香代子(フリーライター)が厚生技官にインタビューしたもので、取材は九六年時点。(別冊宝島『厚生省更正せずーいのちを預かるお役所のアブナイ本性』・1996)

(4)「記者の目 年金制度改革」(毎日新聞朝刊・2012.05.23)

(5)「闘論 孫への教育資金贈与 非課税(熊谷亮丸vs山田昌弘)」(東京新聞朝刊・2013.06.15)

(6)吉本隆明インタビュー「もう一山当てたいって人も 団塊へのあふれる期待」(毎日新聞夕刊・2006.07.10)

(7)毎日新聞朝刊・2013.06.15

(8)「格差助長する配偶者控除 時代と逆行、低収入者支援に転換を」(毎日新聞朝刊・2013.03.29)

(9)「非正規社員比率38・2%、男女とも過去最高に」(日本経済新聞電子版・2013.07.13)

(10)「『3年間抱っこし放題』を評価しますか」(日本経済新聞電子版・2013.05.04)

(11)「経済成長の一助に 首相が期待」(東京新聞朝刊・2013.09.15)

(12)この点については、ぜひとも(山田 二〇一二)の問題提起を一読願いたい。

(13)西水美恵子「時代の風 少子高齢化社会 『小国』悲観論を笑う」(毎日新聞朝刊・2013.06.30)

(14)山極寿一「時代の風 老年期の意味 目標なく生きる重要性」(毎日新聞朝刊・2013.06.09)

(15)「474兆円 日本の12年国内総生産(GDP)世界の8%、3位 個人消費6割 成長のカギ」(毎日新聞朝刊・2014.04.06)。

第六章

(1)ハイエースはワンボックスの商用車として、高性能・耐久性だけでなくシャープなデザインで圧倒的なシェア(恐らくは八割以上)を誇る。最近では救急車もハイエースへとどんどん切り替わっている。海外でも需要は高く、また密輸出を見込んで日本で盗難にあうクルマのワーストワンでもある。なお、大きく水をあけられたライバルの日産キャラバン。挽回すべくフルモデルチェンジを果たしたが、サイドビューなど笑ってしまうほどハイエースに酷似していて、気の毒になる。

(2)安冨は「東大話法規則」の一覧表（規則1〜20）を提示している。（安冨 二〇一二）の23〜24頁参照。

(3)高齢者介護研究会（厚労省老健局長の私的研究会）「2015年の高齢者介護」（2003.06.26）

(4)「（認知症とわたしたち）家族の責任、どこまで 徘徊中、線路に……遺族に賠償命令」（朝日新聞電子版・2013.09.27）

(5)「波紋呼ぶ賠償命令 認知症男性はねられJR遅延」（中日新聞電子版・2013.08.29）

(6)「増える認知症高齢者」（読売新聞電子版・2013.09.10）

第七章

(1)第六章の［註］(3)に同じ。

(2)三好春樹が介護業界に投じた一石は、大げさに言えば介護の世界の歴史を揺るがすほどのものであったと言っていいし、主張の多くは現実に立脚したインパクトの高いものである。しかし、『ブリコラージュとしての介護』（雲母書房 二〇〇一）の訳が分からぬ題名や三好が編集発行の「月刊ブリコラージュ」。「ブリコラージュ」という用語自体が、文化人類学者レヴィ=ストロースに魅せられて?のこととはいえ、知識人ぶりがあまりに鼻につく。彼ほどの鋭い人間がなぜ知識人憧憬だけは手放せないのか、不思議でならない。「介護の職人、吉本隆明に会いにいく」の副題を持つ吉本との対談本、『〈老い〉の現在進行形』（春秋社 2000）などは、さしずめ知識人志向の頂点を極めたといったところだろうか。「ブリコラージュ」は案外、介護業界での計算され尽くした「営業戦略」なのかもしれない。

(3)私は現物を見たことがないが（いや、もうとっくに廃棄処分になっているらしい）、天井走行式リフトとは、

「施設の天井にくまなくレールを張り巡らし、そこにリフトをかけて入居者を乗せて移動させようという斬新なもの」。回廊式廊下とは「中庭を囲むようにして〝ロ〟の字型の廊下を作り、痴呆の入居者は行き止まりがない廊下をぐるぐる、ぐるぐると自由に歩き回ることが出来るようにしたもの」。なぜ廃れたのかは自明であろうが、これが「国の代表的な介護保険の理想像」だったというからマンガチックだ。「徘徊老人のための施設として、老人の見当識（方向、場所、周囲の状況等を正しく理解する能力）に配慮した行動しやすい回廊式廊下等を可能な限り設けること」と二〇〇〇年に厚労省老健局が「東大話法」流のまじめ顔で「平成12年老健第115号」を出している。寒すぎないか。だいいち、徘徊とは認知症の周辺症状（随伴症状）であって中核症状ではない。優れたケアでそれに対応しないでおいて、行き止まりを取っ払って好きなだけ回らせてやれということか。動物園の熊ではあるまいし、認知症のお年寄りを何と心得ているのだろう。このレベルで「厚生＝人々の暮らしを健康で豊かなものにすること」（『明鏡国語辞典』）を名乗られた日にはたまらない。

（4）（大森 二〇〇二）中の杉元順子（医療ジャーナリスト）執筆文による。

（5）「二つの待機　空く前に死んでしまう」（東京新聞朝刊・2013. 06. 17）

（6）日本経済新聞電子版・2013. 08. 14

（7）読売新聞電子版・2008. 07. 22

（8）介護保険制度の創設に携わってきた岡本祐三も、「予防給付」の理念を、介護保険の成立前夜、たしかに以下のように書いている。しかし一読すぐわかるように、今回の厚労省の「改悪」とは月とすっぽん、相容《い》れるものではない。厚労省は「予防給付」の当初理念を逆用している。『要支援』とは、『部屋の掃除や食事のしたくなどで手伝いが必要』という状態である。このような軽い障害のある市民に対しても、介護保険でサービス給付すべきかどうかについては検討過程でも議論があったが、最終的には『予防給付』という位置づけで、給付が認められた。（中略）『要支援』レベルでも、内容的にはほとんどすべての種類の給付メニューが利用可能である。（中略）なによりも『寝たきり』にさせないためには障害の軽い段階で予防的に関わることが肝心

だという認識が、関係者の間にさらに普及する効果はきわめて大きい」。（岡本 二〇〇〇）

（9）「社会保障 高所得者 介護も負担増 国民会議 分野別改革案公表」（毎日新聞夕刊・2013.08.02）

（10）東京新聞朝刊・2013.08.28

（11）「記者の眼 介護保険見直し案 要支援者切り捨ての懸念」（上坂修子・東京新聞朝刊・2013.09.10）

（12）「介護保険見直しQ＆A 「要支援」市町村に移行 軽症者対策に地域差」（東京新聞朝刊・2013.10.18）

（13）「社説 軽度者の介護 予防軽視にならないか」（毎日新聞朝刊・2013.09.20）

（14）「老いてさまよう 閉鎖病棟から 残る家族も癒えぬ傷 理事長『院内、世間からずれ』」（毎日新聞朝刊・2013.06.22）

（15）「概算要求 族議員が活発化 自民『国土強靱化』突出警戒」（東京新聞朝刊・2013.08.30）

（16）「新国立競技場 見る見るうちに税金1兆円が吹き飛ぶ 著名建築家が危惧する莫大な維持費 毎日サザンを呼ぶ気かよ」（日刊ゲンダイ電子版・2013.11.08）

（17）「『リニア』の行き着く先 技術優先の単線志向」（東京新聞夕刊・22013.10.25）

（18）実践者だけに説得力のある真摯な姿勢と情熱、ぜひ触れていただきたい。「宅老所よりあい」のＨＰの中の「力を貸してください」（http://yoriainomori.com/?page_id=51）

（19）http://www.satsuki-jutaku.jp/doc/panfu.pdf（すまいづくりまちづくりセンター連合会）

（20）http://www.satsuki-jutaku.jp/index.php（同上）

第八章

（1）「評判がよかった『なりすまし医師』 免許もないのになぜ……」（産経新聞電子版・2012.09.30）

（2）「〈メタボリックシンドローム〉・現代用語の基礎知識二〇一四・自由国民社」（ロゴヴィスタ・電子版）

（3）「迷走の介護 保険採決強行 野党は反発」（東京新聞朝刊・2013.11.16）

(4)「竹中氏恨み節　『解雇特区』見送りは『歪んだ報道のせい』　狙いは外れマスコミ攻撃」（東京新聞朝刊・2013.10.21）
(5)「報酬、パナソニック社長1億円超　日本調剤は日本人最高額」（共同通信電子版・2010.06.28）
(6)「儲け過ぎだよ調剤薬局」（http://blog.m3.com/yonoseiginotame/20120124/1）
(7)「ドラッグストア業界の仁義なき戦い　『登録販売者』不正受験続々」（日刊ゲンダイ電子版・2013.02.08）
(8)「厚生省」（『福祉社会事典』弘文堂・1999）
(9)別冊宝島『厚生省更正せず―いのちを預かるお役所のアブナイ本性』（宝島社・1996）

終章

(1)「後援　自主規制拡大　憲法・原発集会拒否も」（東京新聞朝刊・2014.04.16）
(2)「本音のコラム　中立って何」（東京新聞朝刊・2014.04.21）
(3)東京新聞朝刊・2014.04.06
(4)「視点　エネルギー　原発淘汰社会を描け」（毎日新聞朝刊・2013.07.18）
(5)「3・11後のサイエンス　差し止め判決が語るもの」（青野由利）（毎日新聞朝刊・2014.05.29）
(6)「東京に住めるのは偶然　東電テレビ会議『緊迫の3日間』を振り返る」（東京新聞朝刊・2014.05.28）
(7)「『忘災』の原発列島　再稼働は許されるのか　『世界一の規制基準』新たな安全神話に」（毎日新聞夕刊・2014.05.28）
(8)「農家『生活成り立たず』　楢葉　来春にも帰還宣言だが……　田んぼ、水源　汚染深刻」（東京新聞）
(9)「『被ばく住人　訴える権利ない』　原発コスト安　自ら否定」（東京新聞朝刊・2014.04.07）
(10)「論点［大飯原発運転差し止め判決］　根拠は一方的な決めつけ」（毎日新聞朝刊・2014.06.13）
(11)「リニア大阪延伸前倒し　成長戦略に明記へ」（毎日新聞夕刊・2014.05.31）

（12）「『老老介護』と向き合う50代　手に余る費用、労力」（毎日新聞朝刊・2010.07.20）
（13）「米国、もう見過ごせなくなった格差問題」（英フィナンシャル・タイムズ紙・2013.11.22＝日経電子版〈2013.11.22〉）
（14）「定型と批評性」（内田樹の研究室〈ブログ〉・2010.04.05）
（15）「ポピュリズムが支配する『三すくみ』の衆院選」（Ｋｅｉ・2012.12号）
（16）「W杯直前　盛り上がるのはデモやスト　どうしたブラジル」（毎日新聞夕刊・2014.06.11）

〔引用文献・参考文献〕

〔著者〕　〔発行年〕

相沢幸悦　二〇一一『所得税0《ゼロ》で消費税「増税」が止まる　世界では常識の経済学』（講談社＋α新書）
阿部彩　二〇一一『弱者の居場所がない社会―貧困・格差と社会的包摂』（講談社新書）
阿部道生　二〇〇二『変わりたい日本人　変わりたくない日本人―日本的閉塞社会論―』（はる書房）
阿部道生　二〇〇四『団塊世代の高齢者介護―お年寄りも家族も不幸にならないために―』（つくばね舎）
天野祐吉　二〇一三『成長から成熟へ―さよなら経済大国』（集英社新書）
新井裕充　二〇一〇『行列のできる審議会―中医協の真実』（ロハスメディア）
有森隆＋グループK　二〇〇六『「小泉規制改革」を利権にした男　宮内義彦』（講談社）
有森隆　二〇〇九『「規制改革」を利権にした男　宮内義彦―「かんぽの宿」で露見した「政商の手口」』（講談社＋α文庫）
伊関友伸　二〇〇七『まちの病院がなくなる!?―地域医療の崩壊と再生』（時事通信社）
市野川容孝　二〇〇六『社会』（岩波書店）
井手英策　二〇一三『日本財政　転換の指針』（岩波新書）
出井康博　二〇〇九『長寿大国の虚構　外国人介護士の現場を追う』（新潮社）
出月康夫　二〇〇五『日本の医療を崩壊させないために』（インターメディカ）
伊藤周平　二〇〇一『介護保険を問いなおす』（ちくま新書）
伊東光晴　二〇一四『アベノミクス批判　四本の矢を折る』（岩波書店）
糸賀一雄　一九六八『福祉の思想』（NHKブックス）
今中哲二他二〇一四『能取六人衆の脱原発』（七つ森書館）
今松英悦・渡辺精一　二〇一二『そして「豊かさ神話」は崩壊した』（近代セールス社）

岩本沙弓　二〇一四『あなたの知らない日本経済のカラクリ』（自由国民社）［湖東京至・富岡幸雄・孫崎享・堀茂樹との対談］
岩本沙弓　二〇一三『バブルの死角　日本人が損するカラクリ』（集英社新書）
岩瀬達哉　二〇〇四『年金の悲劇―老後の安心はなぜ消えたか』（講談社）
岩瀬達哉　二〇〇三『年金大崩壊』（講談社）
魚住昭・佐高信　二〇〇四『だまされることの責任』（高文研）
宇沢弘文・内橋克人　二〇〇九『始まっている未来　新しい経済学は可能か』（岩波書店）
上野千鶴子二〇〇五『老いる準備　介護すること　されること』（学陽書房）
上野千鶴子二〇〇七『おひとりさまの老後』（法研）
上野千鶴子二〇一一『ケアの社会学　当事者主催の福祉社会へ』（太田出版）
魚住昭・佐高信　二〇〇四『だまされることの責任』（高文研）
内田樹・高橋源一郎　二〇一〇『沈む日本を愛せますか?』（ロッキング・オン）
内田樹・中沢新一　二〇一二『日本の文脈』（角川書店）
内田樹編　二〇一四『街場の憂国会議―日本はこれからどうなるのか』（晶文社）
NHKスペシャル取材班＋佐々木とく子　二〇〇八『「愛」なき国―介護の人材が逃げていく―』
NHK取材班　二〇一〇『NHK追跡！A to Z　逸脱する〝病院ビジネス〟』（宝島社）
大井玄　二〇〇八『「痴呆老人」は何を見ているか』（新潮新書）
大鹿靖明　二〇一二『メルトダウン　ドキュメント福島第一原発事故』（講談社）
大島堅一　二〇一一『原発のコスト―エネルギー転換への視点』（岩波新書）。なお、その後に出版された『原発はやっぱり割に合わない―国民から見た本当のコスト』（東洋経済新報社・二〇一二）も参考になる。

大津和夫　二〇〇五　『介護地獄アメリカ　自己責任追求の果てに』（日本評論社）
大森彌　二〇〇二　『新型特別養護老人ホーム―個室化・ユニットケアへの転換』（中央法規出版）
岡井崇ほか二〇〇八　『壊れゆく医師たち』（岩波ブックレット）
岡田耕一郎・岡田浩子　二〇〇八　『だから職員が辞めていく―施設介護マネジメントの失敗に学ぶ―』（環境新聞社）
岡本祐三　一九九〇　『デンマークに学ぶ豊かな老後』（朝日新聞社）
岡本祐三　一九九六　『高齢者医療と福祉』（岩波新書）
岡本祐三　二〇〇〇　『介護保険の教室―「自立」と「支え合い」の新秩序』（ＰＨＰ新書）
沖藤典子　二〇一〇　『介護保険は老いを守るか』（岩波新書）
小倉志郎　二〇一四　『元原発技術者が伝えたいほんとうの怖さ』（彩流社）
小此木潔　二〇〇九　『消費税をどうするか―再分配と負担の視点から―』（岩波書店）
小澤勲　一九九八　『痴呆老人から見た世界―老年期痴呆の精神病理―』（岩崎学術出版）
小澤勲　二〇〇三　『痴呆を生きるということ』（岩波新書）
小澤徳太郎二〇〇六　『スウェーデンに学ぶ「持続可能な社会」　安心と安全の国づくりとは何か』（朝日新聞社）
小竹雅子　二〇〇六　『こう変わる！介護保険』（岩波ブックレット）
小竹雅子　二〇一四　『もっと変わる！介護保険』（岩波ブックレット）
笠井潔・白井聡　二〇一四　『日本劣化論』（ちくま新書）
梶原英之　二〇一一　『日本経済の診断書―さよなら「デフレ不況論」』（ＰＨＰ研究所）
春日キスヨ二〇一〇　『変わる家族と介護』（講談社現代新書）
金子勝・高端正幸　二〇〇八　『地域切り捨て　生きていけない現実』（岩波書店）
金子勝　二〇一一　『「脱原発」成長論―新しい産業革命へ』（筑摩書房）

金子勝　二〇一二『原発は不良債権である』（岩波ブックレット）
金子勝　二〇一三『原発は火力より高い』（岩波ブックレット）
柄谷行人　二〇〇九『柄谷行人　政治を語る―聞き手　小嵐九八郎』（図書新聞）
木野龍逸　二〇一三『検証　福島原発事故・記者会見2―「収束」の虚妄』（岩波書店）
木野龍逸　二〇一四『検証　福島原発事故・記者会見3―欺瞞の連鎖』（岩波書店）
菊池哲郎　一九九八『日本には日本の経済がある　アメリカだけが正しいのではない』（カッパブックス）
倉本聰・林原博光　二〇一四『愚者が訊く』（双葉社）
黒田洋一郎一九九二『ボケの原因を探る』（岩波新書）
黒田洋一郎一九九八『アルツハイマー病』（岩波新書）
小出裕章・佐高信　二〇一二『原発と日本人―自分を売らない思想』（角川oneテーマ21）
小松秀樹　二〇〇六『医療崩壊　「立ち去り型サボタージュ」とは何か』（朝日新聞社）
小松秀樹　二〇〇七『医療の限界』（新潮新書）
駒村康平　二〇〇三『年金はどうなる―家族と雇用が変わる時代』（岩波書店）
斎藤環　二〇一二『世界が土曜の夜の夢なら　ヤンキーと精神分析』（角川書店）
堺屋太一　二〇〇三『高齢化大好機』（NTT出版）
坂田周一　二〇〇七『社会福祉政策　改訂版』（有斐閣アルマ）
佐高信　二〇一〇『竹中平蔵こそ証人喚問を』（七つ森書館）
佐藤幹夫　二〇〇九『ルポ高齢者医療―地域で支えるために』（岩波新書）
佐和隆光　一九八四『高度成長―「理念」と政策の同時代史』（NHKブックス）
佐和隆光・浅田彰　二〇〇一『富める貧者の国　「豊かさ」とは何だろうか』（ダイヤモンド社）
佐和隆光　二〇〇三『日本経済の憂鬱―デフレ不況の政治経済学』（ダイヤモンド社）

塩見鮮一郎二〇一四『江戸から見た原発事故―あの時こうしていたら……の近代日本史』(現代書館)
静岡新聞社編　二〇〇三『だからぼける』(静岡新聞社)
小学館クリエイティブ　二〇一一『3・11で現実化した「成長の限界」が日本を再生する』所収・高野孟「アメリカ型大量消費文明からの決別を」(小学館)
新藤宗幸　一九九六『福祉行政と官僚制』(岩波書店)
神野直彦・金子勝編　一九九九『「福祉政府」への提言』(岩波書店)
神保哲生・宮台真司ほか　二〇一二『増税は誰のためか』(扶桑社)
鈴木厚　一九九八『日本の医療を問いなおす―医師からの提言』(ちくま新書)
鈴木厚　二〇〇三『日本の医療に未来はあるか―間違いだらけの医療制度改革』(ちくま新書)
鈴木厚　二〇一〇『安全保障としての医療と介護』(朝日新聞出版)
諏訪雄三　二〇〇四『道路公団民営化を嗤う―これは改革でなく成敗である―』(新評論)
盛山和夫　二〇〇七『年金問題の正しい考え方　福祉国家は持続可能か』(中公新書)
関岡英之　二〇〇四『拒否できない日本　アメリカの日本改造が進んでいる』(文春新書)
副田義也　二〇〇八『福祉社会学宣言』(岩波書店)
醍醐聰　二〇一二『消費増税の大罪―会計学者が明かす財源の代案』(柏書房)
高口光子　二〇〇四『ユニットケアという幻想　介護の中身こそ問われている』(雲母書房)
竹中星郎　一九九六『鏡のなかの老人―痴呆の世界を生きる―』(ワールドプランニング)
竹中星郎　二〇〇〇『高齢者の孤独と豊かさ』(ＮＨＫブックス)
竹中星郎　二〇〇四『明解　痴呆学―高齢者の理解とケアの実際』(日本看護協会出版会)
竹中星郎　二〇〇五『高齢者の喪失体験と再生』(青灯社)
多田富雄　二〇〇七『わたしのリハビリ闘争　最弱者の生存権は守られたか』(青土社)

中日新聞社会部編　二〇一三『日米同盟と原発　隠された核の戦後史』（東京新聞）
堤修三　二〇一〇『介護保険の意味論　制度の本質から介護保険のこれからを考える』（中央法規出版）
土居丈朗　二〇〇二『財政学から見た日本経済』（光文社新書）
東京新聞編集局編　二〇一二『原発報道　東京新聞はこう伝えた』（東京新聞）　菊池寛賞受賞の超労作
特別養護老人ホーム「風の村」　二〇〇二『個室・ユニットケア読本　実践編　特養「風の村」のハードとソフト』（ミネルヴァ書房）
富永健一　二〇〇一『社会変動の中の福祉国家―家族の失敗と国家の新しい機能』（中公新書）
外山義　二〇〇三『自宅でない在宅―高齢者の生活空間論』（医学書院）
内閣府　二〇一三『高齢社会白書（平成25年度版）』（印刷通販）
中尾ハジメ・加藤典洋　二〇一四『なぜ「原子力の時代」に終止符を打てないか』（編集グループSURE）
中沢新一　二〇一一『日本の大転換』（集英社新書）
中沢新一・國分功一　二〇一三『哲学の自然』（太田出版）
永田宏　二〇〇七『貧乏人は医者にかかるな！　医師不足が招く医療崩壊』（集英社新書）
永田宏　二〇一〇『バカ学生を医者にするな！　医学部バブルがもたらす3つの危機』（毎日新聞社）
奈倉道隆　一九七八『老年の心と健康』（ミネルヴァ書房）
二木立　一九九〇『90年代の医療　「医療冬の時代」論を越えて』（勁草書房）
西村肇　二〇〇三『日本破産を生き残ろう』（日本評論社）
朴勝俊　二〇一三『脱原発で地元経済は破綻しない』（高文研）
櫨浩一　二〇一一『日本経済が何をやってもダメな本当の理由』（日本経済新聞出版社）
ハッピー　二〇一三『福島第一原発収束作業日記』（河出書房）
浜矩子　二〇〇九『グローバル恐慌―金融暴走時代の果てに』（岩波新書）

浜矩子　二〇一三『「アベノミクス」の真相』（中経出版）
服部万里子二〇一二『図解でわかる 介護保険のしくみ』（日本実業出版社）
樋口恵子編一九九九『対談・家族探求 樋口恵子と考える日本の幸福』（中央法規出版）
樋口恵子　二〇一二『大介護時代を生きる 長生きを心から喜べる社会へ』（中央法規出版）
日隅一雄・木野龍逸　二〇一二『検証 福島原発事故・記者会見―東電・政府は何を隠したのか』（岩波書店）
日野行介　二〇一三『福島原発事故 県民健康管理調査の闇』（岩波新書）
広井良典　一九九九『日本の社会保障』（岩波新書）
広井良典　二〇一三『人口減少社会という希望 コミュニティ経済の生成と地球倫理』（朝日選書）
広瀬隆・明石昇二郎　二〇一一『原発の闇を暴く』（集英社新書）
広瀬隆　二〇一四『原発処分 先進国ドイツの現実―地底1000メートルの核ゴミ地獄』（五月書房）
福場ひとみ二〇一三『国家のシロアリ 復興予算流用の真相』（小学館）
船橋洋一　二〇一二『カウントダウン・メルトダウン（上 下）』（文藝春秋）
船曳孝彦　二〇一〇『崩壊する医療の現場を再生させる道はあるのか』（河出夢新書）
星浩　二〇〇六『安倍政権の日本』（朝日新書）
本田宏　二〇〇七『誰が日本の医療を殺すのか 「医療崩壊」の知られざる真実』（洋泉社新書y）
毎日新聞夕刊編集部編　二〇一二『〈3・11〉後 忘却に抗して―識者53人の言葉―』所収・半藤一利「3・11を『再出発』の日に」（現代書館）
正村公宏　二〇〇〇『福祉国家から福祉社会へ―福祉の思想と保障の原理』（筑摩書房）
正村公宏　二〇〇五『経済が社会を破壊する―いかにして人間が育つ社会をつくるか』（NTT出版）
町田徹　二〇一二『東電国有化の罠』（ちくま新書）
松原隆一郎二〇〇三『長期不況論 信頼の崩壊から再生へ』（NHKブックス）

松原隆一郎二〇一一『日本経済論―「国際競争力」という幻想』（ＮＨＫ出版新書）
水野肇　二〇〇五『誰も書かなかった厚生省』（草思社）
三田誠広　二〇〇四『団塊老人』（新潮新書）
見田宗介・大澤真幸　二〇一二『二千年紀の社会と思想』（太田出版）
南伸坊　二〇一三『オレって老人？』（みやび出版）
宮台真司・宮崎哲弥　二〇〇二『m2われらの時代に』（朝日新聞社）
宮武剛　二〇〇〇『「介護保険」のすべて』（保健同人社）
宮本太郎　二〇〇八『福祉政治―日本の生活保障とデモクラシー』（有斐閣）
宮本太郎　二〇〇九『生活保障　排除しない社会へ』（岩波新書）
宮本太郎編二〇一〇『社会保障―セキュリティの構造転換へ』（岩波書店）
宮本太郎編二〇一三『生活保障の戦略―教育・雇用・社会保障をつなぐ』（岩波書店）
椋野美智子・田中耕太郎　二〇一三『はじめての社会保障　福祉を学ぶ人へ』（有斐閣アルマ）
村上正泰　二〇〇九『医療崩壊の真犯人』（ＰＨＰ新書）
村重直子　二〇一〇『さらば厚労省　それでもあなたは役人に生命を預けますか？』（講談社）
藻谷浩介　二〇一〇『デフレの正体―経済は「人口の波」で動く』（角川oneテーマ21）
藻谷浩介・ＮＨＫ広島取材班　二〇一三『里山資本主義―日本経済は「安心の原理」で動く』（角川oneテーマ21）
本山美彦・萱野稔人　二〇〇八『金融危機の資本論　グローバリゼーション以降、世界はどうなるのか』（青土社）
森功　二〇〇七『サラリーマン政商―宮内義彦の光と影』（講談社）
森田実・副島隆彦　二〇〇六『アメリカに食い尽くされる日本』（日本文芸社）
安冨歩　二〇一二『幻影からの脱出　原発危機と東大話法を越えて』（明石書店）
安冨歩編　二〇一三『原発ゼロをあきらめない　反原発という生き方』（明石書店）

安冨歩　二〇一三『「学歴エリート」は暴走する　「東大話法」が蝕む日本人の魂』（講談社＋α新書）
山岡淳一郎二〇一一『国民皆保険が危ない』（平凡社新書）
山田昌弘　二〇〇五『迷走する家族―戦後家族モデルの形成と解体』（有斐閣）
山田昌弘　二〇一二『ここがおかしい　日本の社会保障』（文春文庫）
山田昌弘・塚崎公義　二〇一二『家族の衰退が招く未来　「将来の安心」と「経済成長」は取り戻せるか』（東洋経済新報社）
山田昌弘・白河桃子　二〇一三『「婚活」症候群』（ディスカヴァー携書）
山本義隆　二〇一一『福島の原発事故をめぐって』（みすず書房）
結城康博　二〇〇八『介護　現場からの検証』（岩波新書）
結城康博　二〇〇九『介護の値段　老後を生き抜くコスト』（毎日新聞社）
結城康博　二〇一一『日本の介護システム―政策決定過程と現場ニーズの分析』（岩波書店）
横内正利　二〇〇一『「顧客」としての高齢者ケア』（ＮＨＫブックス）
横山俊夫編著　二〇一三『達老時代へ―〝老いの達人〟へのいざない』（ウェッジ）
吉岡充・村上正泰　二〇〇八『高齢者医療難民　介護療養病床をなぜ潰すのか』（ＰＨＰ新書）
米山公啓　二〇〇八『医療格差の時代』（ちくま新書）
李啓充　二〇〇四『市場原理が医療を滅ぼす―アメリカの失敗』（医学書院）
若杉冽　二〇一三『原発ホワイトアウト』（講談社）
脇田成　二〇一四『賃上げはなぜ必要か　日本経済の誤謬』（筑摩書房）

あとがき

当然のこと、ニュースの内容は刻々と入れ替わるが、そのエキスに限れば、本書で論じてきたポイントを補強してくれるようなものが圧倒的に多いことに気がつく。

例えば校了後の最新報道から、**安倍晋三首相関連**を見てみると、もともと株価対策でしかなかったアベノミクス、予想どおり「三本目の矢」の「成長戦略」で行き詰まりを露呈。これが本当の的外れと悟ったか、「地方創生」という名の古典的手法へ素早くジャンプし、「公共事業バブル」に精を出す。他方、「経済成長至上主義」に立脚した円安政策も、害あって益なしが既定路線に。目論んだ輸出の拡大など雀《すずめ》の涙で、二〇一四年度上半期貿易収支赤字幅は空前の値を記録、ちまたでは逆に「円安倒産」が伝えられる。物価上昇と消費税増税の影響で家計も急迫の度を増す。英インディペンデント紙から「極右の横顔」と評された安倍晋三、経済分野でさえアベノファッショを全開させ、首相自ら、「年功賃金を見直せ」の大号令を発する始末。もう完全にきてしまっているとしか言いようがない。かと思うと、いったいどの口がの「女性の登用・活躍促進（女性が輝く社会）」。わざとらしい五人の女性閣僚登用はすぐにメッキがはげ、政治資金流用・公選法違反容疑で二人が辞任、残る三人は世界も驚く国粋主義とくる。一党独裁体制で調子に乗り、よせばいいのに似つかわしくない女性重視の〈絶対善〉で箔《はく》を付けたがるから墓穴を掘る。戦略性と胆力に欠ける三世・非知性派の悲しい性《さが》というべきか。

次は、例の「東大話法」の名手、**厚労省による三百代言関連**。二〇一五年度から特養ホーム入所は「要介護3」以上と実態無視の方針を打ち出しておきながら、ブーイングが相次ぐや、「それはあくまでも原則」といつもの逃げでその場を取り繕う。また異常なほど特養ホームの「ユニット型個室化」

にご執心だった厚労省。一四年度中に七〇%以上達成の目標を立ててはみたものの、過去一二年間で半分もいっていないと判明するや、「相部屋」の整備を支援するなど、平然と正反対のことを言い始める。そうしておきながら、特養の「相部屋」にも一五年度から「家賃」を課すとう無節操ぶりは健在だ。かつては勝手に個室化を推進し、即、家賃を徴収。今度は個室入居者や在宅サービス利用者との「公平性」を図るためと称し、多床室入居者からも家賃徴収を。理屈は後から付いてくるの典型だろう。

そして、**初の原発ゼロでも乗り切ることができた一四年夏の電力事情**。東京新聞の報道（一四年九月二一日朝刊）からは、余裕でクリアだったことが見て取れる。私の家では最近、いずれも二〇年以上使用の家電が次々と故障して買い替えを余儀なくされたが、驚異の節電設計にはびっくり。リアルタイム表示のエアコンをウオッチしていると、五〇ワットや一〇〇ワットでちゃんと作動しているではないか。さらに最新冷蔵庫の年間消費電力量、パナソニックのパンフレットによれば、九年前と比べ約七〇%の削減というからすごい。電化製品や照明器具の省エネ技術と各人・各企業での節電意識、加えて人口減による電力使用量の自然減等々、正直な原発推進派なら思わず真っ青になる困った現実が、厳として眼前に控えている。今夏、アベノミクスの経済成長に差し支えてはと政府が本気で節電を呼びかけなかったのも、原発なしでいけると彼らですら認識していた証左といえよう。

では、**安倍政権が必達を期す原発再開**の前途はいかがであろうか。予知さえできなかった御嶽山の大噴火（一四年九月）とその被害状況を見れば、日本有数の活火山群を背負う川内《せんだい》原発（鹿児島県薩摩川内市）の新規制基準適合（再稼働容認）がいかにデタラメだったか、もう誰も否定はできまい。川内原発の半径一六〇キロ圏内にカルデラが五つもあるというのに、「噴火予知は可能。兆候を見つけ次第、核燃料を運び出す」（九州電力）では、悪い冗談で済まされるはずもなかろう。そもそも、自分の出した産業廃棄物を自社では処理できない、国レベルでも不可、過酷事故が発生すると国土の半分ほどが壊滅、廃炉ビジネスはほぼ永遠に成り立つ…、そんな産業がほかにはあり得ないことだけからしても、原発という事業は完全にアウトである。あとは藤宮史（木版漫画家）がいみじくも言い切ってくれた、「原発ひとつ止められない、なんと意志薄弱な国民なんですかねえ」（毎日新聞夕刊・一四年八月二八日）に我々がどう応えるか、それに尽きる。

さて以上のような最新ニュースに象徴されるトンデモ事態を打破するには、何を措《お》いてもまず、あの**甘美な魔物ともいうべき〈絶対善〉嗜好《しこう》**から日本人自身、解放される必要がある。

一つの好例が、苅谷剛彦（教育学者）弾劾の「ゆとり教育」無責任問題であろう。「詰め込み教育」は良くないの〈絶対善〉から「親やマスコミ」もそれを「手放しで受け入れ」、〇二年度に発足したはいいが、すぐさま「学力低下論争」が勃発《ぼっぱつ》。一一年度からは「脱ゆとり」「学力強化」というもうひとつの〈絶対善〉路線へと急旋回を始めた。この安直なる没入と離脱、ともに「実態分析」がまったくなされていないという点で見事に共通すると苅谷が慷慨《こうがい》している（東京新聞朝刊・一四年九月六日）。

これと似たようなものに、目下盛んにマイナス面が指摘される「小選挙区制」がある。金権腐敗選挙批判をかわすため、突如便宜的に持ち出された「小選挙区制」を、政界・学界・マスコミの連合軍が希代の〈絶対善〉だと称揚。自身に累の及ばぬヘンカクならウエルカムの国民が相乗りし、それはそれは政治の宝物のようにして成立したのだった。この食わせ物が将来、アベノファッショの成立基盤を準備しようなどとは、これっぽっちも思わずに。そう、一見するともっともらしく中庸で、非の打ち所のないように見える〈絶対善〉という代物ほど危険なものはない。「小選挙区制」の場合も「ゆとり教育」と同様、観念先行で緻密《ちみつ》な実証は毫《ごう》もなされることがなかった。あったのは、「小選挙区制」反対論者に非国民のレッテルを張っただけという救い難さだった。

ところで本書の印刷直前、大多数を誇る第二次安倍政権が解散に打って出るという珍事が発生した。

マスコミは「大義がない」、つまりは〈絶対善〉がないと騒いで見せたが、裏の事情は百も承知のはず。小心な安倍の最大のトラウマ、閣僚の政治とカネ問題が収束しない、加えて、消費税再増税を延期するしかないほどまでにアベノミクスの破綻《はたん》が公然化、このままでは恐怖心からまたもおなかが痛くなって退陣の憂き目に。そんなことになれば、本命の「アベノファッショ」、つまりは極右悲願のゴリゴリ軍国社会化・憲法改正が頓挫してしまう。ならばこの際、日本人がコロリと参る目くらましリセットで不良在庫一掃後、よくある店舗改装開店をと。「アベノミクスの信任を得る」という、七〇〇億円浪費の「フェイント総選挙」だが、ハラの底から怒るのを知らぬ国民相手とあればその結果は歴然で、本書における行論は常軌を逸した解散に直面して揺らぐどころか、より現実味を増したといえる。

社会事象に醒《さ》めた目を向け、自身も変革がもたらす風圧とリスクに堪えながら、中長期を視野に社会政策分野へ参画していく、為政者が喜ぶ〈絶対善〉には決してからめ捕られない。対「アベノファッショ」にも「闘う社会保障」にも不可欠なこのスタンス、そんなに難しく覚悟のいることなのだろうか。大切な果実と引き替えに、最悪でも「お仲間」の一人や二人、失うだけのことではないのか。

本書は生々しい時事問題と本質論とを絶えずクロスさせつつ歩むという特異な形で成立しているため、出版の立場からすれば大変に実験的でリスキーなものではないかと、編集に素人の私は案じてきた。しかし、つくばね舎社主の谷田部隆博氏は意に介さず、本書の刊行を快く許諾されたばかりか、行きつ戻りつの私を督励、親身に指導までしてくださった。最後になって恐縮ですが、氏には心より厚く御礼申し上げます。

二〇一四年一二月

阿部　道生

著者紹介

阿部《あべ》　道生《みちお》　1946年名古屋市に生まれ、東京都に育つ。

埼玉大学教養学部卒業。日本重化学工業(株)総務人事部長、関係会社社長を経て、執行役員経営企画部長在任時に自主退職。研究・執筆活動を開始。

現在:「阿部社会学ラボ」主宰。

日本風俗史学会常任理事、日本社会学会会員

著書:『変わりたい日本人 変わりたくない日本人—日本的閉塞社会論—』(2002年 はる書房)

『団塊世代の高齢者介護—お年寄りも家族も不幸にならないために—』(2004年 つくばね舎)

主要評論:「マックスウェーバー論序説」(吉本隆明氏発行「試行」連載)、「石上玄一郎論」(同人誌「木棉」連載)、「情緒的『脱ダム論』の限界」(自然災害学会・学会誌「自然災害科学」)

主要エッセー:「カメラのむこうに街が見える」(玄光社「フォトテクニック」連載)、「東京の川」(「木棉」)

http://abelabo-ifsa.cocolog-nifty.com/(阿部社会学ラボ・IFSA通信)

社会保障が「公共事業」となる国へ

—介護・医療・子育てを軽視する社会は崩壊する—

著者　阿部　道生

2015年1月20日　初刷発行

発行所　株式会社**つくばね舎**

〒277-0863　千葉県柏市豊四季379-7

電話・Fax 04-7144-3489

発売　**地歴社**

〒113-0034　東京都文京区湯島2-32-6

電話03-5688-6866　Fax03-5688-6867

印刷・製本　モリモト印刷株式会社

ISBN978-4-924836-78-5